U0927496

● 中等职业教育“十二五”规划教材

中职中专国际商务类教材系列

报检与报关实务（含习题集）

陈启琛　主　编
沈　生　副主编
丛凤英　主　审

科学出版社
北　京

内 容 简 介

本教材综合“进出口报检实务”、“商品编码”、“报关实务”等课程的主要内容，形成独特的知识体系，并以出口贸易为主线，按照我国出口贸易实际运作程序，阐述有关进出口报检与报关国内外政策、法规、机构、办理程序和方法等，其内容包括进出口商品检验概述、进出口商品检验机构、法定检验、商品检验中的单证和国际贸易单证、商品编码、报关与海关管理、报关与对外贸易管制、报关程序、进出口税费及进出口货物报关单的填制等。

本书把握最新的行业发展动态，选用新颖信息，在编写体例上尽量贴近中等职业学校学生的教学实际，采用导读、小资料、小知识、案例分析、学习路径、知识扩充等，使教材体现量身定做的特点。同时，为了方便教师的教学，本书配套《习题集》，配备各类题型，针对性强，可供学生练习，又可作为教师的命题参考书。

本书适用于各类财经类中等职业学校学生，包括国际贸易专业、国际货运与报关专业、报检专业、商务英语专业的等，同时也可作为各类外经贸企业管理者、进出口业务人员、报关行业人员、报检人员，特别是准备参加全国报关员、报检员资格考试的考生使用。

图书在版编目（CIP）数据

报检与报关实务（习题集）/陈启琛主编．—北京：科学出版社，2007
（中等职业教育“十二五”规划教材·中职中专国际商务类教材系列）
ISBN 978-7-03-019782-5

Ⅰ．报…　Ⅱ．陈…　Ⅲ．①进出口贸易-海关手续-中国-专业学校-教材　②国境检疫-卫生检疫-中国-专业学校-教材　Ⅳ．F752.5　R185.3

中国版本图书馆CIP数据核字（2007）第132551号

责任编辑：田悦红　殷晓梅／责任校对：耿　耘
责任印制：吕春珉／封面设计：山鹰工作室

科学出版社 出版
北京东黄城根北街16号
邮政编码：100717
http://www.sciencep.com

天津翔远印刷有限公司

科学出版社发行　各地新华书店经销
*
2007年9月第一版　开本：787×1092　1/16
2020年8月第十二次印刷　印张：22 1/2
字数：500 000

定价：48.00元（含习题集）

（如有印装质量问题，我社负责调换〈翔远〉）
销售部电话 010-62136131　编辑部电话 010-62135397-2021　（SF02）

版权所有，侵权必究

举报电话：010-64030229；010-64034315；13501151303

中职中专国际商务类教材系列

编 委 会

主　任

姚大伟（上海思博学院副校长、教授）

副主任

符海菁（上海思博国商学院副院长、副教授）

丛凤英（汕头外语外贸学校副校长、高级讲师）

成　员（按拼音排序）

毕燕萍（广东工贸学校校校长、高级讲师）

陈　强（上海东辉职校副校长、高级讲师）

顾晓滨（黑龙江对外贸易学校校长助理、高级讲师）

乐嘉敏（上海现代职校培训部主任、高级讲师）

马朝阳（河南外贸学校外贸教研室主任、高级讲师）

尚小萍（上海振华外经贸职校副校长、高级讲师）

童宏祥（上海工业技术学校教研室主任、高级讲师）

张　华（辽宁对外贸易学校教务主任、高级讲师）

张艰伟（上海南湖职校一分校副校长、高级讲师）

丛 书 序

20多年来的改革开放已经使我国成为经济全球化的受益者，我国已经成为对外贸易增长最快的国家之一。自2002年以来，我国的对外贸易连续5年保持两成以上的高速增长态势。2006年我国对外贸易进出口总额达到17 607亿美元，稳居全球第三位。2007年，世界经济贸易仍处于扩张周期，中国经济将在结构优化、效益提高和节能降耗的基础上继续保持平稳较快增长，对我国对外贸易发展的总体环境仍然较为有利，全年有望保持较快的增长。

对外贸易的快速增长必然对国际商务人才产生巨大的需求。因此，人才的匮乏与该行业的蓬勃发展极不相称。为了适应国际商务专业的教学改革以及以就业为导向的培养目标，我们在科学出版社的组织下编写了中职中专国际商务类教材系列。这套教材完全适合国际商务专业核心骨干课程的教学需要，同时兼顾了外贸行业的外销员、货代员、单证员、报关员、报检员、跟单员等职业资格考试的要求，既可以作为广大中职中专院校学生的教材，还可供从事外贸业务人员作为专业培训的参考用书，对参加有关职业资格考试的人员也大有裨益。

本套教材的编写有如下特点：

1. 力求把职业岗位能力要求与专业的学科要求融入教材，以能力为本，体现对学生应用能力培养的目标。

2. 注重技能的训练，在基本原理的基础上将技能实训引进来，让学生通过实训学会解决实际问题。

3. 与行业职业资格考试相衔接，在内容和练习等方面紧扣相关考试要求。

4. 注重对新知识的讲解，适应不断变化的国际贸易环境，以提高学生的适应力。

中职中专国际商务类教材系列编委会

2007年6月

丛书序

前　言

加入世界贸易组织以来，我国对外贸易得到快速发展。特别是2004年7月1日起实施的《对外贸易法》中有关对外贸易经营权登记制的推行，使得我国从事进出口贸易的企业数量大幅上升，从而对报检员和报关员的需求不断增加。同时，作为进出口贸易的重要环节，报检和报关的质量将直接影响到贸易的顺利进行。为适应对外贸易企业、报关企业和代理报检企业对这方面人才的需求，我们编写了本教材。

本教材综合“进出口报检实务”、“商品编码”、“报关实务”等课程的主要内容，形成独特的知识体系，并以出口贸易为主线，按照我国“先报检、后报关”的检验检疫货物通关模式，侧重介绍货物贸易实际运作程序；以提高学生实际操作技能为目标，阐述有关报检报关方面政策、法规、机构、办理程序和方法等，其内容包括进出口商品检验及其机构，法定检验、商品检验中的证单和国际贸易单证，商品编码，报关与海关管理，外贸管制，报关程序，进出口税费及报关单的填写等。通过学习以上内容，使学生熟悉进出口报检报关知识的运用，提高业务技能，形成良好的职业能力，为将来走上对外贸易工作岗位打下基础。

本教材把握最新的行业发展动态，在编写体例上尽量贴近中等职业学校学生的教学实际，采用导读、小资料、小知识、案例、学习路径、知识扩充等，充分体现中等职业教学特色。同时，为了方便教师的教学，本教材配套《习题集》，题型全面，针对性强，可供学生练习，又可作为教师的命题参考书。

本书适用于各类中等职业学校财经类专业，包括国际贸易专业、国际货运与报关专业、报检专业、商务英语专业的教学用书，同时也可作为各类外经贸企业管理者、进出口业务人员、报关行业人员、报检人员，特别是准备参加全国报关员、报检员资格考试的考生使用。

参加本教材编写的人员有：陈启琛、沈生、刘福英、李俊平、张晓晨、黄玮、高一楠。全书由陈启琛任主编，沈生任副主编。丛凤英审核全书。

在本教材编写过程中，参考了许多文献和资料，特向这些作者表示由衷的感谢。

由于我们水平有限，书中不足之处在所难免，敬请读者批评指正。

目　录

第一章　进出口商品检验概述

导　读

在进出口贸易中，无论以何种方式达成交易，买卖双方所交易的商品，一般都要经过检验。商品检验是商品买卖的一个重要环节和买卖合同中不可缺少的一项内容。商品检验体现不同国家对进出口商品实施品质管制。我国对进出口商品检验有专门的法规。了解和掌握商品检验的基本概念以及我国进出口商品检验检疫的主要法规，熟悉掌握进出口商品检验的相关内容，对准确进行报检报关具有重要的作用。

第一节　进出口商品检验的概念及意义

商品检验是国际贸易发展的产物。在国际贸易中，大多数场合下买卖双方分处两国或两地，不能当面交接货物，而且在长途运输和装卸过程中，又可能因为各种原因而造成货损或短缺。为了便于分清责任，确认事实，保障买卖双方各自的利益，避免争议的产生，往往需要由权威的、公正的商检机构对进出口商品进行检验。随着国际贸易的发展，商品检验已成为进出口商品买卖的一个重要环节和买卖合同中不可缺少的一项内容。商品检验体现了不同国家对进出口商品实施的品质管制。通过这种管制，从而在出口商品生产、销售和进口商品按既定条件采购等方面发挥积极作用。

一、进出口商品检验的概念

进出口商品检验（Import and Export Commodity Inspection），简称商品检验、货物检验或商检。它是指在国际贸易活动中由商品检验检疫机构对买卖双方成交的商品的质量、数量、重量、包装、安全、卫生等项目进行检验或检疫、鉴定管理并出具证书，证明检验结果是否符合合同规定或与国家有关标准的行为。

其包括以下三个内容：

1）在买卖双方交接货物过程中，商品检验检疫机构对卖方所交货物的品质、数量、包装等进行检验以确定是否符合合同规定或与国家相关标准相符并出具检验证书的行为。

2）对装运技术条件或货物在装卸运输过程中发生的缺损、短缺进行检验或鉴定，以明确事故的起因和责任的归属。

3）根据一国的法律或行政法规对某些进出口货物或有关事项进行质量、数量、包装、卫生、安全等方面的强制性检验（Inspection）或检疫（Quarantine）。

二、进出口商品检验的意义

国际贸易中，卖方所交货物的品质、数量、包装等必须符合合同规定，因而在买卖双方交接货物过程中，对商品进行检验并出具检验证书是一个不可缺少的环节。

商品可以由买卖双方自行检验。但在国际贸易中，大多数场合下买卖双方不是当面交接货物，而且在长途运输和装卸过程中，又可能由于各种风险和承运人的责任而造成货损。为了便于分清责任，确认事实，往往需要由权威的、公正的商检机构对商品进行检验并出具检验证书以资证明。这种由商检机构出具的检验证书，已成为国际贸易中买卖双方交接货物、结算货款、索赔和理赔的主要依据。

此外，各国法律和《联合国国际货物销售合同公约》都对买方的检验权作了相似的规定：除非合同另有规定，当卖方履行交货义务以后，买方有权对货物进行检验，如果发现货物与合同规定不符，而且确属卖方的责任，买方有权向卖方表示拒收，并有权索赔。

第二节　进出口商品检验的时间和地点

国际货物买卖双方在交接货物过程中，通常要经过交付（Delivery）、检验或查看（Inspection or Examination），接受或拒收（Acceptance or Rejection）三个环节。买方“收到”货物并不等于“接受”货物。买方收到货物后应及时检验货物是否与合同相符。

一、有关国际贸易惯例对进出口商品检验检疫的规定

《联合国国际货物销售合同公约》（简称《公约》）第38条对买方的这种检验权作了如下规定：

1）买方必须在按情况实际可行的最短时间内检验货物或由他人检验货物。

2）如果合同涉及货物的运输，检验可推迟到货物到达目的地后进行。

3）如果货物在运输途中改运或买方须再发运货物，没有合理机会加以检验，而卖方在订立合同时已知道或理应知道这种改运或再发运的可能性，检验可推迟到货物到达新目的地后进行。

除非合同另有规定，当卖方履行交货义务以后，买方有权对货物进行检验，如果发现货物与合同规定不符，责任的确属于卖方，买方有权向卖方表示拒收，并有权索赔，但是如果买方没有利用合理的机会及时进行检验，那他就是放弃了检验权，丧失了拒收货物的权利。

进出口商品检验权和复验权各指什么？

二、进出口商品检验的时间和地点

进出口商品检验的时间和地点一般有三种规定。

1. 出口国检验

这种做法可分为两种情况：

（1）在产地检验

发货前，由卖方检验人员会同买方检验人员对货物进行检验，卖方只对商品离开

产地前的品质负责。离产地后运输途中的风险，由买方负责。

(2) 在装运港（地）检验

货物在装运前或装运时由双方约定的商检机构检验，并出具检验证明，作为确认交货品质和数量的依据，这种规定，称为“以离岸品质、重量或数量为准”(Shipping Quality, Weight or Quantity as Final)。

2. 进口国检验

这种做法也可分为两种情况：

(1) 在目的港（地）检验

货物在目的港（地）卸货后，由双方约定的商检机构检验，并出具检验证明，作为确认交货品质和数量的依据，这种规定，称为“以到岸质量、重量或数量为准”(Landing Quality, Weight or Quantity as Final)。

(2) 在买方营业处所或用户所在地检验

对于那些密封包装、精密复杂的商品。不宜在使用前拆包检验，或需要安装调试后才能检验的产品，可将检验推迟至用户所在地，由双方认可的检验机构检验并出具证明。

3. 出口国检验，进口国复验

按照这种做法，装运前的检验证书作为卖方收取货款的出口单据之一，但货到目的地后，买方有复验权。如经双方认可的商检机构复验后，发现货物不符合合同规定，且系卖方责任，买方可在规定时间内向卖方提出异议和索赔，直至拒收货物。

上述各种做法，各有特点，应视具体的商品交易性质而定。但对大多数一般商品交易来说，“出口国检验，进口国复验”的做法最为方便而且合理，因为这种做法一方面肯定了卖方的检验证书是有效的交接货物和结算凭证，同时又确认买方在收到货物后有复验权，这符合各国法律和国际公约的规定。我国对外贸易中大多采用这一做法。

第三节　进出口商品检验的内容和程序

进出口商品检验的主要业务，一般包括检验的内容和依据、程序、标准和方法，检验的时间和地点，检验权和复验权，检验机构和检验证书等。

一、进出口商品检验的内容

进出口商品种类繁多，国家规定对进出口商品实施检验，只是对一定范围的商品而言，并不是指所有的进出口商品。对列入法定检验或者强制检验的进出口商品，由

国家有关部门按照国家技术法规的要求进行检验。对属于商业性委托检验则主要由当事人自己约定，并以买卖合同（包括信用证）中有关条款规定为准。

1. 进出口商品检验的内容

出入境检验检疫机构对进出口商品检验鉴定的具体内容，根据商品的不同特性、法律、法规规定的不同内容，或根据对外贸易合同的具体规定、有关技术标准的规定，以及根据申请委托人的意愿的不同而有所不同。具体来讲，可包括以下内容：

1）进出口商品的质量检验。

2）数量和重量检验。

3）包装检验。

4）出口商品装运技术检验。

5）货载衡量鉴定。

6）进出口商品残损鉴定产地证业务。

2. 进出口商品检验的标准和方法

根据《商检法》和《商检法实施条例》的规定，商检机构依据下列标准实施检验：

1）法律行政法规规定有强制性标准或者其他必须执行的标准的，按照法律行政法规规定的检验标准检验。

2）法律行政法规未规定有强制性标准或者其他必须执行的检验标准的，按照对外贸易合同约定的检验标准检验。

3）凭样成交的，应按照样品检验。

4）法律行政法规规定的强制性标准或者其他必须执行的检验标准，低于外贸合同约定的检验标准的，按照对外贸易合同约定的检验标准检验。

5）法律行政法规未规定有强制性标准或者其他必须执行的检验标准，对外贸易合同又未约定检验标准或者约定检验标准不明确的，按照生产国标准、有关国际标准或者国家检验检疫局指定的标准检验。

对于进口商品检验而言，国家法律行政法规没有规定强制性标准或者其他必须执行的标准，外贸合同对进口商品的品质、规格、包装条件和抽样、检验方法等有具体规定，应按规定检验。此外，外商提供的品质证明书、使用说明书、产品图纸等技术资料也是进口商品品质检验的依据；提单（运单）、国外发票、装箱单、重量明细单也是进口商品重、数量检验的依据；理货残损单、溢短单、商务记录是进口商品验残出证的依据。

检验方法是指对进出口商品的质量、规格、数量、重量、包装以及是否符合安全、卫生等实施检验的做法。实际操作中主要有感官检验、化学检验、物理检验、微生物学检验等。由于检验方法不同，检验结果也可能不一致，因此为了避免争议的发生，

最好在合同检验条款中明确检验的方法。

二、 进出口商品检验的程序

我国进出口商品检验的工作流程一般包括 4 个环节：报检→检验检疫和鉴定→计、收费→签证、放行。

1. 报检

报检是指对外贸易关系人向商检机构报请检验。首先，报验时需填写“报检申请单”，填明申请检验、鉴定工作项目和要求；其次，提交相应的单证，如外贸合同、发票、提单（海运提单、空运提单、国际铁路联运运单等）、装箱单、磅码单、许可证、输出国家或地区政府出具的检疫证书及熏蒸证书等；此外，报检人在报检时应按规定缴纳检验检疫费。

2. 检验检疫和鉴定

在检验检疫和鉴定环节，报检人应事先约定抽样、检验检疫和鉴定的时间，并须预留足够的取采样、检验检疫和鉴定的时间，同时须提供进行采样、检验检疫和鉴定等必要的工作条件。

检验检疫和鉴定环节主要包括以下工作。

（1）抽样

凡需检验检疫并出具结果的进出口货物，一般需检验检疫人员到现场抽取样品。所抽取的样品必须具有代表性、准确性和科学性。抽取后的样品应及时封识送检，以免发生意外并及时填写现场记录。

（2）制样

凡抽取样品需经过加工方能进行检验的，需要制样。制样一般在检验检疫机构的实验室内进行，无条件的可在社会认可的实验室制样。

（3）检验

商检机构接受报验之后，认真研究申报的检验项目，确定检验内容，仔细审核合同（信用证）对品质、规格、包装的规定，弄清检验的依据，确定检验标准、方法，然后进行抽样检验、仪器分析检验、物理检验、感官检验、微生物检验等。

（4）鉴定业务

除国家法律、行政法规规定必须经检验检疫机构检验检疫的对象外，检验检疫机构可根据对外贸易关系人、国外机构的委托，执法司法仲裁机构的委托或指定等，对进出口货物进行检验检疫或鉴定，并签发有关证书，作为办理进出境货物交接、计费、通关、计纳税、索赔、仲裁等的有关凭证。

3. 检验检疫收费

检验检疫收费是进出境关系人向出入境检验检疫机构缴清全部检验检疫费用，如检验检疫费、签证费、鉴定业务费、检疫处理费等。缴费期为检验检疫机构开具收费通知单之日起 20 日内，逾期未缴的，自第 21 日起，每日加收未缴纳部分 0.5%的滞纳金。

4. 签证、放行

签证、放行是检验检疫工作的最后一个环节。

（1）签证

出入境检验检疫机构根据我国法律规定，按照国际贸易各方签订的合同规定或政府有关法规以及国际贸易惯例、条约的规定从事检验检疫，并签发证书，如出境货物通关单，作为海关核放货物的依据。

（2）通关与放行

通关与放行是检验检疫机构对列入法定检验检疫的进出口货物出具规定的证件，表示准予进出境并由海关监管验放的一种行政执法行为。凡列入《出入境检验检疫机构实施检验检疫的进出境商品目录》的进出境商品，必须经出入境检验检疫机构实施检验检疫，海关凭出入境检验检疫机构签发的入境货物通关单或出境货物通关单验放。

进出境货物检验检疫工作时间

检验检疫机构对进出境货物的检验检疫工作时间有所不同：

1）入境货物一般为 20 天。首次入境的货物或初次检验检疫有问题需进一步检验检疫的货物，其工作时限可适当延长，但不能超过索赔有效期。

2）出境货物一般为 7 天。首次出境的货物或初次检验检疫有问题需进一步检验检疫的货物，其工作时限可适当延长，但不能超过出口装运期。

案例分析 1-1

案情简介

2006 年 1 月 24 日，中国甲公司以 CIF 广州价格从印度乙公司购买纺织品布料 5000 米，合同规定甲醛最高含量不超过 100ppm①，检验条款为：货物在目的港卸后 30

①$1ppm=1\times10^{-6}$，下同。

天内经中国商检机关复检，如发现品质或规格与本合同规定不符的，除属于保险公司或船公司负责外，买方可以拒绝收货或凭商检机关的检验证书向卖方索赔。如卖方要求，买方可将样品寄交卖方再交第三方检验。

4月12日，甲公司收到货物后，向某市商检局提出货物检验的申请。4月20日商检局出具了货物品质检验证书，表明货物的甲醛含量为102ppm，与合同规定的不符。甲公司4月25日寄出商检证书，正式提出索赔。在强有力的证据面前，乙公司不得不同意全部退货并赔偿损失。

第四节　我国进出口商品检验的法律法规

我国政府非常重视进出口商品检验工作。1984年发布《中华人民共和国进出口商品检验条例》，1989年发布《中华人民共和国进出口商品检验法》。1992年10月7日经国务院批准，国家商检局发布《中华人民共和国进出口商品检验法实施条例》。2002年4月28日，九届全国人大常务委员会通过《关于修改〈中华人民共和国进出口商品检验法〉的决定》，自2002年10月1日起施行新《商检法》。这是我国入世之后全国人大常委会审议通过的第一部法律修正案。我国已经形成由法律、法规、规章、地方性法规构成的整个进出口商品检验检疫法律体系。

一、我国进出口商品检验的现行法律法规

国家出入境检验检疫局在出入境检验检疫工作中目前执行的基本法律、行政法规主要包括以下几种。

1. 法律

法律主要包括全国人大及其常委会制定的用以调整出入境检验检疫工作的法律，它们是《中华人民共和国进出口商品检验法》（简称《商检法》）；《中华人民共和国进出境动植物检疫法》、《中华人民共和国国境卫生检疫法》、《中华人民共和国食品卫生法》以及《中华人民共和国刑法》等。这些法律是出入境检验检疫机构从事检验检疫工作的法律依据，其他检验检疫依据都不能与之相违背。

2. 行政法规

行政法规主要包括由国务院通过的调整出入境检验检疫工作的行政法规及法规性文件，它们是《中华人民共和国进出口商品检验法实施条例》（简称《商检法实施条例》）、《中华人民共和国进出境动植物检疫法实施条例》、《中华人民共和国国境卫生检疫法实施细则》等。

3. 规章依据

规章主要是指由原国家出入境检验检疫局、农业部、卫生部以及商检局根据法律、行政法规制定的调整进出口商品检验、国境卫生检疫、进出境动植物检疫工作的规章。这些规章在出入境检验检疫工作中是运用最广泛的。

4. 地方性法规、规章依据

地方性法规、规章主要是由有立法权的地方人大和政府在不与法律法规相抵触的前提下制定的在本辖区内实施的调整出入境检验检疫工作的地方性法规和规章。

5. 国际条约、国际惯例以及贸易合同

国际条约指我国参与制定的有关出入境检验检疫国际条约，但不包括我国声明保留的条款。

国际惯例指在国际交往中经过许多国家长期反复实践逐渐形成并为世界各国所接受并承认法律效力的有关出入境检验检疫的行为规则。

贸易合同指贸易双方签订的贸易合同，约定检验检疫条款在不违反法律和社会公共利益的前提下也可作为检验检疫的依据。

二、　我国进出口商品检验工作的作用

商检机构依法对进出口商品实施检验与管理，具有两个主要作用：一是把关，二是服务。

1. 把关作用

国家设立商检部门，其主要目的就是加强进出口商品检验工作，保证进出口商品的质量，维护对外贸易有关各方的合法权益，促进对外贸易的顺利发展。因此，把关是商检工作的首要作用。

2. 服务作用

商检机构的服务作用十分明显，主要体现在以下几个方面：

（1）促进进出口商品质量的提高

商检机构通过检验和监督管理，把好进出口商品质量关，防止不合格的商品进出口，有力地促进了中国境内的出口，以及生产企业和境外的卖方、厂家提高产品的质量。

（2）对进出口商品提供居间证明

在国际经济贸易活动中，有关各方经常需要一个第三者，作为出证鉴定人对进出

口商品进行检验或鉴定，即提供居间证明，供有关各方进行交接、计费、索赔、理赔、免责之用，这是一种技术和劳务相结合的服务工作。商检机构由于自身的性质、技术条件和信誉，长期以来在这一个重要领域发挥自己的特长和优势，起着积极的作用。

（3）收集和提供与进出口商品质量、检验有关的各种信息

由于工作关系，商检机构经常接触国内外大量的商品质量、性能、价格、分布等各方面的情况。及时收集整理这些情况，提供给各有关部门参考，这也是《商检法》对商检工作的要求。

本章学习路径

本章包括四方面的内容：①进出口商品检验检疫概念和意义；②进出口商品检验时间和地点；③进出口商品检验的内容和程序；④我国进出口商品检验检疫的法律法规。其汇总如下：

- 进出口商品检验检疫的概念和意义
  - 商品检验检疫的概念
  - 商品检验检疫的意义
- 进出口商品检验时间和地点
  - 有关国际贸易惯例的规定
  - 进出口商品检验的时间和地点
- 进出口商品检验的内容和程序
  - 进出口商品检验的内容
  - 进出口商品检验的程序
- 我国进出口商品检验检疫的法律法规
  - 法律
  - 法规
  - 部门规章
  - 地方性法规、规章依据等

复习与思考

一、名词解释

1. 国际贸易
2. 进出口商品检验
3. 检验权
4. 复验权

二、问答题

1. 简要说明进出口商品检验的内容。
2. 进出口商品检验有什么意义？

3. 进出口商品检验的标准有哪些？

4. 检验权有几种？是哪几种？

5. 我国第一部有关进出口商品检验的法律是什么？

6. 我国进出口商品检验检疫的主要法规有哪些？

7. 我国进出口商品检验工作有什么作用？

知 识 扩 充

《中华人民共和国进出口商品检验法》相关规定

1. 检验的目的

进出口商品检验应当根据保护人类健康和安全、保护动物或者植物的生命和健康、保护环境、防止欺诈行为、维护国家安全的原则，由国家商检部门制定、调整必须实施检验的进出口商品目录（以下简称目录）并公布实施。

2. 法定检验范围

参照国际上通行的做法，国家商检部门制定、调整目录；列入目录的进出口商品，由商检机构实施检验；进口商品未经检验的，不准销售、使用；出口商品未经检验合格的，不准出口。所以，对法定检验的范围，商检法只是作了原则规定，具体还要看国家商检部门制定的目录。

3. 法定检验的专门机构——商检机构

关于商检行政管理部门，是指国家质量监督检验检疫总局（国家商检部门）及其在全国设立的检验检疫机构（商检机构）。国家商检部门制定、调整目录。目录内的进出口商品必须经过商检机构检验，海关凭商检机构签发的货物通关证明验放目录内的进出口商品。商检行政管理部门还负有其他管理监督职能，比如对目录以外的进出口商品，商检机构根据国家规定实施抽查检验等等。

4. 法定检验内容

必须实施的进出口商品检验，是指确定列入目录的进出口商品是否符合国家技术规范的强制性要求的合格评定活动。合格评定程序包括：抽样、检验和检查；评估、验证和合格保证；注册、认可和批准以及各项的组合。

5. 法律责任

《商检法》的法律责任主要内容可以分为两部分。一部分是对贸易当事人和检验机构违法行为的规定。例如，对逃避法定检验的行为，规定由商检机构没收违法所得，并处货值金额5%以上20%以下的罚款；构成犯罪的，依法追究刑事责任。另一部分是对国家商检部门、商检机构工作人员违法行为的规定，具体是对商检工作人员违反本法规定泄露商业秘密的行为和商检工作人员的渎职行为规定了行政责任和刑事责任。

第二章　进出口商品检验机构

导　读

在国际贸易中，商品的检验工作通常是由专门的检验机构或公司负责办理。国际上的检验机构有官方的，也有半官方、非官方的。我国进出口商品检验主要由官方的国家质量监督检验检疫总局及其分支机构承担，此外还有各种从事商品检验检疫服务的中介组织。报检人是一个统称，报检人必须按照有关法律法规进行报检。了解国际上的知名检验机构和我国检验机构的主要职责，掌握检务单位和报检人的概念、报检单的填制要求，熟悉报检的有关规定及程序，对准确报验具有重要的作用。

第一节　国内外主要的商品检验机构

在国际贸易中，从事商品检验检疫的机构，有官方的，也有民间私人或社团经营的非官方的；还有工厂企业、用货单位设立的化验室、检验所等。检验机构的名称也是多种多样，有称检验公司、鉴定公司的，还有称公证行、公证人、公证鉴定人、实验室等的。

小知识

选择商品检验检疫机构需要注意三点

1）商品检验检疫机构与买卖双方没有利害关系。

2）商品检验检疫机构要有足够的检验能力和检验设施。

3）商品检验检疫机构办事公平公正合理，享有良好的声誉。

一、国际上主要的商品检验机构

1. 官方检验机构

世界各国为了维护本国的公共利益，一般都制定检疫、安全、卫生、环保等方面的法律，由政府设立监督检验机构，依照法律和行政法规的规定，对有关进出口商品进行严格的检验管理，这种检验称为“法定检验”、“监督检验”或“执法检验”。世界各国的官方检验机构主要有：

1）中国的国家出入境检验检疫机构。

2）美国的官方检验机构。

3）日本的官方检验机构。

4）欧盟的官方检验机构。

2. 独立检验机构

除政府设立的官方商品检验机构外，世界上许多国家中还有由商会、协会、同业公会或私人设立的半官方或民间商品检验机构，担负着国际贸易货物的检验和鉴定工作。由于民间商品检验机构承担的民事责任有别于官方商品检验机构承担的行政责任，所以在国际贸易中更易被买卖双方所接受。民间商品检验机构根据委托人的要求，以自己的技术、信誉及对国际贸易的熟悉，为贸易当事人提供灵活、及时、公正的检验鉴定、服务，受到对外贸易关系人的共同信任。

目前在国际上比较有名望、有权威的民间商品检验机构有：

（1）瑞士通用公证行（Societe Generale de Surveillans A.，SGS）

（2）英国英之杰检验集团（Inchcape Inspection and Testing Servis，IITS）

（3）日本海事检定协会（Nippon Kaiji Kentei Kyokai，英文名 Japan Marine Surveyors & Sworn Measurer's Association，NKKK）

（4）新日本检定协会（Shin Nihon Kentei Kyokai，英文名 New Japan Survryors and Sworn Measurers Association，SK）

（5）日本海外货物检查株式会社（Japan Ovseas Merchandise Inspection Company，OMIC）

（6）美国安全试验所（Underwriters Labora Tories Inc.，UL）

（7）美国材料与试验学会（Amercan Society for Testing and Materials，ASTM）

（8）加拿大标准协会（Canadian Standards Association，CSA）

（9）国际羊毛局（International Wool Secretariat，IWS）

（10）中国商品检验总公司（China National Import and Export Commodity Inspection Corporation，CCIC）

二、 我国出入境商品检验机构

1. 我国出入境商品检验机构的发展历程

我国进出口商品检验的产生和发展以中华人民共和国成立作为分水岭，主要分为之前和之后两段时期。

中华人民共和国成立之前的商品检验，虽然有法律和法规作依据，也设有官方的商检局实施检验工作，但由于中国当时处于半封建半殖民地的地位，中国商检局的证书得不到国际上的承认，只能作为国内通关使用，不能在国际上发挥交货、结汇、计费、计税和处理索赔的有效凭证作用。

小知识

上海仁记洋行——中国第一个办理商检业务机构

19 世纪后期，中国近代对外贸易逐渐发展起来。由于清政府的腐败，西方列强侵略中国，霸占了中国海关的主权，同时控制了中国的对外贸易和商品检验主权。清同治三年（1864 年），由英商劳合氏的保险代理人——上海仁记洋行代办水险和船舶检验、鉴定业务，这是中国第一个办理商检业务的机构。

新中国成立后，我国成立了独立自主的进出口商品检验机构——中华人民共和国商品检验局（State Administration of Commodity Inspection of the Pe ople's Republic of China，SACI），并在全国所有的省、自治区、主要港口和主要进出口商品集散地成立了商检局及其分支机构。

1982 年中华人民共和国商品检验局改名为中华人民共和国进出口商品检验局（State Administration of Import and Export Commodity Inspection of the People's Republic of China）。期间各部门还设立了专门从事动植物、食品卫生、药物、船舶、飞机、计量器具等从事检验检疫的专门机构，如卫生检疫局、动植物检疫局和商品检验局、船舶检验局等，当时俗称的“三局”（进出口商品检验局、卫生检疫局、动植物检疫局）或“三检”机关（即商检、动植检、卫检）各成体系。

同时，由于商检任务日益繁重，1980 年又成立了中国进出口商品检验总公司（China Import and Export Commodity Inspection Corporation，CCIC），它是一个为进出口贸易提供检验检疫服务的中介组织。

1999 年，“三局”合并，成立了中华人民共和国出入境检验检疫局（State Administration of the People's Republic of China for Inter—Exit Inspection and Quarantine，CIQ），由海关总署管理。并将其“三检”下设检验检疫机构合并成各地直属出入境检验检疫局及其下属出入境检验检疫分支机构。

2001 年国家质量技术监督局和国家出入境检验检疫局合并，成立了中华人民共和国国家质量监督检验检疫总局（State General Administration of the People's Republic of China for Quality Supervision and Inspection and Quarantine，AQSIQ），简称国家质检总局。合并之后，现行通关模式不变，检验检疫职能不变，垂直管理体制不变，即“三个不变”。其职能见下图：

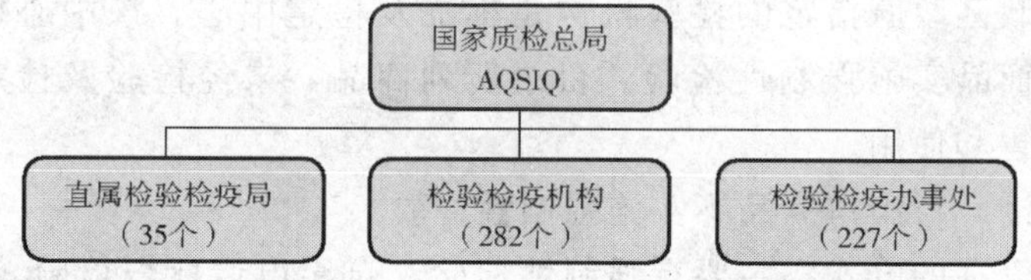

2. 我国目前的国家出入境检验检疫机构

我国出入境商品的检验检疫和监督管理工作由国家出入境检验检疫局及其设立在全国各地的分支机构负责；进出口药品的监督检验、计量器具的量值检定、船舶和集装箱的规范检验、飞机（包括飞机发动机、机载设备）的适航检验、锅炉和压力容器的安全检验、核承压设备的安全检验等，分别由国家各有关主管部门归口实施法定检验和监督管理。

（1）国家出入境检验检疫局

国家出入境检验检疫局是主管出入境卫生检疫、动植物检疫和商品检验的行政执

法机构。

（2）国家技术监督局

我国《计量法》规定，“制造、修理计量器具的企业、事业单位，必须具备与制造、修理计量器具相适应的设施、人员和检定仪器设备，经县级以上人民政府计量行政部门考核合格，取得《制造计量器具许可证》或者《修理计量器具许可证》”。“制造计量器具的企业、事业单位生产本单位未生产过后计量器具新产品，必须经省级以上人民政府计量行政部门对其样品的计量性能考核合格，方可投入生产”。

如需凭商检证书对外索赔的，商检机构凭省级以上计量行政部门出具的检验证明换发证书，有关计量检定的技术问题由出具检验证明的计量行政部门负责。

（3）药品检验机构

药品检验机构由卫生部归口管理。按照国家《药政管理条例》和卫生部发布的《进口药品质量管理办法》的规定，凡进出口药品（包括原料药、制剂和药材），一律列为法定检验，由各地药检机构实施检验。

（4）船舶检验局

船舶检验局是国家船舶技术监督机构，成立于1956年，总部设在北京，负责对船舶执行法定的监督检验，同时办理船级业务。其主要任务是：制订船舶检验的规章制度和船舶规范；在全国主要港口设立办事机构，执行监督检验；对船舶、海上设施及其材料、机械设备实施监督检验和试验，使船舶和海上设施具备正常的技术条件，以保障海上船舶、设施和人身的安全以及海洋环境不受污染；根据我国参加的有关国际公约，代表政府签发公约要求的船舶证书；办理船舶入级业务；担任公证检验。

（5）香港特别行政区的商品检验机构

香港特别行政区政府指定的检验机构是标准及检定中心。该中心按政府颁布的商品目录，对进口商品实施强制性检验。目录所列商品，未经检验及检定中心检验合格的，一律不得销售和使用。

香港是自由港，对出口商品不实施强制性检验。

对商品检验管理的方式，主要有强制性检验、自愿申请标志检验、国际认证检验、委托检验和消费选择指导性检验等。

除指定的检验机构外，香港还有私人公证行（如天祥公证行）和外国检验机构（如SGS）。

3. 各种检验检疫的中介组织

我国进出口商品检验除了主要由官方的国家质量监督检验检疫总局及其分支机构承担外，还有各种从事动植物、食品、药品、船舶、计量器具等专业部门以及为进出口贸易提供检验检疫服务的中介组织。

（1）中国进出口商品检验总公司

作为专门为进出口贸易提供检验服务的中介组织，中国进出口商品检验总公司（简称中国商品检验公司，英文缩写为 CCIC），于 1980 年 7 月经国务院批准成立，是国家商品检验局指定的实施进出口商品检验和鉴定业务的检验实体，它的性质属于民间商品检验机构。CCIC 在全国各省、市、自治区设有分支机构，接受对外贸易关系人的委托，办理各项进出口商品检验鉴定业务，为之提供顺利交接结算、合理解决索赔争议等方面的服务。CCIC 还在世界上 20 多个国家设有分支机构，承担着装船前检验和对外贸易鉴定业务。

（2）其他检验检疫机构

我国商检机构和一些国外检验机构建立了委托代理关系（如 SGS）或合资检验机构（如 OMIC）。外国检验机构经批准也可在我国设立分支机构，在指定范围内接受进出口商品检验和鉴定业务。

我国 1999 年实施的出入境检验检疫机构改革中的“三检合一”包括哪些机构？合并后的机构名称是什么？

三、我国出入境商品检验机构的基本任务

按我国《商品检验法》规定，我国商检机构基本任务有三项。

1. 法定检验检疫

法定检验检疫是国家国家质监总局依据国家有关法令的规定，对大宗的关系国计民生的重点进出口商品、容易发生质量问题的商品、涉及安全卫生的商品以及国家指定有检疫机构统一执行检验的商品等实施强制性的检验检疫，以维护国家的信誉及利益。

属于法定检验检疫的出口商品，未经检验检疫合格，不准出口；属于法定检验检疫的进口商品，未经检验检疫者，不准销售、使用。实施法定检验检疫的商品由《出入境检验检疫机构实施检验检疫的进出口商品目录》和其他法律法规加以规定。

想一想

什么叫法定检验检疫？是不是所有进出口商品都必须实施法定检验检疫？

2. 办理鉴定业务

鉴定业务是商检机构应国际贸易关系人的申请，以公证人的身份，办理规定范围

内的进出口商品的检验鉴定业务，出具证明作为当事人办理有关事务的有效凭证。鉴定业务的范围包括对进出口商品的质量、数量、重量及包装的鉴定、海损鉴定、集装箱检验、进口商品的残损鉴定、出口商品的装运技术鉴定、价值证明及其他业务。

3. 实施监督管理

商检机构通过行政管理手段，对进出口商品有关企业的检验部门和检验人员进行监督管理；对生产企业的质量体系进行评审；对进出口商品进行抽查检验等，是我国商检机构对进出口商品执行检验把关的重要手段。

第二节　我国进出口商品检验机构的主要职责

国家出入境检验检疫局及其设立在全国各地的分支机构负责我国出入境商品的检验检疫和监督管理工作，其主要职责分别阐述如下。

一、国家出入境检验检疫局

“三检”合一后，国家出入境检验检局实行垂直管理体制，负责中国出入境卫生检疫、动植物检疫、商品检验、鉴定、认证和监督管理。对维护国家经济利益，保护出入境人员生命健康，促进中国对外贸易发挥着重要作用，其主要职责是：

1）拟定有关出入境卫生检疫、动植物检疫及进出口商品法律、法规和政策规定的实施细则、办法及工作规程，督促出入境检验检疫机构贯彻执行。

2）组织实施出入境检验检疫、鉴定和监督管理，负责国家实行进出口许可制度的民用商品出入境验证管理，组织进商品检验检疫的前期监督和后续管理。

3）组织实施出入境卫生检疫、传染病监测和卫生监督，组织实施出入境动植物检疫和监督管理，负责进出口食品卫生、质量的检验、监督和管理工作。

4）组织实施进出口商品法定，组织管理进出口商品鉴定和外商投资财产鉴定，审查批准法定检验商品的免验和组织办理复验。

5）组织对进出口食品及其生产单位的卫生注册登记及对外注册管理，管理出入境检验检疫标志、进口安全质量许可、出口质量许可并负责监督检查，管理和组织实施与进出口有关的质量认可工作。

6）负责涉外检验检疫和鉴定机构（含中外全资、合作的检验、鉴定机构）的审核认可并依法进行监督。

7）负责商品普惠制原产地证和一般原产地证的签证管理。

8）负责管理出入境检验检疫业务的统计工作和国外疫情的收集、分析、整理，提供信息指导和咨询服务。

9）拟定出入境检验检疫科技发展规划，组织有关科研和技术引进工作，收集和提供检验检疫技术情报。

10）垂直管理出入境检验检疫机构。

11）开展有关国际合作与技术交流，按照规定承担技术性贸易壁垒和检疫协议的实施工作，执行有关协议。

12）承办国务院及海关总署交办的其他事项。

二、 各出入境检验检疫直属局的主要职责

1）贯彻执行出入境卫生检疫、动植物检疫及进出口商品法律、法规和政策规定及工作规程，负责所辖区域的出入境检验检疫、鉴定和监督工作。

2）实施出入境卫生检疫、传染病监测和卫生监督。

3）实施出入境动植物检疫和监督管。

4）实施进出口商品法定检验和监督管理，负责进出口商品鉴定管理工作，实施外商投资财产鉴定；办理出口商品复验。

5）实施对进出口食品及其生产单位的卫生注册登记及对外注册管理，实施进口安全质量许可和出口质量许可以及与进出口有关的质量认可工作。

6）实施国家实行进口许可制度的民用商品入境验证管理工作，按规定承担技术性贸易壁垒和检疫协议的实施工作。

7）管理出入境检验检疫证单、标志及签证、标识，负责出口商品普惠制原产地证和一般原产地证的签证工作。

8）负责所辖区域的出入境检验检疫业务的统计工作，收集国外传染病疫情、动植物疫情，分析、整理，提供有关信息。

9）依法对所辖区域涉外检验检疫、鉴定机构（包括中外合资、合作机构）以及卫生、除害处理机构事实监督管理。

10）按照干部管理权限负责管理局机关和所属分支局、事业单位的人事工作，以及纪检监察、外事、科技、财务等工作。

11）承办国家出入境检验检疫局交办的其他工作。

三、 各出入境检验检疫分支局的主要职责

依法履行具体的出入境检验检疫职能，执行直属局赋予的其他任务。

想一想

国家出入境检验检疫实行的是什么管理体制？

第三节 检务部门和报检人

检务部门又称受理报检机构，是一个集政策性、专业性、综合性于一体的综合业务部门，在检验检疫工作中发挥着重要的作用。报检人是指因从事商品进出口而必须到出入境检验检疫机构办理报检业务的报检企业和报检员。

一、 检务部门

根据国家有关规定，各地出入境检验检疫机构检务部门是指负责受理报检、签证放行和计费工作的主管部门，统一管理出入境申报、检验、签证、放行和管理、证单、签证印章等工作。

1. 检务部门的工作形式

各地出入境检验检疫机构检务部门以“窗口”形式统一受理报检、计费、签证、放行等事项；不能以“窗口”形式集中办理的，由检务部门委托施检部门办理。

2. 检务部门的工作意义

检务部门统一负责受理报检具有以下有利之处：

1）有利于加强内部管理，统一掌握国家的有关检验检疫的方针政策和法律法规。

2）有利于互相监督制约，充分发挥检验检疫的整体功能作用。

3）有利于减少差错、事故、克服工作中的随意性。

3. 检务人员的素质要求

在出入境检验检疫工作中，一个管理科学，制度规范、运行有效的检务部门要发挥出“内外把关、协调运作”的作用，有序进行检验检疫工作并不断提高工作质量，首先要提高其检务人员的素质。也就是说，一个合格的检务人员，必须具备以下素质：

1）具备一定的法学知识，懂得检验检疫行为的法律依据，执行程序和法律后果；全面掌握工作相关的各项法规要求。

2）具备一定的国际贸易、运输、保险、海关、商品等相关知识。

3）具备一定的外语基础。

4）具备一定的计算机操作应用水平。

二、 报检人的种类及资格要求

1. 法律规定的义务报检人

根据《商检法》、《动检法》、《卫检法》、《食品卫生法》等有关法律法规，出入境检验检疫义务报检人包括：

1）进口商品收/发货人或其代理人，生产出口危险货物的企业和其为出口危险货物生产包装容器的企业、装运出口易腐烂变质食品的船舱和集装箱的承运人或者装箱单位。

2）进出境动植物及产品的货主或代理人、承运人或者押运人、携带人、邮寄人、物主、交通工具和人员。

3）涉及国境卫生检疫事项的托运人或其代理人、出入境交通工具和人员、船舶和航空器的负责人、口岸有关单位负责人，以及向出入境检验检疫机构申请出入境检验检疫鉴定证书等统称为报检人或其代理报检人。

2. 报检人（单位企业法人）

(1) 报检单位

根据1989年8月21日国家质监总局发布的《进出口商品报验的规定》，报检单位有以下几种：

1）有进出口经营权的国内企业。

2）进口商品收货人或其代理人。

3）出口商品生产企业。

4）对外贸易关系人。

5）中外合资、中外合作和外商独资企业。

6）国外企业、商社常驻中国代表机构等。

我国的报检单位分为自理报检单位和代理报检单位两种。对自理报检单位和代理报检单位实行备案登记制度。

(2) 报检单位资格要求

1）报检单位应事先向检验检疫机构办理登记备案手续，其报检人员经培训考试合格后领取《报检员证》，凭证报检。

2）代理报检单位应事先向检验检疫机构办理注册登记手续，其报检人员经培训考试合格后领取《代理报检员证》，凭证办理代理报检手续。

3）报检单位无持证报检人员的，应委托代理报检单位报检。代理报检单位报检时应提交委托人按检验检疫机构规定的格式填写的委托书。

非贸易性质的报检行为，报检人凭有效证件可直接办理报检手续。

三、 报检单位的权利、 义务和责任

1. 自理报检单位的权利、义务和责任

1）权利。

① 根据检验检疫法律、法规规定，有权依法办理出入境货物、人员、运输工具、动植物及其产品等及与其相关的报检/申报手续。

② 在按有关规定办理报检，并提供抽样、检验检疫的各种条件后，有权要求检验检疫机构在国家质检部门统一规定的检验检疫期限内完成检验检疫工作并出具证明文件。如因检验检疫工作人员玩忽职守，造成入境货物超过索赔期而丧失索赔权的或出境货物耽误装船结汇的，有权追究当事人责任。

③ 对检验检疫机构的检验检疫结果有异议的，有权在规定的期限内向原检验检疫机构或其上级检验检疫机构以至国家国家质监总局申请复验。

④ 对所提供的带有保密性的商业、运输等单据，有权要求检验检疫机构及其工作人员予以保密。

代理报检单位

代理报检单位系指受出口货物生产企业的委托或受进出口货物发货人、收货人及其代理人的委托，或受对我贸易关系人等委托，依法代理办理出入境检验检疫报检/申报事宜的，在工商行政管理部门注册登记的境内企业法人，以及经批准经营港澳及国际航线的运输公司。检验检疫机构对代理报检单位实行注册登记制度。

2）义务和责任。

① 遵守国家有关法律、法规和检验检疫规章，对所报检货物的质量负责。

② 应当按检验检疫机构要求选用若干名报检员，由报检员凭检验检疫机构核发的《报检员证》办理报检手续。应加强对本单位报检员的管理，并对报检员的报检行为承担法律责任。

③ 提供正确、齐全、合法、有效的证单，完整、准确、清楚地填制报检单，并在规定的时间和地点向检验检疫机构办理报检手续。

④ 在办理报检手续后，应当按要求及时与检验检疫机构联系验货，协助检验检疫工作人员进行现场检验检疫、抽（采）样及检验检疫处理等事宜，并提供进行抽（采）样和检验检疫、鉴定等必要的工作条件；应当落实检验检疫机构提出的检验检疫监管

及有关要求。

⑤ 对已经检验检疫合格放行的出口货物应加强批次管理，不得错发、错运、漏发而致使货证不符。对入境的法检货物，未经检验检疫或未经检验检疫机构的许可，不得销售、使用或拆卸、运递。

⑥ 申请检验检疫、鉴定工作时，应按规定缴纳检验检疫费。

2. 代理报检单位的权利、义务和责任

1）权利 。

① 代理报检单位被许可注册登记后，有权在批准的代理报检区域内由其在检验检疫机构注册并持有《报检员证》的报检员向检验检疫机构办理代理报检业务。不得出借名义供他人办理代理报检业务。

② 除另有规定外，代理报检单位有权代理委托人委托的出入境检验检疫报检业务。

③ 进口货物的收货人可以在报关地和收货地委托代理报检单位报检，出口货物发货人可以在产地和报关地委托代理报检单位报检。

④ 在按有关规定办理报检，并提供抽样、检验检疫的各种条件后，有权要求检验检疫机构在国家国家质监总局统一规定的检验检疫期限内完成检验检疫工作并出具证明文件。如因检验检疫工作人员玩忽职守，造成人境货物超过索赔期而丧失索赔权的或出境货物耽误装船结汇的，有权追究当事人责任。

⑤ 对检验检疫机构的检验检疫结果有异议的，有权在规定的期限内向原检验检疫机构或其上级检验检疫机构以至国家国家质监总局申请复验。

⑥ 对所提供的带有保密性的商业、运输等单据，有权要求检验检疫机构及其工作人员予以保密。

⑦ 有权对检验检疫机构的及其工作人员的违法、违纪行为进行控告、检举。

2）义务。

① 代理报检单位在办理代理报检业务等事项时，必须遵守出入境检验检疫法律、法规和《出入境检验检疫报检规定》，并对所报检货物的品名、规格、价格、数量重量以及其他应报的各项内容和提交的有关文件的真实性、合法性负责，承担相应的法律责任。

② 代理报检单位从事代理报检业务时，必须提交委托人的《报检委托书》，加盖双方的公章。

③ 代理报检单位应在检验检疫机构规定的期限、地点办理报检手续，办理报检时应按规定填写报检申请单，并提供检验检疫机构要求的必要证单；报检申请单应加盖代理报检单位的合法印章。

④ 配合检验检疫机构实施检验检疫，对已完成检验检疫工作的，应及时领取检验检疫证单和通关证明。

⑤ 代理报检单位应积极配合检验检疫机构对其所代理报检的有关事宜的调查和处理。

⑥ 代理报检单位应按要求选用报检员，并对报检员的报检行为承担法律责任。

报检员不再从事报检工作或被解聘、或离开本单位时，代理报检单位应及时办理注销手续，否则因此产生的法律责任由代理报检单位承担。

3）责任。

① 负有保密的责任。

② 按规定代委托人交纳检验检疫费。

③ 代理报检单位与被代理人之间的法律关系适用于《中华人民共和国民法通则》的有关规定；代理报检单位的代理报检行为，不免除被代理人根据合同或法律所应承担的产品质量责任和其他责任。

④ 有伪造、变造、买卖或者盗窃出入境检验检疫证单、印章、标志、封识和质量认证标志行为的，除取消其代理报检注册登记及代理报检资格外，还应按检验检疫相关法律法规的规定予以行政处罚；对情节严重，涉嫌构成犯罪的，移交司法部门对直接责任人依法追究刑事责任。

⑤ 代理报检单位因违反规定被检验检疫机构暂停或取消其代理报检资格所发生的与委托人等关系人之间的财经纠纷，由代理报检单位自行负责。

⑥ 代理报检单位及其报检员在从事报检业务中有违反报检规定的，由检验检疫机构根据规定给予通报批评、警告、暂停或取消其代理报检资格；违反有关法律法规的，按有关法律法规的规定处理；涉嫌触犯刑律的，移交司法部门按照刑法的有关规定追究其刑事责任。

四、 报检员的职业资格和行为规范

报检员是指获得国家质量监督检验检疫总局（以下简称国家国家质监总局）规定的资格，在国家国家质监总局设在各地的出入境检验检疫机构（以下简称检验检疫机构）注册，办理出入境检验检疫报检业务（以下简称报检业务）的人员。报检员是报检单位与检验检疫机构联系的桥梁。

1. 报检员资格的取得

报检员素质的高低直接影响到检验检疫工作的效率与质量，因此一个合格的报检员需要经过检验检疫机构的培训，参加国家质监总局主办的全国统一考试，取得《报检员资格证》，并在《报检员资格证》有效期内向其所在地辖区的检验检疫机构注册登记，取得出入境检验检疫《报检员证》后持证上岗，方可从事报检业务。报检员资格证书有效期为两年。

2. 报检员的权利、义务与责任

1）报检员的权利。

① 对于进境货物，报检员在出入境检验检疫机构规定的时间和地点内办理报检，并提供抽样、检验的各种条件后，有权要求检验检疫机构在对外贸易合同约定的索赔期限内检验完毕，并出具证明。如果由于检验检疫工作人员玩忽职守造成货物超过索赔期而丧失索赔权的，报检员有权追究有关当事人的责任。

② 对于出境货物，报检员在出入境检验检疫机构规定的地点和时间，向检验检疫机构办理报检，并提供必要工作条件，交纳检验检疫费后，有权要求在不延误装运的期限内检验完毕，并出具证明。如因检验检疫工作人员玩忽职守而耽误装船结汇，报检员有权追究当事人的责任。

③ 报检员对出入境检验检疫机构的检验检疫结果有异议时，有权根据有关法律规定向原机构或其上级机构申请复验。

④ 报检员如有正当理由需撤销报检时，有权按有关规定办理撤检手续。

⑤ 报检员在保密情况下提供有关商业单据和运输单据时，有权要求检验检疫机构及其工作人员给予保密。

⑥ 对出入境检验检疫机构的检验检疫工作人员滥用职权、徇私舞弊、伪造检验检疫结果的，报检员有权依法提出追究当事人的法律责任。

想一想

报检员的主要职责是什么？

2）报检员的义务和责任。

① 报检员负责本企业的进出口货物报检申请事宜，并有义务向本企业的领导传达并解释出入境检验检疫有关法律、法规、通告及管理办法。

② 报检员须依法按规定向出入境检验检疫机构履行登记或报检所必须的程序和手续，做到报检的期限和地点符合出入境检验检疫机构的有关规定，申请证单填写正确、详细，随附证单齐全。

③ 报检员有义务向出入境检验检疫机构提供进行抽样和检验、检疫、鉴定等必要的工作条件，例如必要的工作场所、辅助劳动力以及交通工具等。配合检验检疫机构为实施检验检疫机构而进行的现场验（查）货、抽（采）样及检验检疫处理等事宜，并负责传达和落实检验检疫机构提出的检验检疫监管措施和其他有关要求。

④ 报检员有义务对经检验检疫机构检验检疫合格放行的出口货物加强批次管理，不得错发、漏发致使货证不符。对入境的法检货物，未经检验检疫或未经检验检疫机构的许可，不得销售、使用或拆卸、运递。

⑤ 报检员申请检验、检疫、鉴定工作时，应按规定缴纳检验检疫费。

⑥ 报检员必须严格遵守有关法律、法规和有关行政法规的规定，不得擅自涂改、伪造或变造检验检疫证（单）。

⑦ 对进境检疫物报检必须做到：按需办理检疫审批，配合检疫进程，提供隔离场所，了解检疫结果，适时做好除害处理，对不合格货物按检疫要求配合检验检疫机构做好退运、销毁等处理。

⑧ 对出境检疫物报检必须做到：配合检验检疫机构，掌握输入国家（地区）必要的检疫规定等有关情况，进行必要的自检，提供有关产地检验资料，帮助检验检疫机构掌握产地疫情，了解检疫结果，领取证书。

⑨ 对于入境不合格货物，应及时向出入境检验检疫机构通报情况，以便整理材料、证据对外索赔。对于出境货物要搜集对方对货物的反映（尤其是有异议的货物），以便总结经验或及时采取对策，解决纠纷。

⑩ 报检员办理报检业务须出示《报检员证》，出入境检验检疫机构不受理无证报检业务。

想一想

报检员在从事进出口商品报检工作中具有哪些权利和义务？

本章学习路径

本章包括三方面的内容：①进出口商品检验检疫机构；②商品检验机构的主要职责；③检务部门和报检人。其汇总如下：

进出口商品检验机构
- 商品检验检疫机构
- 国内外主要的商品检验机构
- 我国的国家出入境商品检验机构

商品检验机构的主要职责
- 国家出入境检验检疫局的主要职责
- 各出入境检验检疫直属局的主要职责
- 各出入境检验检疫分支局的主要职责

检务部门和报检人
- 报检概念
- 检务部门
- 报检人

复习与思考

一、名词解释

1. 商品检验检疫机构

2. 报检

3. 检务部门

4. 报检人

5. 代理报检单位

二、问答题

1. 商检机构有几种?
2. 国内外主要的官方商检机构有哪些?
3. 中国商品检验公司是一个什么样的检验机构?
4. 我国的国家出入境检验检疫机构有哪些?
5. 我国商检机构的基本任务是什么?
6. 检验检疫部门实行什么样的领导体制?
7. 我国出入境商品的检验检疫和监督管理工作由谁负责?
8. 什么叫“三检合一”,其工作规程和检验检疫模式分别是什么?
9. 报检单位有哪些?
10. 《报检员证》的有效期是多少年?

知 识 扩 充

《出入境检验检疫报检员管理规定》

第一章　总　　则

第一条　为加强对出入境检验检疫报检员（以下简称报检员）的管理，规范报检员的报检行为，维护正常的报检工作秩序，根据《中华人民共和国进出口商品检验法》及其实施条例、《中华人民共和国进出境动植物检疫法》及其实施条例、《中华人民共和国国境卫生检疫法》及其实施细则、《中华人民共和国食品卫生法》等法律法规的规定，制定本规定。

第二条　本规定所称报检员是指获得国家质量监督检验检疫总局（以下简称国家国家质监总局）规定的资格，在国家国家质监总局设在各地的出入境检验检疫机构（以下简称检验检疫机构）注册，办理出入境检验检疫报检业务（以下简称报检业务）的人员。

第三条　国家国家质监总局主管全国报检员管理工作，检验检疫机构负责组织报检员资格考试、注册及日常管理、定期审核等工作。

第四条　报检员在办理报检业务时，应当遵守出入境检验检疫法律法规和有关规定，并承担相应的法律责任。

第二章　报检员资格

第五条　报检员资格实行全国统一考试制度。报检员资格全国统一考试办法由国

家国家质监总局另行制定。

第六条　参加报检员资格考试的人员应当符合下列条件：

（一）年满 18 周岁，具有完全民事行为能力；

（二）具有良好的品行；

（三）具有高中或者中等专业学校以上学历；

（四）国家国家质监总局规定的其他条件。

第七条　资格考试合格的人员，取得《报检员资格证》。2 年内未从事报检业务的，《报检员资格证》自动失效。

第三章　报检员注册

第八条　获得《报检员资格证》的人员，方可申请报检员注册。

第九条　报检员注册应当由在检验检疫机构登记并取得报检单位代码的企业向登记地检验检疫机构提出申请，并提交下列材料：

（一）报检员注册申请书；

（二）拟任报检员所属企业在检验检疫机构的登记证书；

（三）拟任报检员的《报检员资格证》；

（四）检验检疫机构需要的其他证明文件。

第十条　检验检疫机构对提交的材料进行审核，经审核合格的，予以注册，颁发《报检员证》。

第十一条　《报检员证》是报检员办理报检业务的身份凭证，不得转借、涂改。

未取得《报检员证》的，不得从事报检业务。

第十二条　报检员调往当地其他企业从事报检业务的，应当持调入企业的证明文件，向发证检验检疫机构办理变更手续；调往异地企业从事报检业务的，应当向调出地检验检疫机构办理注销手续，并持注销证明向调入企业所在地检验检疫机构重新办理注册手续。经核准的，检验检疫机构予以换发新的《报检员证》。

第十三条　代理报检单位的报检员不得同时兼任两个或者两个以上代理报检单位的报检工作。

自理报检单位的报检员不得同时兼任两个或者两个以上自理单位的报检工作。

第十四条　报检员遗失《报检员证》的，应当在 7 日内向发证检验检疫机构递交情况说明，并登报声明作废。对在有效期内的，检验检疫机构予以补发。未补发《报检员证》前报检员不得办理报检业务。

第十五条　有下列情况之一的，报检员所属企业应当收回其《报检员证》交当地检验检疫机构，并以书面形式申请办理《报检员证》注销手续：

（一）报检员不再从事报检业务的；

（二）企业因故停止报检业务的；

（三）企业解聘报检员的。

因未办理《报检员证》注销手续而产生的法律责任由报检员所属企业承担。

第四章 报检员职责

第十六条 报检员依法代表所属企业办理报检业务。报检员应当并有权拒绝办理所属企业交办的单证不真实、手续不齐全的报检业务。

第十七条 报检员应当对所属企业负责，接受检验检疫机构的指导和监督，并履行下列义务：

（一）遵守有关法律法规和检验检疫的规定；

（二）在办理报检业务时严格按照规定提供真实的数据和完整、有效的单证，准确、清晰地填制报检单，并在规定的时间内缴纳有关费用；

（三）参加检验检疫机构举办的有关报检业务的培训；

（四）协助所属企业完整保存各种报检单证、票据、函电等资料；

（五）承担其他与报检业务有关的工作。

第五章 监督管理

第十八条 检验检疫机构负责对经其注册的报检员的业务培训、日常管理和定期审核工作。

第十九条 检验检疫机构对报检员的管理实施差错登记制度。

第二十条 《报检员证》的有效期为2年，期满之日前1个月，报检员应当向发证检验检疫机构提交审核申请书。

第二十一条 检验检疫机构结合日常报检工作记录对报检员进行审核。

经审核合格的，其《报检员证》有效期延长2年。

经审核不合格的，报检员应当参加检验检疫机构组织的报检业务培训，经考试合格后，其《报检员证》有效期延长2年。

未申请审核或者经审核不合格，且未通过培训考试的，不予延长其《报检员证》有效期。

第二十二条 报检员有下列行为之一的，由检验检疫机构暂停其3个月或者6个月报检资格：

（一）不履行本规定第十七条规定，情节严重的；

（二）1年内出现3次以上报检差错行为，情节严重的；

（三）转借或者涂改报检员证的。

第二十三条 报检员有下列行为之一的，由检验检疫机构取消其报检资格，吊销《报检员证》：

（一）不如实报检，造成严重后果的；

（二）提供虚假合同、发票、提单等单据的；

（三）伪造、变造、买卖或者盗窃、涂改检验检疫通关证明、检验检疫证单、印章、标志、封识和质量认证标志的；

（四）其他违反检验检疫法律法规规定，情节严重的。

第二十四条　报检员在从事报检业务活动中有其他违反法律法规规定的，按照相关法律法规规定处理。

第六章　附　　则

第二十五条　《报检员资格证》和《报检员证》由国家国家质监总局统一印制。

第二十六条　本规定由国家国家质监总局负责解释。

第二十七条　本规定自 2003 年 1 月 1 日起施行。

第三章　法定检验

导　读

在国际贸易中，由于国与国之间的发展水平各异，为了保护国家利益，不同的国家根据自己的发展水平，在不超过技术贸易壁垒协议允许的范围内，以国家立法形式，通过强制手段，对重要的进出口商品指定专门的机构统一执行强制性检验检疫，即法定检验检疫。法定检验检疫是国际贸易中不可缺少的重要环节和组成部分，了解法定检验的范围、内容、标准和方式以及办理程序，对提高通关速度，保证贸易的顺利开展意义重大。

第一节　法定检验概述

法定检验是检验检疫机构根据国家有关法令的规定，对大宗的关系国计民生的重点进出口商品、容易发生质量问题的商品、涉及安全卫生的商品以及国家指定由检疫机构统一执行检验的商品等实施强制性检验检疫，以维护国家的信誉及利益。法定检验检疫的商品范围主要包括以下内容。

一、 法定检验检疫的范围

1. 国家法律、行政法规规定的检验检疫业务

(1)《出入境检验检疫机构实施检验检疫的进出口商品目录》(以下简称《目录》)中规定的商品

国家质监总局根据保护人类健康和安全、保护动物或者植物的生命和健康、保护环境、防止欺诈行为、维护国家安全的原则征求国务院对外贸易主管部门、海关总署等有关方面的意见后制定、调整并公布实施《出入境检验检疫机构实施检验检疫的进出口商品目录》(以下简称目录)。

(2) 对出入境食品的卫生检验

根据《中华人民共和国食品卫生法》第30条、31条的规定，出入境食品、食品添加剂、食品容器、包装材料和食品用工具、设备等必须经检验检疫机构检验，符合国家卫生标准和卫生管理办法规定的方准出境。《中华人民共和国进出口商品检验法》及其实施条例及《出口粮油食品、冷冻品装船检验法》、《集装箱检验办法》等规定，对装运出口易腐烂变质食品、冷冻品的船舱、集装箱等运载工具，必须向检验检疫机构申请清洁、卫生、冷藏、密固等适载检验，经检验合格并取得证书的，方可装运。

(3) 对出入境动植物的检验检疫

在入境、出境、过境的货物和携带、邮寄进出境的物品方面，包括动物、植物、动物产品、植物产品和其他检疫物。

在装载容器、包装物和铺垫材料方面，包括：装载进出境动植物、动植物产品和其他检疫物的装载容器；进出境动植物、动植物产品和其他检疫物包装物和铺垫材料；装载过境动物的装载容器；过境植物、动植物产品和其他检疫物的包装物和铺垫材料。

在运输工具方面，包括来自疫区的船舶、飞机、火车；入境供拆解用的废旧船舶；装载进出境动植物、动植物产品和其他检疫物的运输工具；装载进出境动植物、动植物产品和其他检疫物的运输工具；进境的车辆（含机动车，非机动车和畜力车等)。

(4) 对出入境人员、交通工具、运输设备的卫生检疫

出入境的人员、交通工具、运输设备以及可能传播检疫传染病的行李、货物邮包等物品，都必须向出入境检验检疫机构报检，获得许可后方准入境或出境。

2. 履行国际条约规定义务的检验检疫

根据我国参与签订的有关国际贸易的国际条约，公约或协定规定必须经检验检疫机构检验检疫的出入境货物须经检验检疫机构实施检验、检疫，例如：

1)《国际海运危规》、《国际航运危规》等对危险货物的分类、包装、运输工具和装卸设备的安全等有严格的规定。出口经营单位凭检验检疫机构出具的危险包装容器性能鉴定证书和使用鉴定证书验收货物；运输部门凭检验检疫机构出具的危险包装容器使用鉴定证书装运货物。

2) 列入《蒙方向中方提供的认证商品目录》内的商品，必须检验检疫机构检验合格后方准出境，蒙方海关凭中国出入境检验检疫机构签发的品质证书验放。

3) 列入《中俄双方提供的认证商品目录》内的商品俄方海关凭中国出入境检验检疫机构签发的品质证书验放。

法定检验的进口商品经检验，涉及人身财产安全、健康、环境保护项目不合格的怎么办?

3. 对国际贸易货物的检验

国际货物销售合同规定由检验检疫机构实施出入境检验时，当事人应及时提出申请，由检验检疫机构按照合同规定对货物实施检验并出具检验证书。

二、法定检验的标准

1. 法定检验的标准

进出口商品检验鉴定不仅要以客观事实作为基础，而且要有合法的检验鉴定的依据，其检验鉴定结论才能产生无可辩驳的法律效力，才能作为证明履约或处理争议的合法凭证。

对于出口商品的产地来源以及涉及商品消费使用和生产、运输的安全、卫生、检疫、环保、劳保、保护野生动植物资源、生态平衡的限制、限制禁止濒临灭绝的野生动植物种国际贸易的社会问题等，各国都有严明的法律、行政法规规定和强制执行限

定性标准，并授权主管机关和海关强制执行检验与监管。无论买卖双方在贸易合同中对此有无规定或怎样规定，都必须执行。

小知识

我国检验检疫机构对法定检验商品实施检验时应遵循的原则

第一、法律、行政法规规定有强制性标准或者其他必须执行的检验标准的，按照法律、行政法规规定的检验标准检验。

第二、法律、行政法规未规定有强制性标准或者其他必须执行的检验标准的，按照对外贸易合同约定的检验标准检验；凭样品成交的，应当按照样品检验。

第三、法律、行政法规规定的强制性标准或者其他必须执行的检验标准，低于对外贸易合同约定的检验标准的，按照对外贸易合同约定的检验标准检验；凭样成交的，应当按照样品检验。

第四、法律、行政法规未规定有强制性标准或者其他必须执行的检验标准，对外贸易合同又未约定检验标准或者约定检验标准不明确的，按照生产国标准、有关国际标准或者国家出入境检验检疫局指定的标准检验。

（1）安全规范

各国为了实施安全管制，制订有各种名目繁多的法规、标准，如《产品责任法》、有关产品的《安全法》、电器安全标准、《危险物质法》、《烈性毒物法》、各类运输工作的《安全规范》、《危险货物安全运输规则》、电视机和电子产品的《辐射标准》、易燃织物服装和睡毯的《易燃织物法》以及进口国的注册和在产品上加附安全标准的规定等。

（2）卫生法规标准

各国对食品、药品、化妆品及其他消费品卫生法规标准的规定十分严格，并加强检验与管理，如《食品卫生法》、《药品和化妆品法》、食品和饲料中的添加剂质量标准、食品加工助剂的使用限定法规、食品中的农药、兽药残留限量标准、辐射食品的辐射剂量控制标准、《杀虫剂、杀菌剂、灭鼠剂法》、有害重金属和非金属、微量元素、化学物质污染限量标准、标签法、卫生注册制度、运输工具的出入境检验检疫等。

（3）动植物检疫法规

各国公布出入境动植物及其产品的检疫法规，是防止动物传染病，寄生虫和植物危险性病，虫、杂草以及其他有害生物传入、传出国境，保护农、林、牧、渔业生产和人体健康而采取的一项措施。

各国的动植物检疫法规，一般都规定有限定的检疫对象和应报出入境检验检疫机关检疫的物品，实施检疫，非经检疫合格不得进出口。

（4）环保法规标准

各国在治理环境污染的同时，制订了种种环保法规标准，严格施行。对出入境产品，也提出了种种关于环保检验条件，例如对成套设备的引进，要求对有害废水、废气、废料和烟尘的排放标准。又如，对汽车和内燃机的废气排放、船舶洗舱用水和生活污水、废料在港口和海上运输与排放、机械设备和飞机的噪声限量、对放射性物料订有严格的包装防护要求以及易被放射性污染商品的放射性物质量的限定检验等，各国都有强制性执行的法规、标准。

（5）劳动保护法规标准

劳动保护包括安全保护和健康保护两个方面。各国制订的各种安全法规标准属于装卸、运输和保管设备的，都具有劳动保护的意义，还有一些劳动保护用品，例如，安全帽、安全带、防静电的劳动服和靴鞋；防高压电击的耐高压胶鞋、手套；防火石棉劳保服装，防辐射劳保服装、手套、眼镜、帽子、防毒面具等，各国都有强制性执行的法规标准，实施劳动安全保护检验。属于健康保护方面的法规标准，主要是用人力搬运的货物，不少国家有规定限量标准，有的最高不得超过 50 公斤（如俄罗斯）、60 公斤、70 公斤（西欧）等。超过规定搬运限量的包料，有的港口即禁止卸货，或对包装货物允许使用手钩卸货而不承担破损漏失责任。

2. 国际标准

（1）国际标准化组织的标准

国际标准化组织制订的标准。

（2）国际专业化组织的标准

国际专业化组织的标准，如国际电工委员会制订的标准；国际生丝协会制订的标准；联合国食品法典委员会制订的标准；联合国环保组织制订的污染标准；联合国政府间海事协商组织制订的船舶结构安全规范以及危险品包装要求和积载规则。

（3）区域性标准化组织的标准

区域性标准化组织的标准，如欧洲标准化委员会和欧洲电工标准化委员会制订的标准；太平洋地区标准会议标准；亚洲标准咨询委员会制订的标准；泛美技术标准委员会制订的标准；阿拉伯标准与计量组织制订的标准。

（4）国际商品行业协会的标准

国际商品行业协会的标准，如际橡胶协会制订的标准；国际羊毛局制订的标准；国际人造纤维及合成纤维标准（化）局制订的标准。

（5）贸易中采用某些国家的权威性标准

贸易中采用某些国家的权威性标准，如美国公职分析化学家协会（AOAC）制订的方法标准；英国药典；美国材料试验协会制订的材料试验标准；美国石油学会制订的标准。

3. 贸易中具有法律约束力的主要契约依据

1）买卖合同（契约）。

2）信用证。

3）租船契约。

4）海运提单。

三、法定检验的方式

出入境检验检疫机构根据便利对外贸易的需要，对进出口企业实施分类管理，并根据国际通行的合格评定程序确定的检验监管方式，对进出口商品实施检验进出口商品检验工作具有复杂性、多样性的特点。为了有效履行职责，便利对外贸易，出入境检验检疫机构对进出口企业确定划定类别，实施分类管理。同时按照国际通行的合格评定程序对进出口商品确定具体适用的检验监管方式，实施检验监管。

检验监管方式包括检验方式和监管方式两个方面。法定检验是对每一批次进出口商品施行“检验”，并对每一批次进出口商品货物出具检验证书（换证凭单或货物通关单），表示该批货物合格，符合标准规定，准许出口或进口使用。近几年，检验业务改革逐步实现了检验与监管相结合。在批次检验的同时，对企业产品质量水平、企业管理水平、控制产品的能力进行综合评价，将具体检验和对企业分类管理相统一结合，在此基础上由检验检疫机构对每一批货物给出正确的合格评定结论。

1. 检验方式

检验方式分为逐批检验方式（批批检验方式）、监管检验方式（抽批检验方式）、免于检验方式（免于法定检验方式）。

（1）逐批检验方式（批批检验方式）

逐批检验方式（批批检验方式）是国家技术规范的强制性要求，对法规规定应申报检验的进出口商品的每一批次都实施具体检验的合格平定活动。

（2）监管检验方式（抽批检验方式）

监管检验方式（抽批检验方式）是国家技术规范的强制性要求，对进出口商品以申报的批次为单位，抽取部分批次由检验机构根据企业管理状况和商品的质量水平，对该批商品质量做出判断评定并出具检验结果。

（3）免于检验方式（免于法定检验方式）

免于检验方式（免于法定检验方式）是对法定检验范围内的商品经过规定的程序，对符合国家规定免验条件并经批准的免验商品免于法定检验，检验检疫机构根据申请人提供的有关质量合格方面的文件直接做出评定结论的合格评定活动。

分类管理基本原则是以管理对象风险大小与管理要素的稳定性、一致性和符合性为基础进行管理对象分类，不同类别的企业的检验频次不同，明确了不同质量保证水平的企业适用不同的抽检比例、监管频次等。

在分类管理的条件下，对于抽到的应实施检验的批次商品，按批批检验的规律和检验标准要求进行检验。对于没有抽到的检验批次，要在对企业和产品综合评价和判断后作出平定结论。检验监管模式是将不同的抽样检验、测试、验证等和对企业不同的质量管理和控制手段的有机结合。核心思想是在分类管理和风险分析的基础上，将具体的商品检验和对企业的控制管理相互衔接、配合，形成对具体商品的检验越严格，对企业的控制管理相对宽松，而对企业的控制管理越严格，则具体的检验相对宽松的不同的检验监管模式。这是一种动态管理机制，采用不同的检验监管模式对进出口商品实行监督检验和管理，确保了对出口货物的质量状况和水平进行有效的控制，正确掌握产品的质量状况，在此基础上对每一批货物作出合格评定结论，出具相关的检验检疫证单，实现依法检验和监管有效的目的。

2. 监管模式

目前检验检疫机构的基本的检验监管模式包括以下内容。

(1) 形式试验模式

形式试验模式即按规定的周期依据国家技术规范的强制性要求进行产品的形式试验，并对产品进行抽样检验，对企业的质量管理体系实施监督的合格评定活动。

(2) 过程监空模式（过程检验模式）

过程监空模式（过程检验模式）即在进出口商品的生产过程中，对原材料、半成品、成品、关键工序和过程进行监控并取得相关数据，并对企业的管理进行评价、综合后作出评定结论内的合格评定活动。

(3) 符合性验证模式

符合性验证模式即按国家技术规范的强制性要求，查验检验证单和凭证、货物是否相符，必要时，可进行抽查检验，并实施监督的合格评定活动。

(4) 符合性评估模式

符合性评估模式即按国家技术规范的强制性要求，查验技术文件和商品的符合性，并进行必要的抽检和评估，并进行监督管理的合格评定活动。

(5) 合格保证模式

合格保证模式即在实施监督管理基础上，通过审核供货或收货方提供的符合性申明和必要的抽样检验，确定产品是否符合国家技术规范强制性要求的合格评定活动。

(6) 备案登记模式

备案登记模式即按按国家技术规范的强制性要求、对产品的质量特性项目进行专项检测，核发备案书并对生产经营企业进行登记，对产品仅实施抽批检验的合格评定活动。

检验检疫机构根据基础口企业管理状况、商品结构和特点，可以对不同的对象选取不同的检验监管模式。但是一经确定，就应该按着选定模式的具体规定的要求执行，避免合格评定过程的随意性。检验监管模式不是一成不变的，检验监管模式改革是质检业务改革的核心，也是改革的重点，必然随着我国进出口贸易及检验监管的发展而不断变化和发展。

第二节　出口商品法定检验程序

法定检验的出口商品的发货人应当在国家国家质监总局统一规定的地点和期限内，持合同等必要的凭证和相关批准文件向出入境检验检疫机构报检。法定检验的出口商品未经检验或者经检验不合格的，不准出口。出口实行验证管理的商品，发货人应当向出入境检验检疫机构申请验证。出入境检验检疫机构按照国家国家质监总局的规定实施验证。

一、出境一般货物的报检

1）出境一般货物报检时，出入境检验检疫机构首先对报检员和报检单位按有关要求进行资格审核。

2）出境一般货物报检时出入境检验检疫机构按《出境货物报检单填制说明》审核《出境货物报检单》填写的内容是否符合规定要求，报检单是否加盖报检单位公章或代理报检单位备案印章或随附报检单位的介绍信；报检单填写是否完整、准确；H. S. 编码归类是否准确；货值、数重量、合同、贸易国别/地区等是否与所附单据一致；代理报检委托书上是否按规定填写委托单位的详细地址、联系电话和联系人等。

3）出境货物报检时报检人应提供对外贸易合同（售货确认书或函电）、信用证、发票、装箱单等必要的单证，信用证有特殊要求的报检人应在有关栏目中注明。办理预检的，如报检人不能提供外销合同，应提供内销合同或必要的检验检疫依据。对于加工贸易的出口货物，报检时要审核正本的《海关加工贸易备案手册》，出口成品登记表的复印件应当留存，附在报检单据上。

4）列入《出入境检验检疫机构实施检验检疫的进出境商品目录》内检验检疫类别为 N、S 的出境货物报检时，应提供《出境货物运输包装性能检验结果单》正本。施检人员对《出境货物运输包装性能检验结果单》正本核销报检货物的包装数量，并将核销后的《出境货物运输包装性能检验结果单》正本退交报检人。对经核销完毕的《出境货物运输包装性能检验结果单》正本收回全套单据留存。

二、 出境电子报检

电子报检也称电子申报，是指报检人使用电子报检软件通过检验检疫电子业务服务平台将报检数据以电子方式传输给检验检疫机构，经检验检疫机构处理后，将受理报检信息反馈给报检人，以实现远程办理出入境检验检疫报检的行为。

1）开展电子报检的报检人应具备下列条件：

① 遵守报检的有关管理规定。

② 已在检验检疫机构办理报检人登记备案或注册登记手续。

③ 具有经检验检疫机构培训考核合格的报检员。

④ 具备开展电子报检的软硬件条件。

⑤ 在国家国家质监总局指定的机构办理电子业务开户手续。

2）报检人在申请开展电子报检时应提供以下资料：

① 在检验检疫机构取得的报检人登记备案证明。

② 电子报检登记申请表。

③ 电子业务开户登记表。

3）开展电子报检人应确保电子报检信息真实、准确，不得发送无效报检信息报检人发送的电子报检信息应与提供的报检单及随附单据有关内容保持一致。

电子报检人须在规定的报检时限内将相关出境货物的报检数据发送至报检地检验检疫机构。

对于合同或信用证中涉及检验检疫特殊条款和特殊要求的，电子报检人在电子报检申请中同时提出。

4）受理电子报检的检验检疫机构应及时接收电子报检数据并进行审核。

对经审核符合报检要求的，检验检疫机构受理报检，并将报检号、施检部门信息及所需随附单据的种类等信息反馈给电子报检人。

对经审核不符合报检要求的，检验检疫机构应将不受理报检信息和不受理报检的原因及修改要求等信息同时反馈给电子报检人。电子报检人须按照检验检疫机构的有关要求对报检数据修改后，再次报检。

电子报检的适用范围

1）出入境货物和出入境集装箱，木质包装检疫的报检。

2）出境货物凭书面出境货物换证凭单换发出境货物通关单的申报。

3）出境货物运载工具（集装箱）适载检验的报检。

4）出境货物申请签发原产地证书和普惠制原产地证书。

5）出境货物受理电子报检后，报检人应按受理信息的要求，在检验检疫施检时，提交报检单和随附单据。

检验检疫机构施检部门负责按有关规定审核直通式电子报检人所提交的报检单和随附单据，对不符合要求的，要求其予以修改和更换。

电子报检人对已发送的报检申请需更改或撤销报检时，应发送更改或撤销报检申请。检验检疫机构按有关规定办理。

6）有下列情况之一的，检验检疫机构可暂停或取消报检人电子报检资格。

① 逾期未参加年度审核的。

② 有违反检验检疫有关规定行为的。

③ 被撤销、解散的。

小知识

出境货物电子转单

出境货物电子转单是指通过网络将出境货物经产地检验检疫机构检验检疫合格后的相关电子信息传输到出境口岸检验检疫机构实施检验检疫的监管模式。

三、出境货物口岸验证放行、核查货证

1. 口岸验证放行

口岸验证是指逐批核查《出境货物换证凭单》的真实和有效。

1）实施验证方式查验的，由口岸检验检疫机构检务部门受理申报，并核查《出境货物换证凭单》。《出境货物换证凭单》真实有效的，签发《出境货物通关单》。

2）检务部门验证时，发现《出境货物换证凭单》填制错漏的，通知签发《出境货换证凭单》的检验检疫机构依照《出入境检验检疫签证管理办法》处理；发现《出境货物换证凭单》伪造、涂改的，依照检验检疫法律法规有关规定处理。

2. 口岸核查货证

核查货证指核查《出境货物换证凭单》的真实和有效，并现场检查出境货物的基本情况是否与《出境货物换证凭单》记载相符。

1）口岸查验时核查货证的比例为申报查验批次的1%至3%，根据国家国家质监总局《关于实施（出境商品口岸重点查验目录）的通知》（质检通函［2004］314号）的有关规定，在原口岸查验工作模式的基础上，设立重点查验目录。重点查验目录内商品按口岸查验（核

查货证）比例的最高限5%执行，重点查验目录外的出口商品，口岸查验（核查货证）比例按0.5%执行，核查货证的对象由CIQ2000根据查验申报单顺序编号随机确定。

2）受理核查货证的货物报检后，检务部门在验证后，将全套报检证单送施检部门核查。

3）下列出境货物必须逐批核查货证：

① 出口活动物。

② 重点核查名单内的企业申报的货物。

③ 国家国家质监总局确定的货物。

④ 需口岸检验检疫机构出具检验检疫证书的。

⑤ 重点核查名单内的企业申报的出口货物经口岸检验检疫机构连续核查货证5次，未发现有违规定行为的，不再列入重点核查名单。

⑥ 申报查验的货物需要并批或者分批出境的，依照《出入境检验检疫签证管理办法》的规定办理。

四、重新报检

1. 重新报检的范围

1）超过检验检疫有效期。

2）变更输入国家或地区，并有不同检验检疫要求的。

3）改换包装或重新拼装的。

4）已撤销报检的。

2. 重新报检的要求

1）按规定填写《出境货物报检单》，交附有关函电等证明单据。

2）交还原发的证书或证单，不能交还的应按有关规定办理。

想一想

法定检验的进口商品经检验，涉及人身财产安全、健康、环境保护项目不合格的怎么办？

五、出境报检单的填制

出入境货物报检单是进出口企业向检验检疫部门申请检验的单据，报检人要认真填写，内容应按合同、国外发票、提单、运单上的内容填写，报检单应填写完整、无漏项（栏目内容确实无法填写的以“***”表示，不得留空），字迹清楚，不得涂改，

且中英文内容一致，并加盖申请单位公章。

1. 出境货物报检单的填制说明（所列项目必须填制完整，准确、清晰）

1）报检单位（Declaration Inspection Unit），指向检验检疫机构申报检验、检疫、鉴定业务的单位；报检单应加盖公章。

2）编号（No.），由检务人员填写，前6位为检验检验机关代码，第7位为报检类别代码，第8、9位为年代码，第10～15位为流水号。

3）报检单位登记号（Register No.），指在检验检疫机构的报检注册登记号。

4）联系人、电话（Contact No.），指填报检人的姓名和联系电话。

5）报检日期（Date and Declaration Inspection），指填写检验检疫机构的受理报检的日期。

6）发货人（Consignor），指本批货物的贸易合同中卖方名称或信用证中的受益人的名称，如需要出具英文证书的，填写中英文。

7）收货人（Consignee），指本批出境货物的贸易合同中或信用证中买方名称，如需要出具英文证书的，填写中英文。

8）货物名称（Description of Goods）（中/外文），按贸易合同或发票所列货物名称所对应国家检验检疫机构制定的《检验检疫商品目录》所列货物名称填写。

9）H. S编码（H. S. Code），指货物对应的海关《商品分类及编码协调制度》（简称HS）代码，填写8位数或10位数。

10）产地（Origin），指货物的生产/加工的省（自治区、直辖市）以及地区（市）名称。

11）数/重量（Quantity/Weight），指填写报检货物的数/重量，重量一般以净重填写，如填写毛重，或以毛重作净重则需注明。

12）货物的总值（Amount），指按本批货物合同或发票上所列的总值填写（以美元计），如同一报检单报检多批货物，需列明每批货物的总值。（注：如申报货物总值与国内，国际市场价格有较大差异，检验检疫机构保留核松紧权力。）

13）包装件数及种类（Number of Type of Packing），指本批货物运输包装的件数及种类。

14）运输工具名称号码（Means of Conveyance），指填写货物的运输工具类别名称（如船、飞机、货柜车、火车等）及运输工具编号（船名、飞机航班号、车牌号码、火车车次）。报检时，未能确定运输工具编号的可只填写运输工具类别。

15）贸易方式（Terms of Trade），指填写贸易性质（如A、一般贸易；B、三来一补；C、边境贸易；D、进料加工；E、其他贸易）或成交条件，如FOB，CIF。

16）货物存放的地点（Place of Goods），指本批货物存放的地点位置。

17）合同号（Contract No.），指贸易双方就本批货物出境而签订的贸易合同编号。

18）信用证号（L/C No.），指本批货物所对应的信用证编号。

19）用途（Purpose），指本批货物出境用途，如种用、食用、奶用、观赏或演艺、伴侣、实验、药用、饲用、加工等。

20）发货日期（Shipment Date），按本批货物信用证或合同所列的出境日期填写。

21）输往国家（地区）（Destination Country/Area），指贸易合同中买方（进口方）所在国家或地区。

22）许可证/审批单号（Licence No./Approve No.），指对国家出入境检验检疫局已实施《出口商品质量许可证制度目录》下的出口货物和其他已实行许可制度、审批制度管理的货物，报检时填写安全质量许可证编号或审批单编号。

23）启运地（Place of Departure），指装运本批货物离境的交通工具的启运口岸/地区城市名称。

24）到达口岸（Final Destination），指装运本批货物的交通工具最终抵达目的地的口岸名称。

25）生产单位注册号（Manufacture Register No.），指生产/加工本批货物的单位在检验检疫机构的注册登记编号。

26）集装箱规格、数量及号码（Type of Container，Container Number），指填写装载本批货物的集装箱规格（如40英尺、20英尺等）以及分别对应的数量和集装箱号码全称。若集装箱太多，可用附页填报。

27）合同、信用证订立的检验检疫条款或特殊要求：指贸易合同或信用证中贸易双方对本批货物特别约定而订立的质量、卫生等条款和报检单位对本批出境货物的检验检疫的其他特别要求。

28）标记及号码（Marks and Number of Packages），指按出境货物实际运输包装标记填写，如没有标记，填写N/M，标记填写不下时可用附页填报。

29）随附单据（Attached Files in“√”）：按实际提供的单据，在对应的窗口打“√”。

30）需要证单名称（Documents Required），指按需要检验检疫机构出具的证单，在对应的窗口打“√”，并应注明所需证单的正副本的数量。

31）报检人郑重声明（Signature of Authorized Signatory），指必须有报检人的亲笔签名。

2.《出境货物报检单》格式（见下表）

中华人民共和国出入境检验检疫出境货物报检单

报检单位（加盖公章）： *编 号________

报检单位登记号： 联系人： 电话： 报检日期： 年 月 日

发货人	（中文）
	（外文）

续表

<table>
<tr><td rowspan="2">收货人</td><td>（中文）</td><td colspan="4"></td></tr>
<tr><td>（外文）</td><td colspan="4"></td></tr>
<tr><td>货物名称（中/外文）</td><td>H. S. 编码</td><td>产地</td><td>数/重量</td><td>货物总值</td><td>包装种类及数量</td></tr>
<tr><td></td><td></td><td></td><td></td><td></td><td></td></tr>
<tr><td>运输工具名称号码</td><td></td><td>贸易方式</td><td></td><td>货物存放地点</td><td></td></tr>
<tr><td>合同号</td><td></td><td>信用证号</td><td></td><td>用途</td><td></td></tr>
<tr><td>发货日期</td><td></td><td>输往国家（地区）</td><td></td><td>许可证/审批号</td><td></td></tr>
<tr><td>启运地</td><td></td><td>到达口岸</td><td></td><td>生产单位注册号</td><td></td></tr>
<tr><td colspan="2">集装箱规格、数量及号码</td><td colspan="4"></td></tr>
<tr><td colspan="2">合同、信用证订立的检验检疫条款或特殊要求</td><td colspan="2">标记及号码</td><td colspan="2">随附单据（划“＼/”或补填）</td></tr>
<tr><td colspan="2"></td><td colspan="2"></td><td>□合同
□信用证
□发票
□换证凭单
□装箱单</td><td>□厂检单
□包装性能结果单
□许可/审批文件</td></tr>
<tr><td colspan="4">需要证单名称（划“＼/”或补填）</td><td colspan="2">*检验检疫费</td></tr>
<tr><td colspan="2" rowspan="3">□品质证书 _正_副
□重量证书 _正_副
□数量证书 _正_副
□兽医卫生证书 _正_副
□健康证书 _正_副
□卫生证书 _正_副
□动物卫生证书 _正_副</td><td colspan="2" rowspan="3">□植物检疫证书 _正_副
□熏蒸/消毒证书 _正_副
□出境货物换证凭单
□出境货物通关单</td><td>总金额
（人民币元）</td><td></td></tr>
<tr><td>计费人</td><td></td></tr>
<tr><td>收费人</td><td></td></tr>
<tr><td colspan="4" rowspan="3">报检人郑重声明：
1. 本人被授权报检。
2. 上列填写内容正确属实，货物无伪造或冒用他人的厂名、标志、认证标志，并承担货物质量责任。
签名：________</td><td colspan="2">领取证单</td></tr>
<tr><td>日期</td><td></td></tr>
<tr><td>签名</td><td></td></tr>
</table>

注：有“*”号栏由出入境检验检疫机关填写。 ◆国家出入境检验检疫局制

第三节 进口商品法定检验程序

法定检验的进口商品的收货人应当在国家国家质监总局统一规定的地点和期限内，持合同等必要的凭证和相关批准文件向出入境检验检疫机构报检。除法律、行政法规

另有规定外，法定检验的进口商品经检验，涉及人身财产安全、健康、环境保护项目不合格的，由出入境检验检疫机构责令当事人销毁，或者出具退货处理通知单并书面告知海关，海关凭退货处理通知单办理退运手续；其他项目不合格的，可以在出入境检验检疫机构的监督下进行技术处理，经重新检验合格的，方可销售或者使用。当事人申请出入境检验检疫机构出证的，出入境检验检疫机构应当及时出证。出入境检验检疫机构对检验不合格的进口成套设备及其材料，签发不准安装使用通知书。经技术处理，并经出入境检验检疫机构重新检验合格的，方可安装使用。

一、　入境一般货物的报检

报关地检验检疫机构负责受理必须经检验检疫机构检验检疫的入境一般货物的报检工作。

入境一般货物报检时按《入境货物报检单填制说明》认真审核《入境货物报检单》填写的内容是否符合规定要求，报检单是否加盖报检单位公章或代理报检单位备案印章或随附报检单位的介绍信；报检单填写是否完整、准确；H. S. 编码归类是否准确；货值、数重量、合同号、提单号等是否与随附的发票、箱单、合同、提单一致；转异地的货物目的地填写是否正确；代理报检委托书上是否按规定填写委托单位的详细地址、联系电话和联系人等。

(1) 提供商业文件

入境一般货物报检时，报检人应提供对外贸易合同、发票、提单、装箱单等贸易和运输单据的复印件；若属加工贸易或其他特殊原因无合同，申请人应在报检单上注明；代理报检单位应提供委托单位的正本委托书。

(2) 转异地实施检验检疫的入境货物报检

报检的入境货物需转异地实施检验检疫的，报关地检验检疫机构应将《入境货物通关单》货物流向联（第三联）在1个工作日内转收/用货地检验检疫机构。同时，应将相关电子信息传输到收/用货地检验检疫机构。

二、　进境集装箱的报检

1. 进境集装箱应实施检验检疫的范围

1）所有进境集装箱应实施卫生检疫。

2）来自动植物疫区的，装载动植物、动植物产品和其他检验检疫物的，以及箱内带有植物包装物或铺垫材料的集装箱，应实施动植物检疫。

3）法律、行政法规、国际条约规定或者贸易合同约定的其他应当实施检验检疫的

集装箱，按照有关规定、约定实施检验检疫。

2. 申请进境集装箱检验检疫时应提供的单据

申请进境集装箱检验检疫时应提供集装箱数量、规格、号码，到达或离开口岸的时间、装箱地点和目的地、货物的种类、数量和包装材料等单据或情况。

3. 对来自检疫传染病疫区和来自动物疫情流行的重点国家或地区的集装箱报检

对来自检疫传染病疫区和来自动物疫情流行的重点国家或地区的集装箱，检务人员在正式受理报检前要开具《卫生除害处理通知单》，告知报检人员和承担卫生除害处理的单位应当承担的义务和法律责任。

三、 过境货物的报检

1. 报关地检验检疫机构负责过境动植物、动植物产品和其他检疫物的报检工作

2. 受理过境动植物、动植物产品和其他检疫物报检时，应审核的资料

1） 货运单。

2） 输出国家或地区政府动植物检疫机关出具的证书。

3） 运输动物过境的还应提供国家国家质监总局签发的《动物过境许可证》。

3. 运输动植物、动植物产品和其他检疫物过境的，向报关地检验检疫机构报检，出境口岸不再检疫

四、 入境货物口岸通关转异地检验检疫的报检

1. 入境货物口岸通关转异地检验

入境货物口岸通关转异地检验应在入境前或入境时按规定向报关地检验检疫机构报检，对于通关后需转异地检验检疫的货物，报关地检验检疫机构应将《入境货物通关单》货物流向联（第三联）在1个工作日内转收/用货地检验检疫机构。同时，应将相关电子信息传输到收/用货地检验检疫机构。

2. 寄送流向单

1） 经审核无误受理报检的入境转异地货物，报关地检验检疫机构签发《入境货物通关单》（［2－1－2（2000.1.1）］），企业凭《入境货物通关单》正本办理通关手续。报关地检验检疫机构应在《入境货物通关单》备注栏内注明以下内容：是否实施检验

检疫、实施检验检疫的项目；对于须在口岸实施检疫、目的地检验的货物，是否已在口岸缴纳检验检疫费用；收、用货单位的详细名称、企业地址、联系人及联系电话，例如“认定为非木质包装”、“调封存，我局已对该批货物按规定进行包装消毒，到货后，请速与局联系”等。

2）报关地检验检疫机构应在1个工作日内将入境转异地货物的《入境货物通关单》第3联货物流向联（第3联）转收/用货地检验检疫机构，同时应将相关电子信息传输到收/用货地检验检疫机构。

3）收用货地检验检疫机构收到入境货物流向单后，应及时联系收用货单位实施检验检疫。

4）对因《入境货物通关单》备注中加注的联系电话或联系人不准确，无法落实检验检疫工作的，为加强对进境流向货物管理，防止逃漏检，维护执法严肃性，实现口岸与内地联动，应及时将情况反馈报关地检验检疫机构。

3. 入境货物电子转单

1）入境货物电子转单是指入境货物经报关地检验检疫机构签发《入境货物通关单》（一式四联）后的相关电子信息传输到目的地检验检疫机构实施检验检疫的监管模式。

2）对经报关地办理通关手续，需到目的地实施检验检疫的货物，报关地检验检疫机构应及时通过网络，将相关信息传输到电子转单中心。入境货物电子转单传输内容包括报检信息、签证信息及其他相关信息。

报关地检验检疫机构应以书面方式向入境检验检疫关系人提供报检单号、转单号及密码等。

3）目的地检验检疫机构应按时接收国家国家质监总局电子转单中心转发的相关电子信息，并反馈接收情况信息。

入境检验检疫关系人应凭报检单号、转单号及密码等，向目的地检验检疫机构申请实施检验检疫。

目的地检验检疫机构根据人境检验检疫关系人的申报信息受理报检，提取电子转单信息，实施检验检疫。

目的地检验检疫机构根据电子转单信息，对入境检验检疫关系人未在规定期限内办理报检的，应将有关信息通过国家国家质监总局的电子转单中心反馈给入境口岸检验检疫机构。

五、 入境货物电子报检

1. 开展电子报检的报检人应具备的条件

1）遵守报检的有关管理规定。

2）已在检验检疫机构办理报检登记备案或注册登记手续。

3）具有经检验检疫机构培训考核合格的报检员。

4）具备开展电子报检的软硬件条件。

5）在国家国家质监总局指定的机构办理电子业务开户手续。

2. 报检人在申请开展电子报检时应提供的资料

1）在检验检疫机构取得的报检人登记备案或注册登记证明复印件。

2）电子报检登记申请表。

3）电子业务开户登记表。

3. 开展电子报检人应确保电子报检信息真实、准确，不得发送无效报检信息

报检人发送的电子报检信息应与提供的报检单及随附单据有关内容保持一致。电子报检人须在规定的报检时限内将相关入境货物的报检数据发送至报检地检验检疫机构。对于合同或信用证中涉及检验检疫特殊条款和特殊要求的，电子报检人在电子报检申请中同时提出。

4. 受理电子报检的检验检疫机构应及时接收电子报检数据并进行审核

对经审核符合报检要求的，检验检疫机构受理报检，并将报检号、施检部门信息及所需随附单据的种类等信息反馈给电子报检人。

对经审核不符合报检要求的，检验检疫机构应将不受理报检信息和不受理报检的原因及修改要求等信息同时反馈给电子报检人。电子报检人须按照检验检疫机构的有关要求对报检数据修改后，再次报检。

5. 入境货物受理直通式电子报检

入境货物受理直通式电子报检后报检人应在领取《入境货物通关单》时，提交报检单和随附单据。检务部门负责按有关规定审核电子报检人所提交的报检单和随附单据，对不符合要求的，要求其予以修改或更换。

电子报检人对已发送的报检申请需更改或撤销报检时，应发送更改或撤销报检申请。检验检疫机构按有关规定办理。

6. 有下列情况之一的，检验检疫机构可暂停或取消报检人电子报检资格

1）逾期未参加年度审核的。

2）违反检验检疫有关规定行为的。

3）被撤销、解散的。

六、《入境货物报检单》的填制

1.《入境货物报检单》的填制说明

1）报检单位，指向检验检疫机构申报检验检疫、鉴定业务，并已在检验检疫机构登记注册的单位及代码。报检单位一般应加盖公章。

2）报检单位登记号，指报检单位在检验检疫机构的登记号和代理报检单位在检验检疫机构的注册号。

3）收货人和发货人，指合同中的买方和卖方。

4）货物名称、规格，按合同、国外发票所列填写，如为废旧货物应注明。

5）H.S. 编码，指按海关《商品分类及编码直辖市制度》中所列货物的编码填制。

6）报检数/重量，指按申请检验检疫的数/重量，注明计量单位，重须注明毛重、净重，如木质包装要注明材质及尺寸。

7）货物总值，按合同、发票或报关单上所列货物总值填写。

8）标记及号码，按合同、国外发票或提（运）单上所列货物总值填写。

9）启运国家（地区），指装载本批货物的运输工具开始出发的国家（地区）。

10）启动口岸，指装运本批货物的运输工具的启动口岸名称。

11）经停口岸，指本批货物在启运后，到达目的地前中途停靠的口岸名称。

12）入境口岸，指装运本批货物的运输工具进境时首次停靠的口岸名称。

13）目的港（地），指本批货物预定最后抵达的交货港（地）。

14）到货日期，按入境货物到达目的港的实际日期填写。

15）卸货日期，按入境货物卸毕的实际日期填写。

16）贸易国别（地区），填入境货物购自国或地区，按合同填写。

17）提单/运单号，填写所附提单或运单号，有二程提单的，应同时填写。

18）索赔有效期，按合同规定的索赔期限填写，应特别注明截止日期。

19）许可证/审批号，指须经官方审批方可入境货物的进口安全质量许可证编号或进境动植物检疫许可证编号。

20）集装箱规格、数量及号码，指填写装载本批货物的集装箱规格及分别对应的数量和集装箱号码全称。若集装箱较多，可另加附页。

21）货物存放地点，指本批货物的具体存放地点。

22）合同订立的特殊条款及其他要求：指贸易合同中双方对本批货物特别绽而订立的质量、卫生等条款和报检单位对本批货物检验检疫的特别要求。

23）用途，指本批货物的用途，如种用、食用、奶用、观赏或演艺、伴侣、实验、药用、鸟用、其他等。

24）随附单据，指按实际向检验检疫机构提供的单据，在对应的“□”上打“√”，未列出的，在空白处添加。

25）外商投资财产，根据实际情况，属外商投资财产的，在对应的“□”上打“√”。

2.《入境货物报检单》格式（见下表）

中华人民共和国出入境检验检疫出境货物报检单

报检单位（加盖公章）： *编　　号______

报检单位登记号：　　联系人：　　电话：　　报检日期：　　年　月　日

<table>
<tr><td rowspan="2">发货人</td><td colspan="5">（中文）</td></tr>
<tr><td colspan="5">（外文）</td></tr>
<tr><td rowspan="2">收货人</td><td colspan="5">（中文）</td></tr>
<tr><td colspan="5">（外文）</td></tr>
<tr><td>货物名称（中/外文）</td><td>H. S. 编码</td><td>产地</td><td>数/重量</td><td>货物总值</td><td>包装种类及数量</td></tr>
<tr><td></td><td></td><td></td><td></td><td></td><td></td></tr>
<tr><td>运输工具名称号码</td><td colspan="3"></td><td>合同号</td><td></td></tr>
<tr><td>贸易方式</td><td></td><td>贸易国别（地区）</td><td></td><td>提单/运单号</td><td></td></tr>
<tr><td>到货日期</td><td></td><td>启运国家（地区）</td><td></td><td>许可证/审批号</td><td></td></tr>
<tr><td>卸毕日期</td><td></td><td>启运口岸</td><td></td><td>入境口岸</td><td></td></tr>
<tr><td>索赔有效期至</td><td></td><td>经停口岸</td><td></td><td>目的地</td><td></td></tr>
<tr><td colspan="2">集装箱规格、数量及号码</td><td colspan="4"></td></tr>
<tr><td colspan="2" rowspan="2">合同订立的特殊条款以及其他要求</td><td colspan="2" rowspan="2"></td><td>货物存放地点</td><td></td></tr>
<tr><td>用　途</td><td></td></tr>
<tr><td colspan="2">随附单据（划“√”或补填）</td><td colspan="2">标记及号码</td><td>外商投资财产（划“√”）</td><td>□是□否</td></tr>
<tr><td colspan="2" rowspan="4">□合同
□发票
□提/运单
□兽医卫生证书
□植物检疫证书
□动物检疫证书
□卫生证书
□原产地证
□许可/审批文件</td><td colspan="2" rowspan="4">□到货通知
□装箱单
□质保书
□理货清单
□磅码单
□验收报告
□
□
□</td><td colspan="2">检验检疫费</td></tr>
<tr><td>总金额
（人民币元）</td><td></td></tr>
<tr><td>计费人</td><td></td></tr>
<tr><td>收费人</td><td></td></tr>
<tr><td colspan="4" rowspan="3">报检人郑重声明：
1. 本人被授权报检。
2. 上列填写内容正确属实。
签名：______</td><td colspan="2">领取证单</td></tr>
<tr><td>日期</td><td></td></tr>
<tr><td>签名</td><td></td></tr>
</table>

注：有“*”号栏由出入境检验检疫机关填写。

本章学习路径

本章包括六方面的内容：①法定检验的范围；②法定检验的内容；③法定检验的标准；④法定检验的方式；⑤出口商品法定检验程序；⑥进口商品法定检验程序。其汇总如下：

法定检验概述
- 法定检验检疫的范围
- 法定检验的标准
- 法定检验的方式

出口商品法定检验程序
- 出境一般货物的报检
- 出境电子报检
- 出境货物口岸验证放行、核查货证
- 重新报检
- 出境报检单的填制

进口商品法定检验程序
- 入境一般货物的报检
- 进境集装箱的报检
- 过境货物的报检
- 入境货物口岸通关转异地检验检疫的报检
- 入境货物电子报检
- 《入境货物报检单》的填制

复习与思考

一、名词解释

1. 法定检验
2. 品质检验
3. 逐批检验方式（批批检验方式）
4. 形式试验模式

二、问答题

1. 法定检验的范围是什么？
2. 法定检验的内容是什么？
3. 法定检验的方式有哪些？
4. 法定检验的主要依据是什么？
5. 出境一般货物报检时出入境检验检疫机构审核哪些内容？

6. 出口援外物资的报检有哪些特殊要求？

7. 进口旧机电产品的报检有哪些特殊要求？

知识扩充

《出入境检验检疫报检规定》

（2000年1月11日国家出入境检验检疫局）

第一章　总　　则

第一条　为加强出入境检验检疫报检管理，规范报检行为，根据《中华人民共和国进出口商品检验法》及其实施条例、《中华人民共和国进出境动植物检疫法》及其实施条例、《中华人民共和国国境卫生检疫法》及其实施细则、《中华人民共和国食品卫生法》等法律法规的有关规定，制定本规定。

第二条　根据法律法规规定办理出入境检验检疫报检/申报的行为均适用本规定。

第三条　报检范围：

（一）国家法律法规规定必须由出入境检验检疫机构（以下简称检验检疫机构）检验检疫的；

（二）输入国家或地区规定必须凭检验检疫机构出具的证书方准入境的；

（三）有关国际条约规定须经检验检疫的；

（四）申请签发原产地证明书及普惠制原产地证明书的。

第四条　报检人在报检时应填写规定格式的报检单，提供与出入境检验检疫有关的单证资料，按规定交纳检验检疫费。

第五条　报检单填制要求：

（一）报检人须按要求填写报检单所列内容；书写工整、字迹清晰，不得涂改；报检日期按检验检疫机构受理报检日期填写。

（二）报检单必须加盖报检单位印章。

第二章　报检资格

第六条　报检单位首次报检时须持本单位营业执照和政府批文办理登记备案手续，取得报检单位代码。其报检人员经检验检疫机构培训合格后领取“报检员证”，凭证报检。

第七条　代理报检单位须按规定办理注册登记手续，其报检人员经检验检疫机构培训合格后领取“代理报检员证”，凭证办理代理报检手续。

第八条　代理报检的，须向检验检疫机构提供委托，委托书由委托人按检验检疫机构规定的格式填写。

第九条　非贸易性质的报检行为，报检人凭有效证件可直接办理报检手续。

第三章　入境报检

第十条　入境报检时，应填写入境货物报检单并提供合同、发票、提单等有关单证。

第十一条　下列情况报检时除第十条规定办理外，还应按要求提供有关文件。

（一）凡实施安全质量许可、卫生注册、或其他需审批审核的货物，应提供有关证明。

（二）品质检验的还应提供国外品质证书或质量保证书、产品使用说明书及有关标准和技术资料；凭样式成交的，须加附成交样品；以品级或公量计价结算的，应同时申请重量鉴定。

（三）报检入境废物时，还应提供国家环保部门签发的《进口废物批准证书》和经认可的检验机构签发的装运前检验合格证书等。

（四）申请残损鉴定的还应提供理货残损单、铁路商务记录、空运事故记录或海事报告等证明货损情况的有关单证。

（五）申请重（数）量鉴定的还应提供重量明细单，理货清单等。

（六）货物经收、用货部门验收或其他单位检测的，应随附验收报告或检测结果以及重量明细单等。

（七）入境的国际旅行者，应填写入境检疫申明卡。

（八）入境的动植物及其产品，在提供贸易合同、发票、产地证书的同时，还必须提供输出国家或地区官方的检疫证书；需办理入境检疫审批手续的，还应提供入境动植物检疫许可证。

（九）过境动植物及其产品报检时，应持货运单和输出国家或地区官方出具的检疫证书；运输动物过境时，还应提交国家检验检疫局签发的动植物过境许可证。

（十）报检入境运输工具、集装箱时，应提供检疫证明，并申报有关人员健康状况。

（十一）入境旅客、交通员工携带伴侣动物的，应提供入境动物检疫证书及预防接种证明。

（十二）因科研等特殊需要，输入禁止入境物的，必须提供国家检验检疫局签发的特许审批证明。

（十三）入境特殊物品的，应提供有关的批件或规定的文件。

第四章　出境报检

第十二条　出境报检时，应填写出境货物报检单并提供对外贸易合同（售货确认书或函电）、信用证、发票、装箱单等必要的单证。

第十三条　下列情况报检时除按第十二条规定办理外，还应按要求提供有关文件。

（一）凡实施质量许可、卫生注册或需经审批的货物，应提供有关证明。

（二）出境货物须经生产者或经营者检验合格并辑会检验合格证或检测报告；申请重量鉴定的，应加附重量明细单或磅码单。

（三）凭样成交的货物，应提供经买卖双方确认的样品。

（四）出境人员应向检验检疫机构申请办理国际旅行健康证明书及国际预防接种证书。

（五）报检出境运输工具、集装箱时，还应提供检疫证明，并申报有关人员健康状况。

（六）生产出境危险货物包装容器的企业，必须向检验检疫机构申请包装容器的性能鉴定。生产出境危险货物的企业，必须向检验检疫机构申请危险货物包装容器的使用鉴定。

（七）报检出境危险货物时，必须提供危险货物包装容器性能鉴定结果单和使用鉴定结果单。

（八）申请原产地证明书和普惠制原产地证明书的，应提供商业发展等资料。

（九）出境特殊物品的，根据法律法规规定应提供有关的审批文件。

第五章　报检及证单的更改

第十四条　报检人申请撤销报检时，应书面说明原因，经批准后方可办理撤销手续。

第十五条　报检后30天内未联系检验检疫事宜的，作自动撤销报检处理。

第十六条　有下列情况之一的应重新报检：

（一）超过检验检疫有效期限的；

（二）变更输入国家或地区，并又有不同检验检疫要求的；

（三）改换包装或重新拼装的；

（四）已撤销报检的。

第十七条　报检人申请更改证单时，应填写更改申请单，交附有关函电等证明单据，并交还原证单，经审核同意后方可办理更改手续。品名、数（重）量、检验检疫结果、包装、发货人、收货人等重要项目更改后与合同、信用证不符的，或者更改后与输出、输入国家或地区法律法规规定不符的，均不能更改。

第六章　报检时限和地点

第十八条　对入境货物，应在入境前或入境时向入境口岸、指定的或到达站的检验检疫机构办理报检手续；入境的运输工具及人员应在入境前或入境时申报。

第十九条　入境货物需对外索赔出证的，应在索赔有效期前不少于20天内向到货

口岸或货物到达地的检验检疫机构报检。

第二十条　输入微生物、人体组织、生物制品、血液及其制品或种畜、禽及其精液、胚胎、受精卵的，应当在入境前30天报检。

第二十一条　输入其他动物的，应当在入境前15天报检。

第二十二条　输入植物、种子、种苗及其他繁殖材料的，应当在入境前7天报检。

第二十三条　出境货物最迟应于报关或装运前7天报检，对于个别检验检疫周期较长的货物，应留有相应的检验检疫时间。

第二十四条　出境的运输工具和人员应在出境前向口岸检验检疫机构报检或申报。

第二十五条　需隔离检疫的出境动物在出境前60天预报，隔离前7天报检。

第二十六条　报检人对检验检疫证单有特殊要求的，应在报检单上注明并交付相关文件。

第七章　附　　则

第二十七条　报检单位和报检人伪造、买卖、变造、涂改、盗用检验检疫机构的证单、印单的，按有关法律法规予以处罚。

第二十八条　司法鉴定业务、行政机关委托及其他委托检验和鉴定业务，参照本规定执行。

第二十九条　本规定由国家出入境检验检疫局负责解释。

第三十条　本规定自2000年1月1日起施行，原国家质监总局发布的《进出口商品报验规定》和原国家卫生检疫局发布的《关于对入、出境集装箱、货物实行报检制度的通知》同时废止。

第四章　商品检验证单和国际贸易单证

导　读

商检单证是出入境检验检疫机构签发根据申请人的要求，在完成检验鉴定工作之后所签发的相应证书或凭单。在国际经济贸易中，商检证单起着通关、结汇、证明履约、计算运费、明确责任、处理索赔、办理仲裁和诉讼举证等作用，是具有法律约束力和经济效用的重要证明文件。了解出入境检验检疫中常见的国际贸易单证和商检证单的种类和填写方法，对提高报检工作质量和效率有着十分重要的意义。

第一节　商检证单的作用

在国际经济贸易中，商检证书是一种具有法律效用，对买卖双方都有约束力的重要证件。我国《商检法》规定：商检机构在国家商检部门统一规定的期限内检验完毕，并出具检验证单。对必须实施检验的进出口商品，海关凭商检机构签发的货物通关证明验放。进出口商品检验的法律地位决定了商检证书具有法律效用，对买卖双方都有约束力。由于商检证单关系到商对外贸易关系人的经济利益，因而是有关各方面极为关注的重要证件之一，它的作用主要表现在以下几个方面。

一、作为出入境货物通关的重要凭证

我国《商检法》规定，必须经商检机构检验的进口商品，在通关时，进口商品的收货人或者其代理人，应当向报关地的商检机构报检。海关凭商检机构签发的货物通关证明验放。必须经商检机构检验的出口商品，海关凭商检机构签发的货物通关证明验放。可见，商检证书是向海关报关的有效证件。

有些出口商品，尤其是对有关社会公益，涉及安全、卫生、检疫、环保、生态平衡等方面的商品，对方进口国家的要求和管制较严，通过国家法令或政府规定这些商品在进口时，必须提供检验检疫机构签发的检验证书（包括品质、安全、兽医、卫生等证书），作为进口国海关和卫生、检疫部门准予进口的有效文件证明。

二、作为买卖双方交接货物、结算货款和结汇的重要凭证

在进出口贸易中，凡是贸易合同中规定以检验部门出具的品质、重量或数量证书作为买卖双方最终结算货款的重要依据，凭检验证书中确定的货物等级、规格、重量、数量等交接商品和计算货款的，则有关检检证书是双方交接商品和计算货款的凭证。

很多出口商品合同，国外开来的信用证要求出口方在发货前提供装船前检验证书作为议付货款的依据之一。付款银行按照国外开证银行的委托，审核凭规定需要的商检单证及其内容包括品质、数/重量、包装等在符合信用证规定的条件后方予结汇。

三、作为海关征收和减免关税的有效凭证

海关在对进出口商品计收关税时，不仅要凭商业发票上的数/重量和成交金额计收，还要对商检证书上的检验鉴定结果进行查核，海关有时委托商检机构对物种，以商检证书作为把关或计收关税的凭证。

进口商品到货后，如果发现残损属于国外责任的，对方同意换货、退货或赔偿，这里面也存在免征收关税或退税的问题，商检机构检定后签发的进口商品残损鉴定证书可作为通关时免税或者退税的重要凭证。

商检机构签发的普惠制产地证明书中，一般产地证是享受最惠国税率的有效凭证，而普惠制产地证是证明出口商品符合普惠制原产地规则的有效证件，凭此证享受进口国海关减免关税的优惠待遇。

四、 作为证明装运条件的凭证

商品的进出口涉及运输工具必须适载，货物的积载必须规范，货物状态必须适航等。商检机构的验舱验箱证书、积载证书、包装证书以及品质成分证书是承运人和托运人交接履行契约的凭证。

五、 作为计算运费、 仓储等费用的依据

商检部门的货载衡量工作所确定的货物重量或体积（尺码吨），是托运部门和承运人之间计算运费的有效证件，也是港口仓储运输部门计算栈租、装卸、理货等费用的有效证件。

六、 作为处理索赔和理赔的重要凭证

检验机构在检验中发现品质不良，或数量、重量不符，违反合同有关规定，或者货物发生残损、海事等意外情况时，检验后签发的有关品质、数量、重量、残损证书是收货人向各有关责任人提出索赔的重要依据。收货人可以依据责任归属，向卖方提出索赔甚至退货，或者向承运人，或者向保险公司等索赔，同时，检验证书也是国内订货部门、向外贸经营部门、保险人、承运人及港口装卸部门等责任方索赔，保险公司向保险人理赔，向责任人追索的重要文件依据。

小知识

进口合同检验条款实例

货到目的口岸后，由买方委托中国商品检验机构对规格、数量进行复验，如发现货物残损或规格、数量与合同不符时，买方必须在货到目的口岸后××天内，凭中国商品检验机出具的检验证明向卖方索赔。卖方依据买方之要求，对与本合同不符部分，应予无偿换货，补发短缺或降低货价，并负担由此产生的到目的港为止的换货运费、买方检验费用和利息损失。

七、 作为对外贸易关系人证明情况、 明确责任的重要凭据

检验机构应对外贸易关系人的申请委托，经检验鉴定后出具的商品积载情况、签封舱口、舱口检视；证明进口的液体商品卸货前后的温度、密度、空距情况；签封液体商品船舱样品；证明冷冻商品的装载温度等，都是一种明确责任范围的证明，在事后如果发生商务纠纷或争议时，检验鉴定证书就能成为证明事实状态、明确责任归属的重要凭证。

八、 作为经济诉讼、 仲裁的重要凭证

在国际贸易中买卖双方如果发生商务纠纷，协商不能解决而需要进行诉讼或仲裁时，商检机构的检验鉴定证书就成为向法院或仲裁庭举证的重要凭证，有时，法院或仲裁部门可以委托或指定上级机构检验鉴定，商检机构签发的检验鉴定证书是判决和仲裁的重要凭证。

第二节　商品检验证单的种类

目前，我国检验检疫证单的类型主要有 3 种，即证书类、凭单类及国家国家质监总局印制的其他证单。根据我国进出口商品的实际情况和申请人的要求，商检机构在检验鉴定完成后需签发的证单有检验证书，检验结果单，放行通知单等。

一、 检验证书的种类

商检机构在对进出口商品进行检验或鉴定以后签署的各种证明文件，统称商品检验或鉴定证书。我国多种多样的商检证书是商检机构根据不同的检验项目和不同的使用范围所分别出具的，通常有下列种类：

1. 品质检验证书

品质检验证书（Inspection Certificate of Quality）是证明进出口商品质量、规格的证件。证明进出口商品是否符合进出口贸易合同及有关规定，是进出口双方交接货物、结算货款、对外索赔、理赔、通关验放和仲裁诉讼举证的有效凭证。

检验检疫机构签发的放行单和在报关单上加盖的放行章有与检验检疫证书同等通关效力；签发的检验情况通知单同为检验检疫证书范畴。

2. 重量、数量证书

重量、数量证书（Inspection Certificate of Weight/Quantity）是证明进出口商品的重量和数量的证件，具体为证明进出口商品的重量和数量是否符合贸易合同的规定。国际贸易关系人以此作为出口商品交货结汇、签发提单和进口商品结算、对外索赔的有效凭证；出口商品的重量证书，也是国外报关征税和计算运费、装卸费的证件。

3. 兽医检验证书

我国的兽医检验证书（Veterinary Inspection Certificate）是证明出口动物产品已经过检疫合格的证件。其主要用于出口冻品（冻禽、冻畜肉）、罐头、禽肉、皮张、毛类、绒类、肠衣、猪鬃等畜产品。兽医检验证书是国际贸易关系人交接货物、银行结汇以及进口国通关输入的有效证明。证书的内容需按照国际贸易合同、信用证、贸易国间的协定和进口国的卫生检疫的规定办理。兽医检验证书上通常列明其商品所用畜禽来源于安全非疫地区，经过宰杀前后的分别检验未发现检疫对象。此外，出口食品包装箱上和罐头听上的兽医讫证明标志，具有检验检疫证书同等效用的官方兽医证明的作用。

4. 卫生、健康检验证书

卫生、健康检验证书（Sanitary Inspectioncertificate、Inspection Certificate of Health）是证明供人食用的出口动物产品、食品等经过卫生检验、检疫合格的证件，主要用于食品、冻品（冻鱼类等）、乳制品、罐头、蜂蜜等。卫生、健康检验证书是国际贸易关系人交接货物、银行结汇以及进口国通关输入的有效证书。证书的内容需按照国际贸易合同、信用证、贸易国间的协定和进口国的卫生检疫的规定办理。

5. 熏蒸/消毒证书

熏蒸/消毒证书（Fumigation/Disinfection Certificate）是证明出口粮食、谷物、油籽、豆类、皮张以及包装用木材和植物性填充物等，已经过熏蒸灭虫的证书。证书的内容主要是证明使用何种药物，经过多少时间进行熏蒸等。

消毒证书是证明出口动物产品经过消毒处理，保证安全卫生的证件。是出口交货、银行结汇和进口国通关验放的有效证件。主要适用于皮张、羽毛、猪鬃、马尾、人发等商品。

6. 产地证明书

产地证明书（Certificate of Origin）是出口商品在进口国通关输入和享受减免关税优惠待遇和证明商品产地的凭证。产地证明书包括一般产地证、普惠制产地证、限制

禁运产地证、野生动物制品产地证、地名货产地证等，产地证可以由进口国驻出口国的使领馆签发或认证，还可由出口国的官方鉴定机构或商会团体签发。

7. 价值证明书

价值证明书（Certificate of Value）是证明发票所列商品的价格真实和正确。它是进口国管理外汇、征收关税或交接、结算的有效凭证；在发票上签盖检验检疫机构的价值证明章与价值证明书具有同等效力。这是证明商品价值的文件。

8. 船舱检验证书

船舱检验证书（Inspection Certificate on Hold/Tank）是证明承运出口商品的船舱清洁、密固、冷藏等性能是否符合保护承运商品的质量和数量的完整与安全的依据，是作为证明承运人履行租船合同运货义务的依据，也是贸易关系人进行货物交接以及处理货损事故的依据。

9. 货载衡量证书

货载衡量证书（Inspection Certificate on Weight & Measurement）是证明进出口商品的重量、体积的证件。它可作为计算运费和制订配载计划的依据。国际贸易关系人往往需要单独申请丈量商品的体积并出证。如国内收货人对进口商品的运费有疑问时，可对进口到货申请衡量鉴定，作为海运和集装箱装运商品计算运费和处理运费索赔的凭证。

10. 残损检验证书

残损检验证书（Inspection Certificate on Damagedcargo）是证明进口商品残损情况的证件，是进口商品发生残、短、渍、毁时，经检验检疫机构检验鉴定确定其受损情况，估算损坏程度，判断致损原因并出具证书，向责任方（发货人、承运人、保险人、装卸部门等）索赔的有效凭证。有时，还附残损照片和实物样品作为证书的附件。

11. 积载鉴定证书

积载鉴定证书（Inspection Certificate on Hatch&or Cargo）是证明船方和集装箱装货部门正确配载积载货物，作为证明履行运输合同义务的证件，也是供货物交接以及发生共同海损时分摊损失的依据。

12. 生丝品级及公量检验证书

生丝品级及公量检验证书（Inspection Certificte for Raw Silk Classification &Conditioned Weight）是出口生丝（厂丝）专用的品级、公量证明文件，是交接、结

算、通关验放的有效凭证。

除上述种类以外，还有集装箱验箱证书、集装箱拆箱鉴定证书、集装箱租箱/退箱检验证书，价值鉴定证书、损失鉴定证书、安全标志证书，商品销毁证书等。商检机构可以根据申请人所申请的项目和要求进行检验或鉴定并签发相应的证书。如果信用证对证书名称有要求，则证书的名称应与信用证的要求相符。

二、 常用的几种凭单类检验证单

目前，凭单类进出口商检证单共有8种，均为中文本，具体如下所列。

1. 申请单类凭单

(1) 入境货物报检单

入境货物报检单适用于入境货物（包括废旧物品）、包装铺垫材料、集装箱等，以及外商投资财产鉴定的申报。

(2) 出境货物报检单

出境货物报检单适用于出境货物（包括废旧物品）、包装铺垫材料、集装箱等的申报。

(3) 出境货物运输包装检验申请单

出境货物运输包装检验申请单适用于申请法定检验出境货物运输包装性能检验和危险货物包装的使用鉴定。

2. 通关类凭单

(1) 入境货物通关单（一式两联）

入境货物通关单（一式两联）适用于在本地报关并实施检验检疫的入境货物的通关，包括调离海关监管区的货物。

(2) 入境货物通关单（一式四联）

入境货物通关单（一式四联）适用于在本地报关，但在异地检验检疫的入境货物的通关，包括调离海关监管区的货物。

(3) 出境货物通关单（一式两联）

出境货物通关单（一式两联）适用于国家法律法规、行政法规规定必须经检验检疫合格的出境货物（包括废旧物品、集装箱、包装铺垫材料）的通关。

3. 结果类凭单

(1) 出境货物运输包装性能检验结果单

出境货物运输包装性能检验结果单适用于经检验合格的出境货物包装性能检验。

(2) 出境危险货物包装容器使用鉴定结果单

出境危险货物包装容器使用鉴定结果单适用于证明包装容器适合装载出境危险货物。

(3) 集装箱检验检疫结果单

集装箱检验检疫结果单适用于装运出口易腐烂变质食品、冷冻品集装箱的适载检验以及装载其他法定检验商品集装箱的检验；出入境集装箱的卫生检疫和动植物检疫。

4. 通知类凭单

(1) 入境货物检验检疫情况通知单

入境货物检验检疫情况通知单适用于入境货物分港卸货或集中卸货分拨数地的检验检疫（此单仅限于检验检疫系统内部使用）。

(2) 检验检疫处理通知单

检验检疫处理通知单适用于对运输工具、集装箱、货物、废旧物品、食品的检验检疫处理以及放射性检测；入境废物原料竟查验不符合环保要求，需退或处理或需进行检疫处理；入境食品经检验检疫不合格，需进行检验检疫处理。

(3) 出境货物不合格通知单

出境货物不合格通知单适用于经检验检疫不合格的出境货物、包装等。

5. 凭证类凭单

(1) 入境货物检验检疫证明

入境货物检验检疫证明适用于经检验检疫合格的法定检验入境货物（但入境食品经检验合格的，暂用c9－2卫生证书）。

(2) 出境货物换证凭单

出境货物换证凭单此单仅适用于检验检疫系统内部的换证，适用于：未正式成交的经预检符合要求的货物；产地检验检疫合格，口岸查验换证的货物；经检验检疫合格，在异地报关的货物。

第三节　商品检验中的商业文件

一、合同

合同（Contract），或称合约，又称买卖合同、售货确认书。它是买卖双方就买卖货物相互磋商达成的协议，对约定各方都具有法律约束力。签约各方必须严格按照合同约定的内容履行自己的义务。违反合同约定的一方，应当承担违约赔偿的责任或承担相应的法律责任。

对于进出口贸易合同中有关商品品质和检验的规定，诸如质量、规格、包装、数量、重量、装运条件、检验、索赔等条款，合同当事人必须遵照执行，也是第三方检验机构进行检验、鉴定的基本依据。我国《商检法》规定：法律，行政法规未规定有强制性标准或者其他必须执行的标准的，按照对外贸易合同约定的检验标准检验。

可见，商业合同是表述该合同项下商品品质的最重要的文件，是执行检验、鉴定工作不可缺少的单证。买卖双方在签订合约时一定要详细列明商品品质和检验要求，以利检验工作正常进行，保证货物顺利交接，促进进出口贸易的发展。

二、 信用证

信用证（Letier of Credit）是指由开证银行根据开证申请人的要求和指示，凭规定的单据，在符合信用证条款的条件下，向受益人开立的有一定金额的，在一定期限内凭规定的单据在指定地点支付（即付款、承兑或议付汇票）的书面保证。简单地说，信用证是一种银行开立的有条件的承诺付款的书面文件，是国际贸易的一种支付方式。

按照国际贸易习惯，信用证虽然是以买卖合同为基础，但它并不依附于买卖合同，而是独立于买卖合同之外的银行信用凭证。

信用证的种类很多，以国际贸易中最常见的不可撤销的跟单信用证为例，对于检验机构来说，合同、信用证都是检验、鉴定的依据。商检机构在检验和签发商检证书时应遵循单、证相符的原则。因此，要求合同、信用证中规定的质量、包装、数量、重量、检验条件等内容应该相同。如果信用证所列的质量、数量、重量等条件与合同不一致，高于或者多于合同规定的条件，卖方应要求买方修改信用证，如果卖方不提出异议，检验时则以信用证规定的条件作为依据，以便安全迅速结汇。

三、运输单据

1. 海运提单

海运提单（Bill of Lading）是货物的承运人及其代理人收到货物之后，签发给托运人的凭证，也是货物所有权的凭证。

从法律的观点来看，提单具有三种功能：第一，是承运人收到货物的证明，也是在卸货港提货的凭证；第二，是承运人与托运人之间运输契约的证明；第三，是一种物权凭证，确定货物的所有权。

提单中关于货物的记载事项，具有证明效用。海商法规定了任何提单都必须记载的内容，主要有以下三项：

1）凭证的名称及主要标志。

2）包装的件数和货物的重量。

3）货物的表面状况是否良好，如果包装和表面状况有异常，应加批注。承运人在装运港接货和到达目的港办理交接时，应及时检验清楚，以分清责任。

比如承运人在接货时，表面包装完好，但交货时发现异状，理货部门就要签发“货物残损单”，承运人承担责任；承运人如果在接货时发现货物件数不清不符，货物包装有异状，就要在提单上批注。凡经承运人加“包装不良”批注的提单称为“不清洁提单”，银行就要拒付货款；未加“包装不良”批注的提单称为“清洁提单”，银行接受作为付款的依据之一。海运提单的种类除上述“清洁提单”、“不清洁提单”、“货物残损单”外，还有“已装船提单”、“舱面提单”和“过期提单”等。

2. 铁路运单

铁路运输的单据称为铁路运单（Raliway B/L）。在国际铁路联运中使用的是一份统一规定、统一格式的国际联运运单。统一格式的运单有许多项目，分别有发货人和铁路部门各自填写有关项目，铁路部门验收货物后，在运单上加盖戳记，承运后，就成为运输合同。发货人在运单上必须填写货物的名称、数量、包装、发货站、经由铁路、国境站、到达站、发货人、收货人等。

为了履行海关手续和其他规章，发货人还必须将货物的明细单、商检证书、检疫证明等需要加附的证明文件，附在运单上。运单上记载的事项，在法律上起着证据的作用。如果发货人填写的内容和声明事项不正确或未按规定填写造成后果，应由发货人负责。

运单随同货物从发运站经国境站，到国外的到达站全程附送，最后由铁路部门将货物和运单交付收货人。运单是铁路承运货物的凭证，货物如有损失，发货人据以向铁路部门提出索赔。

运单上填写的到达站为进口国的内地到达站，称为“一票直达运输”。根据规定，发货人和收货人有权变更收货人的到达站，但须向铁路部门办理变更手续。变更后，铁路部门要按照变更后的到达站继续组织全程运送，直至向收货人交付货物和运单后，运输责任才算终止。

铁路联运单据由 5 张组成：第 1 张正本和第 5 张货物到达通知单，由铁路方送交收货人；第 2 张运行报关单和第 4 张货物交付单，由铁路方交给到达站，第 3 张运单副本交给发货人。

3. 航空运输运单

航空运输运单（Airway Bill——AWB）是由承运的航空公司及其代理人签发的货运单据，简称“空运单”。空运单是承运人部门接受货物、承运货物的运输合同。空运单应载明起运地和目的地、经停地点、发货人和收货人的姓名、地址、货物的名称、

件数、货物的包装、重量或体积尺码。托运人应对填写在空运单上的有关内容的正确性负责。如因托运人填写不实或有遗漏，使承运人受到损失，托运人应负责给予赔偿。

4. 邮政运输单据

寄运人需按照邮局的有关规定填写包裹单，将货物交给邮局，付清邮资，取得收据。邮包收据是证明邮局收到邮运货物的收据。寄件人在包裹上和包裹发递单上所填写的寄件人和收件人姓名、地址及其应填明的事项都应一致，如有差异，则以填写在包裹上的为准。寄件人还须随同包裹发递单附寄原寄国内及寄达国内办理关于手续所必须的各类文件，如进口/出口许可证，卫生证，检验证，货物产地证，发票等。

根据规定，各国邮政部门自收到寄件人的邮包之日起，直到寄送他国邮政部门，并将邮包投递或交付给收件人时止，对邮包遗失、被窃或损坏都应负赔偿责任。

货物在上述不同方式的运输途中，中转港换船，中转地换机，国境站换车，到达港站卸货交接时，对发生的货差、货损等情况的各种记录，是发生货差、货损和区别责任的证明，如海运方面的“货物残损单”，铁路方面的“商务事故记录”，邮局的“包裹被窃、损坏，重量短少记录单”等。

这些单据和记录证明，有的是证明承运人交货与提单（运单）记载的件数和货物的表面状况不相符合的依据；有的则是作为向承运人索赔的证据，如卸货交接事故记录的整件短卸部分，可凭记录向承运人索赔。同时，各种卸货记录又是分别原残（指卸货前已存在的原有残损）和工残（指装卸部门的责任）的重要依据。

此外，还有多种单据，都是检验、鉴定的重要依据。

四、 保险单

保险单证是指投保人与保险公司之间订立的保险合同，也是保险公司出具的承保证明，是被保险人凭以向保险公司索赔和保险公司理赔的主要依据。在国际贸易 CIF 条件下，它又是出口方必须向进口方提供的出口单据之一。

常见的保险单证有保险单，俗称大保单。它是一种正规的保险合同。另外，还有一种简化的保险合同，叫保险凭证，俗称小保单。它和保险单一样，同样具有法律效力。

五、 报关单

“进口货物报关单”是进口货物的收货人或其代理人向海关申报进口供海关验关放行的重要单据。凡属法定检验的进口商品到货后，收货人必须向卸货口岸或者到达站

的商检机构申报。经商检机构检验合格后在出具《入境货物通关单》，海关凭入境地商检机构签发的《入境货物通关单》验放。

“出口货物报关单”是出口货物的发货人或其代理人向海关申报出口供海关验关放行的重要单据。凡属法定检验的出口商品须经商检机构检验合格后，出具《出境货物通关单》，海关凭出境地商检机构出具的《出境货物通关单》验放。

六、 其他单证

1. 商业发票

商业发票是指出口方给进口方开列的凭以向买方索取货款的发货清单，是销售货物的证明。它主要用于进出口报关完税和记账。由于商业发票内记载有货物的名称、数量、规格等内容，不仅是银行在结汇时审核其他单证是否与其一致的主要单据，而且也是买卖双方交接货物的主要单证之一，同时也是检验、鉴定货物的名称、数量、规格等是否相符的重要依据之一，尤其是出口方向商检机构申请签发“普惠制产地证”、“一般产地证”和“价值证明书”时，必须提供商业发票副本，作为签发证书的依据。

2. 装箱单（包装单）

装箱单是出口方编制的记载一批货物每一件包装内容的清单。它证明发票所列货物的明细包装情况，实际上是发票内容的评述与补充，不仅便于进口方在货物到达目的港后验收货物，而且也是检验、鉴定机构核对数量的依据。

3. 重量单

重量单（磅码单）是出口方编制的一种单据。它详细记载各种毛重、皮重、净重，是发票内容的评述与补充，可供买方和有关部门检验、核对货物重量之用。

本章学习路径

本章包括四方面的内容：①商检证单的作用；②商检证单的种类；③商检证单的结构及填写基本要求；④商品检验中的商业文件。其汇总如下：

商检证单的作用
- 出入境货物通关的重要凭证
- 买卖双方交接货物、结算货款和结汇的重要凭证
- 海关征收和减免关税的有效凭证
- 证明装运条件的凭证
- 计算运费、仓储等费用的依据
- 处理索赔和理赔的重要凭证

- 商检证单的作用
  - 对外贸易关系人证明情况、明确责任的重要凭据
  - 经济诉讼，仲裁的重要凭证

- 商检证单的种类
  - 检验鉴定证书
    - 品质检验证书
    - 重量、数量证书
    - 兽医检验证书
    - 卫生、健康检验证书
    - 熏蒸证书
    - 消毒检验证书
    - 产地证明书
    - 价值证明书
    - 船舱检验证书
  - 常用种商检证单
    - 入境货物报检单
    - 出境货物报检单
    - 入境货物通关单
    - 出境货物通关单
    - 出境货物运输包装性能检验结果单
    - 出境货物不合格通知单
    - 出境货物换证凭单

- 商品检验中的商业文件
  - 合同
  - 信用证
  - 运输单据
  - 保险单据
  - 其他单据

复习与思考

一、名词解释

1. 品质检验证书
2. 产地证明书
3. 入境货物报检单
4. 出境货物换证凭单

二、问答题

1. 简述国际贸易中商检证单的作用。
2. 国际贸易商品检验鉴定证书的种类主要有哪些？
3. 国内常见的进出口商品检验证单有哪些？

4. 简要说明出境货物换证凭单的作用。

5. 国际贸易中常用的运输单据种类有哪些?

知 识 扩 充

《原产地证电子签证管理办法》

第一章 总 则

第一条 为加强我国原产地证电子签证管理,便利出口企业申请原产地证,提高原产地证签证管理水平和签证效率,根据《中华人民共和国出口货物原产地规则》、《中华人民共和国普遍优惠制原产地证明书签证管理办法》等有关规定,制定本办法。

第二条 本办法所称原产地证电子签证(简称电子签证)是指:申领原产地证的企业,通过网络将申报原产地证的有关数据以电子方式发送给检验检疫机构,由检验检疫机构审查符合要求后办理证书实现电子远程申请办理原产地证。

第三条 国家出入境检验检疫局(以下简称国家检验检疫局)统一管理全国电子签证工作,国家检验检疫局设在各地的出入境检验检疫机构(以下简称检验检疫机构)负责电子签证工作的实施。

第四条 本办法适用于以电子方式签发的普惠制原产地证书 FORM A 和一般原产地证书 C. O. 开展原产地证电子签证业务的检验检疫机构、自愿申请办理原产地证电子签证的企业及原产地证电子签证企业端软件开发商均必须遵守本办法。

第二章 原产地证电子签证的申请与考核

第五条 申请电子签证的企业(以下简称申请企业)必须具备以下条件:

(一)已在检验检疫机构办理普惠制原产地证明书/一般原产地证明书注册登记手续;

(二)具有经检验检疫机构培训考试合格取得原产地证手签员证并经电子签证培训取得合格证书的人员;

(三)使用全国组织机构统一代码(法人代码);

(四)在签证工作中无违法行为;

(五)具备开展电子签证业务所必须的硬件设备。

第六条 企业申请电子签证时,应提供以下文件:

(一)《企业申请签发原产地证注册登记表》;

(二)《原产地证电子签证申请表》;

(三)由企业法人代表签字的《申请原产地证电子签证保证书》。

第七条 检验检疫机构接到企业申请后,应按有关规定对企业进行考核,对符合条件的申请企业,准予办理原产地证电子签证业务。

第三章　原产地证电子申报与签证

第八条　电子签证的报文应符合中华人民共和国出入境检验检疫相关及行业标准。

第九条　检验检疫机构办理原产地证电子签证时应统一采用经国家检验检疫局评测合格的“原产地证电子签证管理系统”，利用国家检验检疫局“中国检验检疫电子业务服务平台”进行通讯。

第十条　申请企业应使用经国家检验检疫局评测合格并认可的“原产地证电子签证系统企业端软件”。

第十一条　申请企业将已生成的原产地证及其相关单据通过电子方式发送给检验检疫机构，所发送申报单据和证书的内容应真实、准确，与实际出口完全一致。

第十二条　检验检疫机构接收电子数据后，应按规定进行电子审单，对符合要求的，发出正确回执，予以打印证书，办理签证手续；审核发现有误的，发出不受理回执，并将有错项明细反馈给申请企业。

第十三条　申请企业在领取原产地证时，须向检验检疫机构提交用“原产地证电子签证系统企业端软件”打印出的商业发票并加盖公章。

第十四条　申请企业在领取原产地证时，在证书上签字并加盖企业中英文印章，所盖印章必须与注册时的印章一致。检验检疫机构发现证书上的印章与注册的印章不相符，就取消该证书或对外宣布其无效。

第十五条　电子签证工作完毕后，检验检疫机构应及时将纸面证书副本及随附单据整理归档。

第十六条　检验检疫机构应定期对数据库中统计数据进行审核，并定期上报国家检验检疫局。

第十七条　申请办理原产地证电子签证的企业应按国家有关收费标准缴纳签证费。

第十八条　国家检验检疫局对原产地证电子签证企业端软件实施测试认可制度，具体要求按有关规定办理。

第十九条　检验检疫机构要加强对申请电子签证企业的日常监督和管理，发现有违规或欺骗行为的，应立即暂停其电子签证的资格。

第四章　附　　则

第二十条　本办法未述及的有关原产地证签证管理方面的内容均按《中华人民共和国出口货物原产地规则》、《中华人民共和国普遍优惠制原产地证明书签证管理办法》及其实施细则的要求办理。

第二十一条　违反本办法规定的，依照有关法律法规予以处罚。

第二十二条　本办法由国家检验检疫局负责解释。

本办法自 2000 年 12 月 1 日起施行。

第五章　商品编码

导　读

在国际贸易中，伴随着新技术、新产品的不断涌现，如何在数以万计的商品中正确恰当地将某一商品进行科学归类并授予统一的“身份证”号码，对国际贸易、贸易统计、国际运输、国际贸易谈判以及经济分析等方面至关重要。

作为一部完整、系统、通用、准确的国际贸易商品分类体系，《商品名称及编码协调制度》简称《协调制度》（HS）的应用为世界贸易总量的98%以上的商品提供了一种多用途的国际贸易商品分类目录。了解和掌握《协调制度》的基本结构和分类原则、商品分布框架，熟悉掌握协调制度归类总归则的内容、适用条件及归类技巧，对准确进行税则归类（查找商品编码）具有重要的作用。

第一节 《商品名称及编码协调制度》概述

《商品名称及编码协调制度》简称《协调制度》（HS）的是原海关合作理事会（1995年更名为世界海关组织）在《海关合作理事会商品分类目录》（CCCN）和联合国的《国际贸易标准分类》（SITC）的基础上，参照国际主要国家的税则、统计、运输等分类目录制定的一个多用途的国际贸易商品分类目录，是一部完整、系统、通用、准确的国际贸易商品分类体系。

一、《协调制度》的产生及发展

早在20世纪60年代末，国际贸易间的商品分类目录，存在有《海关合作理事会税则分类目录》、《联合国国际贸易标准分类目录》以及一些国际、国家的税则、统计、运输等各种商品分类目录。由于各类体系的不同，从而造成了在国际贸易流通过程中，商品要被多次重新命名、分类、编码，以致增加开支，极大地影响了国际间的商品贸易和流通，给进出口谈判和了解商品交易行程带来了很大的困难。

20世纪70年代中期，海关合作理事会成立了协调制度委员会，由60多个国家和20多个国际组织参与研究制订，经10余年的努力，于1983年编制成《协调制度》，并通过了“协调制度公约”及附件。我国也于1992年6月加入了“协调制度公约”。

截止到2002年5月，已有183个国家（地区）使用《协调制度》，其涵盖范围已达国际贸易总量的98%以上。我国海关是自1992年起采用协调制度，以其为基础结合我国进出口货物情况，编制了《中华人民共和国海关进出口税则》和《中华人民共和国海关统计商品目录》。

二、《协调制度》的基本结构及特点

《协调制度》是一部科学系统的国际贸易商品分类体系。其总体结构包括三大部分：①归类总规则；②注释；③商品编码表。

《协调制度》采用的是结构式商品编码，其编码是具有特定含义的顺序号，国际通用为6位数码，我国《海关统计商品目录》和《海关进出口税则》的商品编码数字是8位数码，其中第7、8位是根据我国国情而增设的本国子目。用4位数码表示税目（又称品目、品目条文、税则号列），前两位表示商品所在章，3、4位表示商品在该章的排列顺序，5～8位表示商品的子目。

我国商品编码的含义举例说明如下：

鲜乳猪肉	编码：	0　2	0　3	1	1	1	0
	位数：	1　2	3　4	5	6	7	8
	含义：	章号	顺序号	5 位数级子目	6 位数级子目	7 位数级子目	8 位数级子目

商品编码表由商品编码和商品名称组成，是商品分类目录的主体，从属于 21 类商品，分布在 97 章中。

《协调制度》是国际上多个商品分类目录协调的产物，是各国专家长期努力的结晶。它的最大特点就是通过协调，适合于与国际贸易有关的各个方面的需要，成为国际贸易商品分类的一种“标准语言”。它是一部完整、系统、通用、准确的国际贸易商品分类体系。

三、《协调制度》的分类结构

《协调制度》是一部系统的国际贸易商品分类表，所列商品名称的分类和编排是有一定规律的。

1. 按社会生产的分工（或称生产部类）分类

从类别来看，它基本上是按社会生产的分工（或称生产部类）分类的，将属于同一生产部类的产品归在同一类里。如农业在第一、二类；化学工业在第六类；纺织工业在第十一类；冶金工业在第十五类；机电制造业在第十六类等。

2. 按商品的自然属性或用途（功能）来分章

每章的前后顺序是按照动、植、矿物性质和先天然后人造的顺序排列。如第一章至五章是活动物和动物产品；第六章至十四章是活植物和植物产品；第二十五章至二十七章是矿产品。又如第十一类包括了动、植物和化学纤维的纺织原料及其产品，第五十章和五十一章是蚕丝、羊毛及其他动物毛；第五十二章和五十三章是棉花、其他植物纺织纤维、纸纱线；第五十四章和五十五章为化学纤维。

3. 品目排列

从品目的排列看，一般也是按动、植、矿物质顺序排列，而且更为明显的是原材料先于成品，加工程度低的产品先于加工程度高的产品，列名具体的品种先于列名一般的品种。如在第四十四章内，品目 44.03 是原木；44.04～44.08 是经简单加工的木材；44.09～44.13 是木的半制成品；44.14～44.21 是木制品。

4. 特殊子目

协调制度的各章均列有一个起“兜底”作用，名为“其他”的子目，使任何进出口商品都能在这个分类体系中找到自己适当的位置。

小知识

我国商品归类的主要依据

1）《中华人民共和国海关进出口税则》、《中华人民共和国海关统计商品目录》。

2）协调制度归类总规则，类注、章注、子目注释，品目条文、子目条文。

3）海关总署下发的有关归类的规定，包括总署文件、归类问答书、预归类决定、归类技术委员会决议以及总署转发的WCO归类决定等。

4）《海关进出口税则—统计目录商品及品目注释》。

第二节　归类总规则

协调制度归类总归则简称归类总归则共有6条，是具有法律效力的归类依据，适用于品目条文、子目条文以及注释无法解决商品归类的场合。

一、规则一

1. 规则内容

类、章及分章的标题，仅为查找方便而设；具有法律效力归类，应按品目条文和有关类注或章注确定；如品目、类注或章注无其他规定，按以下规则确定。

2. 规则主要含义

1）类、章及分章的标题仅是对类、章及分章的内容作大概描述，为了方便商品的查找，并不是归类的法律依据。

案例分析 5-1

“石棉制安全帽（帽内衬有纯棉机织物制衬里）”应怎样归类？

分析

帽子如按章标题归类应归入第65章（帽类及其零件），进而归入以安全帽列名的

子目 6506.1000，其实是错误的。该商品看起来既是帽类（按用途）又是石棉制品（按材料）。当作为前者时似应归入第 65 章品目 65.06，当作为后者时似应归入第 68 章品目 68.12。再查阅两个章的注释，从第 65 章章注 1（2）得知，第 65 章不包括石棉制帽类（品目 68.12）。品目 68.12 的条文明确包括石棉的制品（例如纱线、机织物、服装、帽类、……）。因为归类时章标题不具有法律效力，正确的归类方法是按照条文和注释的规定归类，并归入子目 6812.5000。

2）具有法律效力的归类要按品目条文、类注、章注的顺序先后确定。注释的作用是用来限定品目条、类、章所包括商品的范围，明确包括哪些商品，不包括哪些商品，特别是对于那些归类时容易混淆和错误的商品加以限制。

3）如果按税（品）目条文、章注和类注无其他规定，商品归类又不能确定的情况下，则按归类总归则的其他规则（指规则二至规则六）确定归类。

3. 常用的注释限定方法

类注是位于《协调制度》中类标题下的注释，章注是位于《协调制度》中章标题下的注释。类、章注释的作用是限定类、章、税（品）目商品的准确范围，使各个税（品）目之间的商品范围明确、界限分明、不发生交叉归类而制定的专门针对某类、章的规定。常用的方法有。

（1）定义法

以定义形式来界定类、章或税（品）的商品范围及对某些商品的定义作出解释。例如，第七十二章章注一（五）将不锈钢定义为：按重量计含碳量在 1.2%及以下，含铬量在 10.5%及以上的合金钢，不论是否含有其他元素。而中国大百科全书“机械工程”手册中规定，不锈钢含铬量不小于 12%。显然两者规定不相同，但作为《协调制度》归类的法律依据是前者。

（2）列举法

列举典型例子的方法，即用列举出有代表性的商品来说明类、章或税（品）目的范围。例如：第十二章章注一列举了归入税（品）目 12.07 的主要油料作物的果实，主要有油棕果及油棕仁、绵子、蓖麻子、芝麻、芥子、红花子、罂粟子、牛油树果。但以上所列仅仅是一些常见的含油子仁，而木棉子、油桐子等其他含油子同样也归入税（品）目 12.07。又如，第二十五章章注四列举了归入税（品）目 25.30 的主要商品。

（3）详列法

用详列法具体商品名称来定义税（品）目的商品范围。例如，第三十章章注四定义了税（品）目 30.06 的商品范围由十方面的商品组成。

（4）排他法

用排除条款列举若干不能归入某一类、章或税（品）目的商品。例如：第十一类的纺织原料及纺织制品的类注一列出了 21 种不能归入该类的商品。又如，第十八类的

第九十章列出了12种不能归入该类的商品。这样的例子在类注、章注中是很多的。

某些类注、章注同时采用上述几种注释方法，并综合运用。例如，有的注释既作了定义，又列举了一系列货品包括在内，或列出除外的货品，以使含义更加明确，如第四十章章注四，既有关于“合成橡胶”的定义，又列举了某些商品。

此外，某些类注、章注还采用阐述归类规定的方法，即列出某些商品的归类原则，如第十六类的注释二、三、四就分别对机器零件、组合机器或多功能机器、功能机组的归类原则作了明确规定。

小知识

贵金属合金的归类规则

根据第71章注释五规定：“含有贵金属的合金（包括烧结及化合的），只要其中任何一种贵金属的含量达到合金重量的2%，即应视为本章的贵金属合金。贵金属合金应按下列规则归类：

（一）按重量计含铂量在2%及以上的合金，应视为铂合金；（二）按重量计含金量在2%及以上，但不含铂或按重量计含铂量在2%以下的合金，应视为金合金；（三）按重量计含银量在2%及以上的其他合金，应视为银合金。”

这里还需注意的是，如果忽略类注、章注的规定，认为只要税（品）目条文不明确，就按规则二归类是错误的。正确的归类顺序归类时首先要选择税（品）目条文、类注、章注有关规定，只有在税（品）目条文、类注、章注没有规定的情况下，才能依次按规则二、三、四、五的规定归类。

想一想

橡胶雨鞋是按橡胶及其制品（第四十章）归类还是按鞋靴、护腿和类似品（第六十四章）归类？

二、规则二

1. 规则内容

1）品目所列货品，应视为包括该项货品的不完整品或未制成品，只要在进口或出口时该项不完整品或未制成品具有完整品或制成品的基本特征，还应视为包括该项货品的完整品或制成品（或按本款可作为完整品或制成品归类的货品）在进口或出口时的未组装件或拆散件。

2）品目中所列材料或物质，应视为包括该种材料或物质与其他材料或物质混合或

组合的物品。品目所列某种材料或物质构成的货品，应视为包括全部或部分由该种材料或物质构成的货品。由一种以上材料或物质构成的货品，应按规则三归类。

2. 规则主要含义

品目所列货品的范围不仅限于品目条文本身，还应扩大到：

1）不完整品（缺少某些零部件，不完整）。

2）未制成品（尚未制成，需进一步加工才成为制成品）。

3）未组装件或拆散件（尚未组装或已拆散）。

其使用条件是：具有完整品或制成品的基本特征。

案例分析 5-2

"尚未车缝领子的绵质女衬衫" 应怎样归类？

分析

由于本商品属于服装的不完整品，其虽尚未车缝领子，但已具有衬衫完整品的基本特征。根据归类总归则二（一）的规定（只要在进口或出口时的不完整品或未制成品具有完整品或制成品的基本特征，则应按完整品或制成品进行归类），本商品应按完整的女衬衫归入商品编码 6206.3000。

品目所列材料或物质，还应扩大到该材料或物质中可以加入其他材料或物质；同样道理，品目所列由某种材料或物质构成的货品中，也可以加入其他材料或物质，其使用条件是：加入其他材料或物质并不改变原来材料或物质的基本特征。

案例分析 5-3

"含 20%柑橘皮的绿茶 （每包净重 60 千克）" 应怎样归类？

分析

由于含 20%柑橘皮的绿茶属于由柑橘皮和绿茶组成的混合物，虽含有 20%柑橘皮，但其基本特征还是茶，而不是柑橘皮，因此，根据上述归类规则的规定（品目中所列的材料，应包括全部或部分由该种材料构成的货品），本商品应按绿茶归入商品编码 0902.2090。

3. 注意事项

1）品目所列货品范围的扩大是有条件的，即不管是缺少非关键零部件的情况下还是增多某鞋辅助物质或材料，都必须保持"基本特征"。

2）"基本特征"的判断有时是很困难的，例如缺少了多少零部件的电视机还算具有电视机的基本特征，还可以按电视机归类？对不完整品而言，主要看其主要部件尤

其是关键部件是否存在，是否缺少的是某些非关键零部件。

3）规则二（一）不适用于第一至第六类的商品。

想一想

涂有石蜡的热水瓶软木塞子归类时能否仍按软木塞子归类？

三、规则三

1. 规则内容

当货品按规则二（二）或由于其他原因看起来可归入两个或两个以上品目时，应按以下规则归类：

1）列名比较具体的品目，优先于列名一般的品目。但是如果两个或两个以上品目都仅述及混合或组合货品所含的某部分材料或物质，或零售的成套货品中的某些货品，即使其中某个品目对该货品描述得更为全面、详细，这些货品在有关品目的列名应视为同样具体。

2）混合物、不同材料构成或不同部件组成的组合物以及零售的成套货品，如果不能按照规则三（一）归类时，在本款可适用的条件下，应按构成货品基本特征的材料或部件归类。

3）货品不能按照规则三（一）或（二）归类时，应按号列顺序归入其可归入的最末一个品目。

2. 规则主要含义

此规则适用于似乎可以归入两个或两个以上编码的商品，有三个归类标准，即具体列名、基本特征、从后归类。

（1）具体列名标准

同类商品比较时，商品具体名称比商品的类别名称更具体。例如，电动剃须刀可归入品目8509的家用电动器具（类别名称），但同时也可归入8510的电动剃须刀（具体名称），其中8510比8509更为具体，因为8510是具体名称，所以正确的归类答案是8510.1000。

案例分析 5-4

“飞机用钢化玻璃”应归入飞机零件还是钢化玻璃？

分析

由于飞机用钢化玻璃是飞机的一个零部件，归类时似应按飞机的零件归入第八十

八章的品目88.03，又可按钢化玻璃归入地七十章的品目70.07已列有该商品。根据上述归类规则的规定（列名比较具体的品目优于列名一般），本商品应按钢化玻璃的具体列名归入品目70.07，而不能按飞机零件归入88.03，并归入商品编码7007.1110。

想一想

汽车用电动刮雨器归类时应按汽车零件（8708）归类还是按风挡刮水器（85124000）归类，为什么？

（2）基本特征标准

如果涉及的货品属于：①混合物或；②组合物或；③零售成套货品时，则当两个或两个以上品目都仅述及混合或组合货品所含的某部分材料或物质，或零售的成套货品中的某些货品，则“具体列名”原则失效，应当用“基本特征原则”（即按能确定构成其主要特征的材料或部件归类）来解决。

规则三（二）中的零售成套货品，必须同时符合下列三个条件：

1）由至少两种可归入不同品目的不同物品构成。

2）为了某项需求或某项专门活动而将几件产品或物品包装在一起。

3）其包装形式适于直接销售而货物无需重新包装。

案例分析5-5

“由50%大麦、30%大米、20%燕麦组成的混合物”应怎样归类？

分析

由于本商品为混合物，其中大麦属于品目10.03的商品，玉米属于品目10.05的商品，燕麦属于品目10.04的商品。因为大麦的成分含量最大，已构成该混合物的基本特征，根据上述归类规则的规定，本商品应按基本特征的大麦归入商品编码1003.0090。

不符合以上三个条件时，不能看成是规则三（二）中的零售成套货品。例如“包装在一起的手表与打火机”，由于不符合以上第二个条件，所以只能分开归类。需要说明的是，若类或章注有特别规定或某一税（品）目已有具体列名，则不应引用“基本特征原则”。

想一想

一套由一个带钥匙环的笔型手电筒和一支圆珠笔组成的供零售用物品归类时应归入什么商品编码，为什么？

（3）从后归类标准

当规则三（一）和三（二）都解决不了时，则应按同样值得考虑的税（品）目中

的数序排列为最后的税（品）目，即“从后归类”，归入排列在最后的税（品）目。

案例分析 5-6

“由50%牛肉与50%鱼肉混合而成的饺子馅” 应怎样归类？

分析

由于饺子馅为肉类的混合食品，归类时应按肉制食品归入第十六章，其中，牛肉属于品目16.02的商品，鱼肉属于品目16.04的商品。由于两者的含量相等，无法根据前述规则确定其基本特征，因此，根据上述归类规则的规定，本商品应按从后品目（16.04的鱼肉）归入商品编码1604.2090。

想一想

棕色机织长毛绒，绒面按重量计含羊毛50%，含涤纶短纤50%（幅宽110厘米，每平方米重360克，经起绒）归类时应归入什么商品编码，为什么？

3. 注意事项

1）本规则的三条归类标准必须依次使用，即在运用从后归类原则时应首先考虑具体列名原则，然后是基本特征原则，最后才使用从后归类原则。

2）同类商品比较时，具体名称比类别名称更具体。

四、规则四

1. 规则内容

根据上述规则无法归类的货品，应归入与其最相类似的货品的品目。

2. 注意事项

一般来说，这条规则不常使用，尤其在《协调制度》中每个品目都设有“其他”子目，不少章单独列出“未列名货品”的品目（如品目84.79、85.43）来收容未考虑到的商品。因此，规则四实际很少使用。

五、规则五

1. 规则内容

除上述规则外，本规则适用于下列货品的归类：

1）制成特殊形状仅适用于盛装某个或某套物品并适合长期使用的照相机套、乐器盒、枪套、绘图仪器盒、项链盒及类似容器，如果与所装物品同时进口或出口，并通常与所装物品一同出售的，应与所装物品一并归类。但本款不适用于本身构成整个货品基本特征的容器。

2）除上述规则规定的以外，与所装货品同时进口或出口的包装材料或包装容器，如果通常是用来包装这类货品的，应与所装货品一并归类。但明显可重复使用的包装材料和包装容器可不受本款限制。

2. 规则主要含义

1）规则五（一）仅适用于同时符合以下规定的容器：

① 特殊形状专用——制成特定形状或形式，专门盛装某一物品或某套物品的，即专门按所要盛装的物品进行设计的，有些容器还制成所装物品的特殊形状。

② 适合长期使用——容器的使用期限与所盛装的物品相比是相称的。在物品不使用期间（例如，运输或储藏期间），这些容器还起到保护物品的作用。

③ 与所装物品一同进口或出口——不论其是否为了运输方便而与所装物品分开包装，单独报验的容器则应归入其所应归入的品目号。

④ 与所装物品一同出售。

⑤ 本身并不构成货品基本特征的，容器本身只是物品的包装物，无论是从价值或是从作用看，它都是从属于物品的，例如装有金首饰的木制首饰盒应归入品目号 7113，装有电动剃须刀的皮套应归入品目号 8510。

如容器本身构成了物品基本特征，则应与所装物品分别归类。

案例分析 5-7

“装有茶叶的银质茶叶罐” 应怎样归类？

分析

由于银罐本身价值昂贵，已构成整个货品的基本特征，根据上述归类规则的规定，银罐和茶叶分别归类并归入品目号 7114 和 0902。

想一想

下列商品归类方法是否相同，简述理由。

1）特殊形状的塑料盒，盒内装有一块指针式石英铜表。

2）带塞子的玻璃陶瓷瓶，内装有已消毒的棉球。

2）规则五（二）实际上是对规则五（一）规定的补充，它适用于明显不能重复使

用的包装材料和容器。

① 这些材料和容器都是货物的一次性包装物，向海关报验时，它们必须是包装着货物的，当货物开拆后，包装材料和容器一般不能再作原用途使用。

案例分析 5-8

"装有玻璃杯子的纸板箱" 应怎样归类？

分析

由于本商品属于明显不能重复使用的包装容器，这些容器都是货物的一次性包装物，当向海关申报时，它们必须是包装着货物的；当货物开拆后，包装材料和容器一般不能再作原用途使用，由于这种产品具有明显不可重复的特征，归类时应于玻璃杯子一并归类，并归入商品编码 7013.2900。

② 例外情况：如果是明显可重复使用的包装材料和包装容器则不适用，例如用以装压缩或液化气体的钢铁容器。

想一想

"装有糖果的成套装饰性瓷碗" 归类时应归入什么商品编码，为什么？

六、 规则六

1. 规则内容

货品在某一品下各子目的法定归类，应按子目条文或有关的子目注释以及以上各条规则来确定，但子目的比较只能在同一数级上进行。除本税则目录条文另有规定的以外，有关的类注、章注也适用于本规则。

2. 规则主要含义

规则六是专门为商品在协调制度中子目的归类而制定的，它有四层意思：

1） 商品在子目内归类的法律依据是子目条文和子目注释。

2） 如果按子目条文和子目注释还无法确定归类，才按类注或章注的规定进行归类。

3） 在比较哪个子目描述更为具体详细时，只能在同一级子目间相互比较，不能在不同级别的子目间比较。

4） 某个五位数级子目下所有六位数级子目的商品总和不得超出其所属的五位数级子目的商品范围；同样，某个四位数级税（品）目下所有五位数级子目的商品总和也不得超出其所属的四位数级税（品）目的商品范围。

只有在货品归入适当的四位数级税（品）目后，方可考虑将它归入合适的五位数级子目或六位数级子目。确定子目时，一定要按先确定一级（五位数级）子目，再二级（六位数级）子目，然后三级（七位数级）子目，最后四级（八位数级）子目的顺序进行。确定子目时，应遵循“同级比较”的原则，即一级子目与一级子目比较，二级子目与二级子目比较，依此类推。

例如，中华绒毛蟹种苗，归类时按以下步骤进行：

第一步：确定一级（五位数级）子目，即将两个一级（五位数级）子目“冻的”与“未冻的”进行比较而归入“未冻的”，其中：

冻的——0306.1

未冻的——0306.2

第二步：确定二级（六位数级）子目，即将五个二级（六位数级）子目“龙虾”“大螯虾”“小虾及对虾”“蟹”“其他”进行比较而归入“蟹”，其中：

龙虾——0306.21

大螯虾——0306.22

小虾及对虾——0306.23

蟹——0306.24

其他——0306.29

第三步：确定三级（七位数级）子目，即将两个三级（七位数级）子目“种苗”与“其他”进行比较而归入“种苗”，其中：

种苗——0306.241

其他——0306.249

因为种苗只有一个子目，所以正确的归类（重点是子目）是0306.2410。

试按同级比较原则对以下商品进行归类

1）煮熟的猪肝罐头。

2）每平方米重180克的全棉染色平纹布。

3. 注意事项

规则六是典型的层次比较的子目的归类规则——同级比较、层次比较。由于《协调制度》中列有五位数级、六位数级子目，因此，有必要对五位数级、六位数级子目的归类规则作出规定，规则六同样适用于本国七、八位数级子目。

1）规则六所称“同一数级”子目，是指同为五位数级或同为六位数级的子目。据此，当按规则三（一）规定考虑某一物品在同一税（品）目项下的两个及两个以上五位数级子目的归类时，只能依据有关的五位数级子目条文来确定哪个五位数级子目所

列名称更为具体。

2）只有在确定了列名更为具体的五位数级子目后，而且该子目项下又再细分了六位数级子目时，才能根据有关六位数级子目条文考虑物品应归入这些六位数级子目中的哪个子目，以此类推来确定七、八位数级子目。

3）子目注释优先于类注、章注。

第三节　进出口商品归类的海关行政管理

商品归类是海关执行国家关税政策、贸易管制措施和编制海关进出口统计的基础。因此，正确进行商品归类在进出口货物的通关中具有十分重要的意义。

一、进出口货物的商品归类依据

《海关法》规定，进出口货物的商品归类按照国家有关商品归类的规定确定；《关税条例》规定，纳税义务人应当按照《税则》规定的目录条文和归类总规则、类注、章注、子目注释以及其他归类注释，对其申报的进出口货物进行商品归类，并归朋应的税则号列。具体来说，对进出口货物进行商品归类的依据主要应包括以下两个方面：

1. 主要依据

1）《海关法》。

2）《关税条例》，包括作为其组成部分的《税则》（《统计商品目录》）。

3）《中华人民共和国海关进出口货物征税管理办法》（以下简称《征税管理办法》）。

4）海关总署公布下发的关于商品归类的有关规定，包括总署的文件、归类决定、归类行政裁定、归类技术委员会决议以及总署转发的世界海关组织归类决定等。

5）《海关进出口税则－统计目录商品及品目注释》。

6）《中华人民共和国进出口税则－统计目录本国子目注释》。

7）国家其他有关商品归类的公开规定。

其他部委、部门的文件、出版物中以《协调制度》编码表示的商品归类与海关规定不符的，应以海关的归类为准。

2. 其他依据

在进出口商品归类过程中海关可以要求进出口货物的收发货人提供商品归类所需的有关资料并将其作为商品归类的依据；必要时，海关可以组织化验、检验，并将海关认定的化验、检验结果作为商品归类的依据。

二、 进出口货物的归类申报要求

《关税条例》规定，纳税义务人应当依法如实向海关申报，并按照海关的规定提供进行商品归类所需的资料，具体来说，报关人员在归类申报时应注意以下几点。

1. 如实申报

《征税管理办法》规定，纳税义务人应当按照法律、行政法规和海关规章关于商品归类的有关规定，如实申报进出口货物的商品名称、税则号列（商品编号）、规格型号等。如实申报是归类申报的最基本要求，纳税义务人及报关人员如被发现有归类申报不实的情况，则应依法承担因此而引发的补税、行政处罚等各类相应的法律责任。

2. 提供归类所需资料

《征税管理办法》规定，纳税义务人应当依法向海关办理申报手续，按照规定提交有关单证。海关认为必要时，纳税义务人还应当提供确定商品归类所需的相关资料。商品归类是一项技术性很强的工作，因此申报的货物品名、规格、型号等必须要能够满足归类的要求，报关人员应向海关详细提供归类所需要的货物的形态、性质、成分、加工程度、结构原理、功能、用途等技术指标和技术参数等，尤其要注意提供：

1）农产品、未列名化工品等的成分和用途。

2）材料性商品的成分和加工方法、加工工艺。

3）机电仪产品的结构、原理和功能。

3. 补充申报

《征税管理办法》规定，为审核确定进出口货物的商品归类，海关可以要求纳税义务人按照有关规定进行补充申报。纳税义务人认为必要时，也可以主动要求进行补充申报。由于报关单本身可填写的申报内容有限，对一些较为复杂、需要较多资料说明才能满足归类需要的商品，则需要通过补充申报的方式来确保归类申报的完整性和准确性。

本章学习路径

本章包括四方面的内容：①《商品名称及编码协调制度》（简称《协调制度》）概述；②归类总归则；③商品归类技巧；④出口商品归类的海关行政管理。其汇总如下：

《协调制度》概述
- 《协调制度》的产生及发展
- 《协调制度》的基本结构及特点
- 《协调制度》的分类结构
- 商品归类的主要依据

归类总规则
- 规则一：按品目条文、类注、章注归类
- 规则二：扩大商品范围的归类规则
- 规则三：似乎可归入两个或两个以上品目的商品归类规则
- 规则四：最相似物品的归类规则
- 规则五：包装材料、容器的归类规则
- 规则六：层次比较的子目的归类规则

出口商品归类的海关行政管理
- 进出口货物的商品归类依据
- 进出口货物的归类申报要求

复习与思考

一、名词解释

1. 商品编码
2. 类注
3. 具体列名
4. 从后归类
5. 同级比较原则

二、问答题

1. 《协调制度》的三大组成部分是什么？
2. 我国进出口商品归类的主要依据是什么？
3. 简要说明《协调制度》的特点。
4. 简要说明《协调制度》分类结构的特点。
5. 归类总数则中常用的注释限定方法有哪些？
6. 商品包装容器具备哪些条件时可与所装物品一起归类？
7. 商品包装容器在哪些条件下应与所装物品分开归类？
8. 中天贸易有限公司最近准备从美国进口一批儿童两轮自行车，请问能否按儿童运动用品进行归类，为什么？

三、操作题：查找商品编码并将其填写在括号内

1. 女式尼龙针织胸衣　　归入（　　）

2. 未浓缩的加糖牛奶 归入(　　)
3. 辣椒干 归入(　　)
4. 缺少电池板、后盖的手机 归入(　　)
5. 未锁边、锁钮孔、钉扣的男式棉上衣 归入(　　)
6. 在鲜牛奶（脂肪含量超过6%）中添加少量维生素或钙等 归入(　　)
7. 电动剃须刀 归入(　　)
8. 由面饼、调味包、塑料小叉构成的碗面 归入(　　)
9. 钢制液化煤气罐 归入(　　)
10. 装于木首饰盒中的镶嵌钻石的黄金首饰 归入(　　)
11. 鲍鱼种苗 归入(　　)
12. 经抛光打磨的花岗岩板 归入(　　)

知 识 扩 充

《商品名称及编码的速记与速查表》

《协调制度》共21类商品，其中1～4类为农副产品（吃、喝、用的），5～21类为生活生产用的工业品，从类到章都是按动物、植物、矿物顺序依次排列的，即：

第一类：活动物、动物产品（1～5章）；
第二类：植物产品（6～14章）；
第三类：油脂、蜡（15章）；
第四类：食品、酒、烟等（16～24章）；
第五类：矿产品（25～27章）；
第六类：化学工业及相关工业的产品（28～38章）；
第七类：塑料、橡胶及制品（39～40章）；
第八类：皮革及制品（41～43章）；
第九类：木及木制品（44～46章）；
第十类：木浆、纸张及制品（47～49章）；
第十一类：纺织原料及制品（50～63章）；
第十二类：鞋、帽、伞、人造花等杂项物品（64～67章）；
第十三类：石料、水泥、石棉、陶瓷、玻璃及制品（68～70章）；
第十四类：珍珠、宝石、贵金属、仿首饰等（71章）；
第十五类：贱金属及其制品（72～83章）；
第十六类：机器、电气设备、音像及零配件（84～85章）；
第十七类：车辆、航空器、船舶及有关运输设备（86～89章）；
第十八类：光仪、精器及钟、乐器等及零配件（90～92章）；

第十九类：武器、弹药及其零配件（93 章）；

第二十类：家具、照明、活动房屋物杂项物品（94～96 章）；

第二十一类：艺术品、收藏品及古物（97 章）。

知识扩充二

《进出口商品名称与编码》（2006 年版）

第一类　活动物；动物产品

注释：

一、本类所称的各属种动物，除条文另有规定的以外，均包括其幼仔在内。

二、除条文另有规定的以外，本目录所称“干”的产品，均包括经脱水、蒸发或冷冻干燥的产品。

第一章　活动物

注释：

本章包括所有活动物，但下列各项除外：

一、品目 03.01、03.06 或 03.07 的鱼、甲壳动物、软体动物及其他水生无脊椎动物。

二、品目 30.02 的培养微生物及其他产品。

三、品目 95.08 的动物。

商品编码	商品名称	商品编码	商品名称
01.01	马、驴、骡：	0103.9110	——重量在 10 公斤以下
	—改良种用	0103.9120	——重量在 10 公斤及以上，但在 50 公斤以下
0101.1010	——马	0103.9200	——重量在 50 公斤及以上
0101.1020	——驴	01.04	绵羊、山羊：
	—其他：		—绵羊：
0101.9010	——马	0104.1010	——改良种用
0101.9090	——驴、骡	0104.1090	——其他
01.02	牛：		—山羊：
0102.1000	——改良种用	0104.2010	——改良种用
0102.9000	——其他	0104.2090	——其他
01.03	猪：	01.05	家禽，即鸡、鸭、鹅、火鸡及珍珠鸡：
0103.1000	——改良种用		——重量不超过 185 克：
	—其他：		—鸡：
	——重量在 50 公斤以下		

续表

商品编码	商品名称	商品编码	商品名称
0105.1110	——改良种用	0105.9210	——改良种用
0105.1190	——其他	0105.9290	——其他
	—火鸡：		—鸡，重量超过 2000 克：
0105.1210	——改良种用	0105.9310	——改良种用
0105.1290	——其他	0105.9390	——其他
	—其他：		—其他：
0105.1910	——改良种用	0105.9910	——改良种用
0105.1990	——其他		—其他
	—鸡，重量不超过 2000 克：		

第六章　报关与海关管理

导读

作为报关活动的相关人，报关单位及报关人员应对海关的基本情况有所掌握和了解。同时，报关单位及其报关员素质的高低又直接关系到海关的行政效率、进出口通关速度和对外贸易秩序，因此海关十分重视对报关单位及其报关员的主体资格管理及对报关员的考核管理。我国海关法律法规规定，进出口货物收发货人、报关企业及其所属报关员办理报关手续，必须依法经海关注册登记，未经海关注册登记的报关单位和报关人员不得从事报关业务。

第一节 报 关

一、 报关的含义

1. 报关的概念

报关是指进出口货物收发货人、进出境运输工具负责人、进出境物品的所有人或者他们的代理人向海关办理货物、物品或运输工具进出境手续及相关海关事务的过程。

想一想

报关就是向海关申报，对吗？

2. “报关”与“通关”、“结关”的关系

（1）报关与通关

通关与报关既有联系又有区别。两者都是对运输工具、货物、物品的进出境而言的，但报关是从海关管理相对人的角度，仅指向海关办理进出境手续及相关手续，而通关不仅包括海关管理相对人向海关办理有关手续，还包括海关对进出境运输工具、货物、物品依法进行监督管理，核准其进出境的管理过程。

（2）报关与结关

结关又称清关，指办结或暂时办结海关监管手续的行为。对于一般货物来说，在经过了申报、查验、征税、放行之后即等于结关，海关不再进行监管，而对于特殊货物，海关放行后需办清有关手续才能结关。

3. “报关”与“报检、报验”的关系

在货物进出境过程中，有时还需要办理“报检、报验”手续。报检、报验与报关不同，指的是按照国家有关法律、行政法规的规定，向进出口检验、检疫部门办理进出口商品检验、卫生检疫、动植物检疫和其他检验、检疫手续。“报关”与“报检、报验”的关系主要体现在：第一，报检、报验手续先于报关手续；“报检、报验”的货物范围小于“报关”。

二、 报关的分类

1. 按照报关的对象，可分为运输工具报关、货物报关和物品报关

（1）进出境运输工具

进出境运输工具主要包括用以载运人员、货物、物品进出境，并在国际间运营的

各种境内或境外船舶、车辆、航空器和驮畜等。

(2) 进出境货物

进出境货物主要包括一般进出口货物，保税货物，暂准进出境货物，特定减免税货物，过境、转运和通运货物及其他进出境货物。

(3) 进出境物品

进出境物品主要包括进出境的行李物品、邮递物品和其他物品。以进出境人员携带、托运等方式进出境的物品为行李物品；以邮递方式进出境的物品为邮递物品；其他物品主要包括享有外交特权和豁免的外国机构或者人员的公务用品或自用物品等。

2. 按照报关的目的，可分为进境报关和出境报关

另外，由于运输或其他方面的需要，有些海关监管货物需要办理从一个设关地点运至另一个设关地点的海关手续，即“转关”，转关货物也需办理相关的报关手续。

3. 按照报关的行为性质，可分为自理报关和代理报关

(1) 自理报关

进出口货物收发货人自行办理报关业务称为自理报关。根据我国海关目前的规定，进出口货物收发货人必须依法向海关注册登记后方能办理报关业务。

(2) 代理报关

代理报关是指接受进出口货物收发货人的委托代理其办理报关业务的行为。我国海关法律把有权接受他人委托办理报关业务的企业称为报关企业。报关企业必须依法取得报关企业注册登记许可并向海关注册登记后方能从事代理报关业务。

三、 报关的基本内容

1. 进出境运输工具报关的基本内容

我国《海关法》规定，所有进出我国关境的运输工具必须经由设有海关的港口、车站、机场、国界孔道、国际邮件互换局（交换站）及其他可办理海关业务的场所申报进出境。

进出境申报是运输工具报关的主要内容。根据海关监管的要求，进出境运输工具负责人或其代理人在运输工具进入或驶离我国关境时均应如实向海关申报运输工具所载旅客人数、进出口货物数量、装卸时间等基本情况。

进出境运输工具负责人或其代理人就以上情况向海关申报后，有时还需应海关的要求配合海关检查，经海关审核确认符合海关监管要求的，可以上下旅客、装卸货物。

小知识

进出境运输工具“舱单”：亦称载货清单，是指进出境船舶、航空器、铁路列车负责人或其代理人向海关递交的真实、准确反映运输工具所载货物情况的纸质载货清单。

进出境船舶的联检部门包括海关、出入境检验检疫局（卫检部门）、海事局和边防检查部门。

2. 进出境货物报关的基本内容

进出境货物的报关比较复杂。根据海关规定，进出境货物的报关业务应由依法取得报关员从业资格，并在海关注册登记的报关员办理。海关对不同性质的进出境货物规定了不同的报关程序和要求。一般来说，进出境货物报关时，报关人员应按要求完成申报、配合查验、缴纳税费等手续，进出口货物经海关放行后，报关单位方可安排提取或装运货物。

除了以上工作外，对于保税加工货物、减免税进口货物、暂准进出境货物等，在进出境前还需办理备案申请及进出境后办理核销、结案等手续。

3. 进出境物品报关的基本内容

（1）海关对进出境物品监管的基本原则

自用、合理数量是海关对进出境物品监管的基本原则。所谓自用合理数量，对于行李物品而言，“自用”指的是进出境旅客本人自用、馈赠亲友而非为出售或出租，合理数量是指海关根据进出境旅客旅行目的和居留时间所规定的正常数量；对于邮递物品，则指的是海关对进出境邮递物品规定的征、免税限制。

（2）进出境行李物品的报关

我国海关规定，进出境旅客在向海关申报时，可以在分别以红色和绿色作为标记的两种通道中进行选择，也即“红绿通道”制度。带有绿色标志的通道适用于携运物品在数量和价值上均不超过免税限额，且无国家限制或禁止进出境物品的旅客；带有红色标志的通道则适用于携运有上述绿色通道适用物品以外的其他物品的旅客。对于选择红色通道的旅客，必须填写“进出境旅客行李物品申报单”或海关规定的其他申报单证，在进出境地向海关作出书面申报。

从航空口岸进出境的旅客，除按照规定的人员以外，其他均应填写《申报单》，向海关如实申报，同时根据事项中选择的“是”或“否”选择红绿通道。

（3）进出境邮递物品的报关

进出境邮递物品的申报方式由其特殊的邮递运输方式决定。我国是《万国邮政公约》的签约国，根据《万国邮政公约》的规定，进出口邮包必须由寄件人填写“报税单”（小包邮件填写绿色标签），列明所寄物品的名称、价值、数量，向邮包寄达国家

的海关申报。进出境邮递物品的“报税单”和“绿色标签”随同物品通过邮政企业或快递公司呈递给海关。

报关基本内容见下表。

报关基本内容

报关主体	报关客体（对象）	报关内容	申报单证	报关主体资格
进出境运输工具或其代理人	进出境运输工具	《海关法》第二章	载货清单及其他单证	没有限定
进出口货物收发货人或其代理人	进出口货物收发货人	《海关法》第三章	报关单及其他单证	有限定
进出境物品所有人或其代理人	进出境物品所有人	《海关法》第四章	《快件报关单》或《申报单》或《报税单》	没有限定

第二节　海　关

一、 我国海关的管理体制与机构

1. 我国海关的领导体制

我国《海关法》规定，“国务院设立海关总署，统一管理全国海关”，“海关依法独立行使职权，向海关总署负责”，“海关的隶属关系，不受行政区划的限制”，明确了海关总署作为国务院直属部门的地位，进一步明确海关机构的隶属关系，把海关集中统一的垂直领导体制以法律的形式确立下来。

2. 我国海关的设关原则

我国《海关法》第3条明确规定了海关的设关原则：“国家在对外开放的口岸和海关监管业务集中的地点设立海关。”这一设关原则为海关管理从口岸向内地、进而向全关境的转化奠定了基础，同时也为海关业务制度的发展预留了空间。

小知识

对外开放的口岸是指由国务院批准，允许运输工具及所载人员、货物、物品直接出入国（关）境的港口、机场、车站以及允许运输工具、人员、货物、物品出入国（关）境的边境通道。

海关监管业务集中的地点是指虽非国务院批准对外开放的口岸，但是海关某类或者某几类监管业务比较集中的地方，如转关运输监管、保税加工监管等。

行政区划是国家为便于行政管理而分级划分的区域。

3. 海关的组织机构

海关机构的设置为海关总署、直属海关和隶属海关三级。隶属海关由直属海关领导，向直属海关负责；直属海关由海关总署领导，向海关总署负责。此外，为打击走私犯罪活动，经国务院决定，由海关总署、公安部联合组建走私犯罪侦查局，设在海关总署。

二、我国海关的性质与任务

我国《海关法》第 2 条规定："中华人民共和国海关是国家的进出关境监督管理机关。海关依照本法和其他有关法律、行政法规，监管进出境的运输工具、货物、行李物品、邮递物品和其他物品，征收关税和其他税、费，查缉走私，并编制海关统计和办理其他海关业务。"该条款明确表述了中国海关的性质与任务。

1. 海关的性质

中华人民共和国海关是国家的进出关境监督管理机关。

2. 海关的任务

《海关法》明确规定海关有四项基本任务，即监管进出境的运输工具、货物、行李物品、邮递物品和其他物品（以下简称"监管"），征收关税和其他税费（以下简称"征税"），查缉走私和编制海关统计。

（1）监管

监管是海关最基本的任务，海关的其他任务都是在监管工作的基础上进行的。根据监管对象的不同，海关监管分为运输工具监管、货物监管和物品监管三大体系，每个体系都有一整套规范的管理程序与方法。

（2）征税

征税即征收关税和其他税、费。"关税"包括进口关税和出口关税，"其他税、费"指海关在货物进出口环节，按照关税征收程序征收的有关国内税、费，目前主要有增值税、消费税和船舶吨税等。

（3）查缉走私

查缉走私是海关为保证顺利完成监管和征税等任务而采取的保障措施。

我国《海关法》第 5 条规定："国家实行联合缉私、统一处理、综合治理的缉私体制。

走私是指进出境活动的当事人或相关人违反《海关法》及有关法律、行政法规，逃避海关监管，偷逃应纳税款、逃避国家有关进出境的禁止性或者限制性管理，非法运输、携带、邮寄国家禁止、限制进出口或者依法应当缴纳税款的货物、物品进出境，或者未经海关许可并且未缴应纳税款、交验有关许可证件，擅自将保税货物、特定减免税货物以及其他海关监管货物、物品、进境的境外运输工具在境内销售的行为。

（4）编制海关统计

海关统计是国家进出口货物贸易统计，是国民经济统计的组成部分，是国家制定对外经济贸易政策、进行宏观经济调控、实施海关严密高效管理的重要依据，是研究我国对外贸易经济发展和国际经济贸易关系的重要资料。

除了这四项基本任务以外，近几年来国家通过有关法律、行政法规赋予了海关一些新的任务，主要包括知识产权海关保护、实施反倾销、反补贴和保障措施。

三、我国海关的法律体系

我国对海关法采取了国家最高权力机关、国务院和海关总署三级立法的体制。这种海关法律体系在结构上形成了以国家最高权力机关制定的《海关法》作为母法，以国务院审定的有关单行条例和海关总署单独制定或会同国家其他行政机关共同制定的实施细则和单行管理办法为补充的三级海关法律体系。

四、海关的权力

《海关法》在规定了海关任务的同时，为了保证任务的完成，赋予海关许多具体权力。海关权力，是指国家为保证海关依法履行职责，通过《海关法》和其他法律、行政法规赋予海关的对进出境运输工具、货物、物品的监督管理权能。根据《海关法》及有关法律、行政法规，海关的权力主要包括。

1. 行政许可权

海关行政许可权包括主要包括：对报关企业注册登记许可权；从事海关监管货物的仓储许可权；转关运输货物的境内运输许可权；加工贸易进出口货物保税许可权；对报关员的报关从业资格许可权。

2. 税费征收权

税费征收权具体包括：代表国家依法对进出口货物、物品征收关税及其他税费；

根据法律、行政法规及有关规定，依法对特定的进出口货物、物品减征或免征关税；对经海关放行后的有关进出口货物、物品，发现少征或者漏征税款的，依法补征、追征税款的权力。

3. 行政监督检查权

行政监督检查权是海关保证其行政管理职能得到履行的基本权力，主要包括：检查权；查验权；查阅、复制权；查问权；查询权；稽查权。

4. 行政强制权

海关行政强制权是《海关法》及相关法律、行政法规得以贯彻实施的重要保障。其具体包括：扣留权；滞报、滞纳金征收权；提取货样、施加封志权；提取货物变卖、先行变卖权；强制扣缴和变价抵缴关税权；税收保全权；抵缴、变价抵缴罚款权；连续追缉权；其他特殊行政强制，包括处罚担保、税收担保和其他海关事务担保。

5. 其他权力

其他权力包括佩带和使用武器权、行政处罚权、行政裁定权、行政命令权、行政奖励权和行政复议权等。

第三节　报关单位及报关活动相关人

一、报关单位的概念

根据《海关对报关单位注册登记管理规定》第 8 条的规定，报关单位是指按照规定在海关注册登记的报关企业和进出口货物收发货人。

《海关法》第 11 条规定：“进出口货物收发货人、报关企业办理报关手续，必须依法经海关注册登记，报关人员必须依法取得报关资格。未依法经海关注册登记的企业和未依法取得报关从业资格的人员，不得从事报关业务。”法律明确规定了对向海关办理进出口货物报关手续的进出口货物收发货人、报关企业实行注册登记管理制度。因此，依法向海关注册登记是法人、其他组织或者个人成为报关单位的法定要求。

二、报关单位的类型

《海关法》将报关单位划分为两种类型，即进出口货物收发货人和报关企业。

1. 进出口货物收发货人

进出口货物收发货人是指依法直接进口或者出口货物的中华人民共和国关境内的法人、其他组织或者个人。

一般而言，进出口货物收发货人指的是依法向国务院对外贸易主管部门或者其委托的机构办理备案登记的对外贸易经营者。对于一些未取得对外贸易经营者备案登记表但按照国家有关规定需要从事非贸易性进出口活动的单位，如境外企业、新闻、经贸机构、文化团体等依法在中国境内设立的常驻代表机构，少量货样进出境的单位，国家机关、学校、科研院所等组织机构，临时接受捐赠、礼品、国际援助的单位，国际船舶代理企业等，在进出口货物时海关也视其为进出口货物收发货人。

2. 报关企业

报关企业，是指按照规定经海关准予注册登记，接受进出口货物收发货人的委托，以进出口货物收发货人的名义或者以自己的名义，向海关办理代理报关业务，从事报关服务的境内企业法人。目前，我国从事报关服务的报关企业主要有两类：一类是经营国际货物运输代理、国际运输工具代理等业务，兼营进出口货物代理报关业务的国际货物运输代理公司等；另一类是主营代理报关业务的报关公司或报关行。

三、 报关单位的注册登记

根据《海关法》规定，进出口货物，除另有规定外，可以由进出口货物收发货人自行办理报关纳税手续，也可以由进出口货物收发货人委托海关准予注册登记的报关企业办理报关纳税手续。进出口货物收发货人、报关企业办理报关手续，必须依法经海关注册登记。因此，向海关注册登记是进出口货物收发货人、报关企业向海关报关的前提条件。

1. 报关注册登记制度的概念

报关注册登记制度是指进出口货物收发货人、报关企业依法向海关提交规定的注册登记申请材料，经注册地海关依法对申请注册登记材料进行审核，准予其办理报关业务的管理制度。

根据《海关法》的规定，可以向海关办理报关注册登记的单位有两类：一是进出口货物收发货人，主要包括依法向国务院对外贸易主管部门或者其委托的机构办理备案登记的对外贸易经营者等；二是报关企业，主要包括报关行、国际货物运输公司等。其他企业和单位，除《海关对报关单位注册登记管理规定》第 41 条规定的情形外，海关一般不接受申请办理报关注册登记。

考虑到两类报关单位的不同性质，海关对其规定了不同的报关注册登记条件。对于报关企业，海关要求其必须具备规定的设立条件并取得海关报关注册登记许可。对于进出口货物收发货人则实行备案制，其办理报关注册登记的手续和条件比报关企业简单。凡是依照《对外贸易法》经向对外贸易主管部门备案登记，有权从事对外贸易经营活动的境内法人、其他组织和个人（个体工商户）均可直接向海关办理注册登记。

2. 报关企业注册登记许可

（1）成立报关企业须具备的条件

根据《海关对报关单位注册登记管理规定》规定，报关企业应当具备下列条件：

1）具备境内企业法人资格条件。

2）企业注册资本不低于人民币 150 万元。

3）健全的组织机构和财务管理制度。

4）报关员人数不少于 5 名。

5）投资者、报关业务负责人、报关员无走私记录。

6）报关业务负责人具有 5 年以上从事对外贸易工作经验或者报关工作经验。

7）无因走私违法行为被海关撤销注册登记许可记录。

8）有符合从事报关服务所必需的固定经营场所和设施。

9）海关监管所需要的其他条件。

（2）报关企业注册登记许可程序

1）报关企业注册登记许可申请。

符合上述条件的申请人，可向所在地隶属海关提出申请，提出申请时应提交相关材料。

申请人也可委托代理人提出注册登记许可申请。申请人委托代理人代为提出申请的，应当出具授权委托书。

2）海关对申请的处理。

对申请人提出的申请，海关应当根据下列情况分别作出处理：

申请人不具备报关企业注册登记许可申请资格的，应当作出不予受理的决定；

符合条件的，所在地海关受理申请后，应当根据法定条件和程序进行全面审查，并于受理注册登记许可申请之日起 20 日内审查完毕，将审查意见和全部申请材料报送直属海关。

直属海关应当自收到所在地海关报送的审查意见之日起 20 日内作出决定。

3）行政许可的作出。

申请人的申请符合法定条件的，海关应当依法作出准予注册登记许可的书面决定，并通知申请人。

申请人的申请不符合法定条件的，海关应当依法作出不准予注册登记许可的书面

决定，并且告知申请人享有依法申请行政复议或者提起行政诉讼的权利。

（3）报关企业跨关区分支机构注册登记许可

1）报关企业跨关区报关须具备的条件。报关企业如需要在注册登记许可区域以外从事报关服务的，应当依法设立分支机构，并且向拟注册登记地海关递交报关企业分支机构注册登记许可申请。

报关企业对其分支机构的行为承担法律责任。

2）申请分支机构注册登记许可的报关企业须具备的条件。申请分支机构注册登记许可的报关企业应当符合下列条件包括：报关企业自取得海关核发的《中华人民共和国海关报关企业报关注册登记证书》之日起满2年；报关企业自申请之日起最近两年未因走私受过处罚。同时，报关企业每申请一项跨关区分支机构注册登记许可，应当增加注册资本人民币50万元。

3）报关企业跨关区设立的分支机构拟取得注册登记许可须具备的条件。报关企业跨关区设立的分支机构拟取得注册登记许可的，应当具备下列条件：符合境内企业法人分支机构设立条件；报关员人数不少于3名；有符合从事报关服务所必需的固定经营场所和设施；分支机构负责人应当具有5年以上从事对外贸易工作经验或者报关工作经验；报关业务负责人、报关员无走私记录。

海关比照报关企业注册登记许可程序作出是否准予跨关区分支机构注册登记许可的决定。

（4）报关企业及其跨关区分支机构注册登记许可期限

报关企业及其跨关区分支机构注册登记许可期限均为2年。被许可人需要延续注册登记许可有效期的，应当办理注册登记许可延续手续。

报关企业未办理注册登记许可延续手续或者海关未准予注册登记许可延续的，自丧失注册登记许可之日起，其跨关区分支机构注册登记许可自动终止。

3. 报关单位的注册登记

（1）报关企业注册登记手续

报关企业申请人经直属海关注册登记许可后，应当到工商行政管理部门办理许可经营项目登记，并且自工商行政管理部门登记之日起90日内到企业所在地海关办理注册登记手续。逾期海关不予注册登记。

报关企业注册登记应当提交相关的文件材料。注册地海关依法对申请注册登记材料是否齐全、是否符合法定形式进行核对。申请材料齐全、符合法定形式的申请人由注册地海关核发《中华人民共和国海关报关企业报关注册登记证书》，报关企业凭以办理报关业务。

（2）进出口货物收发货人注册登记

进出口货物收发货人应当按照规定到所在地海关办理报关单位注册登记手续。

进出口货物收发货人申请办理注册登记，应当提交相关的文件材料，注册地海关依法对申请注册登记材料是否齐全、是否符合法定形式进行核对。申请材料齐全、符合法定形式的申请人由注册地海关核发《中华人民共和国海关进出口货物收发货人报关注册登记证书》，进出口货物收发货人凭以办理报关业务。

（3）报关单位注册登记证书时效及注册管理

《中华人民共和国海关报关企业报关注册登记证书》有效期限为 2 年，《中华人民共和国海关进出口货物收发货人报关注册登记证书》有效期限为 3 年。

海关通过对报关企业实行 2 年的许可延续，对进出口货物收发货人的注册登记实行 3 年换证管理，取代过去对企业的年检管理，并不意味着海关放弃对报关单位的监管责任。在新的管理制度下，海关同样可以完成对企业变更信息的收集，同样需要进行审查，而且目的性和针对性更强。在将定期年检变成日常管理形式后，管理的作用会更强，管理效率会更高。

案例分析 6-1

案 情 简 介

2006 年 5 月 12 日科龙公司经批准经营进出口业务，第二天即成交一笔出口业务，为提高办事效率，公司当天就派小王去海关申报出口手续，结果被海关拒绝。

问题

海关能否拒绝该企业的申报？为什么？

要点提示

进出口经营权与报关权是两个不同的概念，前者由外经贸主管部门审批，后者由海关批准。具有进出口经营权的企业应当向海关办理注册登记，取得报关权，才可自行开展报关活动。本案例中科龙公司尚未向海关办理注册登记，所以遭到海关的拒绝。

四、 报关单位的报关行为规则

1. 进出口货物收发货人的报关行为规则

1）进出口货物收发货人在海关办理注册登记后，可以在中华人民共和国关境内各个口岸或者海关监管业务集中的地点办理本单位的报关业务，但不能代理其他单位报关。进出口货物收发货人自行办理报关业务时，应当通过本单位所属的报关员向海关办理。

2）进出口货物收发货人可以委托海关准予注册登记的报关企业，由报关企业所属的报关员代为办理报关业务。

3）进出口货物收发货人不得委托未取得注册登记许可、未在海关办理注册登记的

单位或者个人办理报关业务。

4）进出口货物收发货人办理报关业务时，向海关递交的纸质进出口货物报关单必须加盖本单位在海关备案的报关专用章。

5）进出口货物收发货人应对其所属报关员的报关行为承担相应的法律责任。进出口货物收发货人所属的报关员离职，应当自报关员离职之日起7日内向海关报告并将报关员证件交注册地海关予以注销；报关员未交还报关员证件的，其所在单位应当在报刊上声明作废，并向注册地海关办理注销手续。

2. 报关企业的报关行为规则

（1）报关企业报关服务的地域范围

报关企业可以在依法取得注册登记许可的直属海关关区内各口岸或者海关监管业务集中的地点从事报关服务，但是应当在拟从事报关服务的口岸地或者海关监管业务集中的地点依法设立分支机构，并且在开展报关服务前按规定向直属海关备案。

报关企业如需要在注册登记许可区域以外从事报关服务的，应当依法设立分支机构，并且向拟注册登记地海关申请报关企业分支机构注册登记许可。报关企业分支机构经海关依法准予注册登记许可的，向海关办理注册登记后，可在所在地口岸或者海关监管业务集中的地点从事报关服务。报关企业对其分支机构的行为承担法律责任。

（2）报关企业从事报关服务应当履行的义务

1）遵守法律、行政法规、海关规章的各项规定，依法履行代理人职责，配合海关监管工作，不得违法滥用报关权。

2）依法建立账簿和营业记录。真实、正确、完整地记录其受委托办理报关业务的所有活动，详细记录进出口时间、收发货单位、报关单号、货值、代理费等内容，完整保留委托单位提供的各种单证、票据、函电，接受海关稽查。

3）报关企业应当与委托方签订书面的委托协议，委托协议应当载明受托报关企业；称、地址、委托事项、双方责任、期限、委托人的名称、地址等内容，由双方签章确认。

4）报关企业接受进出口货物收发货人的委托，办理报关手续时，应当承担对委托人所提供情况的真实性、完整性进行合理审查的义务。报关企业未对进出口货物收发货人提供情况的真实性、完整性履行合理审查义务或违反海关规定申报的，应当承担相应的法律责任。

5）报关企业不得以任何形式出让其名义，供他人办理报关业务。

6）对于代理报关的货物涉及走私违规情事的，应当接受或者协助海关进行调查。

五、 报关单位的法律责任

报关单位在办理报关业务时，应遵守国家有关法律、行政法规和海关的各项规定，

并对所申报货物、物品的品名、规格、价格、数量等的真实性、合法性负责，承担相应法律责任。

对构成走私罪的，将被依法追究刑事责任。

对构成走私行为、违规行为的，由海关按有关规定进行行政处罚。

六、报关活动相关人

1. 报关活动相关人的概念

报关活动相关人主要指的是经营海关监管货物仓储业务的企业、保税货物的加工企业、转关运输货物的境内承运人等。这些企业、单位一般不能办理报关业务，但与报关活动密切相关，承担着相应的海关义务和法律责任。

2. 报关活动相关人的类型

(1) 海关监管货物仓储企业

经营海关监管货物仓储业务的企业，目前主要有以下几种类型：

1) 在海关监管区内存放海关监管货物的仓库、场所，一般存放海关尚未放行的进口货物和已办理申报、放行手续尚待装运离境的出口货物。

2) 保税仓库，主要存放经口岸海关放行后按海关保税制度继续监管的货物。

3) 出口监管仓库，专门存放已向海关办完全部出口手续并已对外卖断结汇的出口货物。

4) 其他经海关批准存放海关监管货物的仓库、场所。

经营海关监管货物仓储的企业必须经海关批准，办理海关注册登记手续。

(2) 从事加工贸易生产加工的企业

这里所称的从事加工贸易的加工企业，是指接受加工贸易经营单位的委托，将进口料件按经营单位与外商签订的加工贸易合同规定加工成品后，交由其委托人即经营单位办理成品出口手续的具有法人资格的生产加工企业。这一类企业虽然没有报关权，但因其从事保税料件的加工，也需向海关办理登记手续接受海关监管。

(3) 转关运输货物的境内承运人

转关运输货物的境内承运人须经海关批准，并办理海关注册登记手续。其从事转关运输的运输工具和驾驶人员也须向海关注册登记。

3. 报关活动相关人的法律责任

报关活动相关人在从事与报关相关的活动中，违反《海关法》和有关法律、行政法规的，要承担相应的行政、刑事法律责任。此外，在保管期间或转关运输期间，造

成海关监管货物损毁或者灭失的，除不可抗力外，仓储企业或承运人应承担相应的纳税义务和法律责任。

第四节　报关员

由于进出口货物的报关手续比较复杂，办理人员需要熟悉法律、税务、外贸、商品知识，精通海关法律、法规、规章和掌握办理海关手续的技能，为此我国海关规定进出口货物的报关业务应由经海关批准的专业人员代表进出口货物收发货人或者报关企业向海关办理。这些专业人员就是报关员。

一、 报关员的概念

根据《海关对报关单位注册登记管理规定》第 8 条的规定，报关员是指依法取得报关员从业资格，并在海关注册登记，向海关办理进出口货物报关业务的人员。

二、 报关员资格

我国《海关法》第 11 条规定，“未依法取得报关从业资格的人员，不得从事报关业务”，明确了报关员从业资格许可制度。

1. 报关员资格考试的报名条件

我国海关规定，报关员资格考试的报名条件是具有中华人民共和国国籍；年满 18 周岁，具有完全的民事行为能力；遵纪守法，品行端正；具有大专及以上学历。

香港、澳门特别行政区居民中的中国公民和中国台湾居民，可以报名参加考试。

2. 报名手续

报关员资格考试实行网上报名与现场确认相结合。

3. 报关员资格申请及报关员证书的颁发

海关总署核定并公布全国统一合格分数线。直属海关及受委托的隶属海关应当根据统一合格分数线，及时公布成绩合格、可以申请报关员资格的考生名单。根据海关公布的名单可以申请报关员资格的考生，应当自名单公布之日起 6 个月内向原报名海关申请报关员资格。海关依法对申请人授予报关员资格的申请进行受理、审查、作出决定。海关决定授予报关员资格的，应当自作出决定之日起 10 个工作日内颁发报关员资格证书；可以当场做出决定并颁发报关员资格证书的，海关不再制发准予行政许可决定书。

报关员资格证书是从事报关工作的资格证明，由海关总署统一制作，在全国范围内有效，取得报关员资格证书者可以按规定向海关申请报关员注册，报关员资格证书申请表见下表。

报关员资格证书申请表

姓名：________

身份证号：________

准考证号：________

考试成绩：________

学历：________

特此声明：本人经报关员资格考试成绩合格，符合《中华人民共和国海关关于报关员资格考试及资格证书管理办法》规定要求，特申请报关员资格证书，并对申请时提交文件内容真实性负责。

签名：________

申请日期：____年____月____日

三、 报关员注册

报关员注册是指报关单位所在地直属海关或受其委托的隶属海关，对通过报关员资格考试、依法取得报关员资格证书的人员提出的注册申请，依法作出准予报关员注册的决定，并颁发报关员证的行为。报关员注册是法律设定的海关行政许可事项之一。

1. 注册条件

申请报关员注册，应当同时具备以下基本条件：具有中华人民共和国国籍；通过报关员资格全国统一考试，取得《报关员资格证书》；与所在报关单位建立劳动合同关系或者聘用合同关系。

出应具备上述基本条件之外，对于首次申请报关员注册的申请人，还应当经过在一个报关单位连续 3 个月的报关业务实习。

对于报关员注册有效期届满后连续 2 年未注册，再次申请报关员注册的申请人，还应当经过海关报关业务岗位考核，考核合格的，可以向海关申请报关员注册。

2. 注册程序

申请报关员注册的，申请人本人应当到海关提出申请。本人不能到海关提出申请的，可以出具授权委托书委托报关单位代为提出申请。

(1) 注册受理机关

申请人应当到报关单位所在地直属海关提出报关员注册申请。报关单位为报关企业跨关区分支机构的，应当到报关企业跨关区分支机构所在地直属海关提出报关员注

册申请。直属海关可以委托隶属海关实施报关员注册。

（2）申请注册应提交的材料

申请报关员注册，应当向海关提交下列文件、材料：

1）报关员注册申请表见下表。

报关员注册申请表

填表单位（盖章）　　　　申请人签名

报关员注册编码		照片
预录入编号		
注册海关		
报关员姓名		
报关员身份证件号码		
出生年、月、日		
报关员性别		
学历		
联系电话		
传真		
移动电话		
电子邮件		
报关单位海关注册编码		
报关单位名称		
报关类别		
报关员资格证书号码		
操作员意见		
科长意见		
备注		

2）申请人所在报关单位的《中华人民共和国海关报关企业报关注册登记证书》或者《中华人民共和国海关进出口货物收发货人报关注册登记证书》复印件。

3）《报关员资格证书》复印件。

4）与所在报关单位签订的合法有效的劳动合同复印件（报关单位为非企业性质的，可以提交聘用合同复印件或者人事证明）。

5）身份证件复印件。

6）所在报关单位为其缴纳社会保险证明复印件，但是，法律、行政法规另有规定的，依照其规定。

首次申请报关员注册的，还应当提交报关单位出具的报关业务实习证明材料。

报关员注册有效期届满之日起连续 2 年未注册再次申请报关员注册的，还应当提交海关报关业务岗位考核合格的证明材料。

台湾居民、香港和澳门居民中的中国公民提出申请的，还应当提交《台港澳人员就业证》复印件。

(3) 注册决定的作出及报关员证的颁发

申请人的申请符合法定条件的，海关应当依法作出准予报关员注册的决定，并应当自作出决定之日起 10 日内向申请人颁发《报关员证》。可以当场作出决定并颁发《报关员证》的，不再制发受理决定书和准予报关员注册决定书。

申请人的申请不符合法定条件的，海关应当依法作出不准予报关员注册的书面决定。

(4) 注册的有效期

报关员注册有效期为 2 年。报关员需要延续报关员注册有效期的，应当办理报关员注册延续手续。报关员未办理注册延续手续或者海关未准予报关员注册延续的，自有效期届满之日起，其报关员注册自动终止。

3. 注册的延续

报关员办理报关员注册延续手续的，应当在有效期届满 30 日前向海关提出，并提交下列文件、材料：

1)《报关员注册延续申请书》。

2)《报关员证》复印件。

3) 申请人所在报关单位的《中华人民共和国海关报关企业报关注册登记证书》或者《中华人民共和国海关进出口货物收发货人报关注册登记证书》复印件。

4)《报关员资格证书》复印件。

5) 与所在报关单位签订的合法有效的劳动合同复印件（报关单位为非企业性质的，可以提交聘用合同复印件或者人事证明）。

6) 身份证件复印件。

7) 所在报关单位为其缴纳社会保险证明复印件，但是法律、行政法规另有规定的，依照其规定。

中国台湾居民、香港和澳门居民办理报关员注册延续手续的，还应当提交《台港澳人员就业证》复印件。

报关员逾期提出报关员注册延续申请的，海关不予受理。

海关应当比照报关员注册程序在有效期届满前对报关员的延续申请予以审查，对符合报关员注册条件的，应当依法作出准予延续 2 年有效期的决定。海关应当在报关员注册有效期届满前作出是否准予延续的决定；逾期未作出决定的，视为准予延续，依法为其办理报关员注册延续手续。

海关可以当场作出决定并换领《报关员证》的，不再制发受理决定书、准予延续报关员注册决定书。

4. 其他规定

1）报关员更换报关单位的，应当注销原报关员注册，重新申请报关员注册。

2）报关员遗失报关员证的，应当及时向注册地海关书面说明情况，并在报刊声明作废。海关应当自收到情况说明和报刊声明证明之日起20日内予以补发。

3）海关对申请人提出报关员注册申请的受理、审查、决定、撤销、注销等活动，《执业管理办法》没有规定的，应当依据《中华人民共和国行政许可法》、《中华人民共和国海关实施＜中华人民共和国行政许可法＞办法》规定的程序进行。

案例分析 6-2

案 情 简 介

林某于2005年7月大学毕业后，在某家外贸公司负责报关联系工作，2006年报名参加当年全国报关员资格考试并成绩合格。

问题

林某应通过哪些手续才可成为报关员？

要点提示

1）林某可向原报名地海关申请报关员资格，申请时应填写《报关员资格证书申请表》，经海关受理、审查、作出决定后可领取报关员资格证书。

2）向海关申请报关员注册，申请注册时应依法提交相关的文件、材料，包括：《报关员注册申请书》；申请人所在报关单位的《中华人民共和国海关报关企业报关注册登记证书》或者《中华人民共和国海关进出口货物收发货人报关注册登记证书》复印件；《报关员资格证书》复印件；与所在报关单位签订的合法有效的劳动合同复印件，同时，由于林某是首次申请报关员注册，还应当提交所在公司出具的报关业务实习证明材料。

3）海关依法受理、审查、做出准予决定后，林某方可成为报关员，代表该公司向海关办理报关业务。

四、 报关员执业

取得报关员资格证书的人员，应当经海关注册并颁发报关员证后执业。报关员证是报关员执业的凭证。除法律、行政法规另有规定的外，报关单位的报关业务应当由报关员办理。

1. 报关员执业范围

(1) 报关员执业地域范围

报关员应当在一个报关单位执业。

报关企业及其跨关区分支机构的报关员，应当在所在报关企业或者跨关区分支机构的报关服务的口岸地或者海关监管业务集中的地点执业。进出口货物收发货人的报关员，可以在中华人民共和国关境内的各口岸地或者海关监管业务集中的地点执业。

(2) 报关员执业业务范围

1) 按照规定如实申报进出口货物的商品编码、实际成交价格、原产地及相应优惠贸易协定代码等，并办理填制报关单、提交报关单证等与申报有关的事宜。

2) 申请办理缴纳税费和退税、补税事宜。

3) 申请办理加工贸易合同备案、变更和核销及保税监管等事宜。

4) 申请办理进出口货物减税、免税等事宜。

5) 办理进出口货物的查验、结关等事宜。

6) 应当由报关单位办理的其他报关事宜。

2. 报关员的权利和义务

(1) 报关员有以下权利

1) 以所在报关单位名义执业，办理报关业务。

2) 向海关查询其办理的报关业务情况。

3) 拒绝海关工作人员的不合法要求。

4) 对海关对其作出的处理决定享有陈述、申辩、申诉的权利。

5) 依法申请行政复议或者提起行政诉讼。

6) 合法权益因海关违法行为受到损害的，依法要求赔偿。

7) 参加执业培训。

(2) 报关员应当履行以下义务

1) 熟悉所申报货物的基本情况，对申报内容和有关材料的真实性、完整性进行合理审查。

2) 提供齐全、正确、有效的单证，准确、清楚、完整填制海关单证，并按照规定办理报关业务及相关手续。

3) 海关查验进出口货物时，配合海关查验。

4) 配合海关稽查和对涉嫌走私违规案件的查处。

5) 按照规定参加直属海关或者直属海关授权组织举办的报关业务岗位考核。

6) 持《报关员证》办理报关业务，海关核对时，应当出示。

7）妥善保管海关核发的《报关员证》和相关文件。

8）协助落实海关对报关单位管理的具体措施。

3. 报关员执业禁止

报关员执业不得有以下行为：

1）故意制造海关与报关单位、委托人之间的矛盾和纠纷。

2）假借海关名义，以明示或者暗示的方式向委托人索要委托合同约定以外的酬金或者其他财物、虚假报销。

3）同时在2个或者2个以上报关单位执业。

4）私自接受委托办理报关业务，或者私自收取委托人酬金及其他财物。

5）将《报关员证》转借或者转让他人，允许他人持本人《报关员证》执业。

6）涂改《报关员证》。

7）其他利用执业之便谋取不正当利益的行为。

4. 报关员的海关记分考核管理

为了维护报关秩序，提高报关质量，规范报关员的报关行为，保证通关效率，海关总署制定了《中华人民共和国海关对报关员记分考核管理办法》（以下简称《海关对报关员记分考核管理办法》），自2005年1月1日起施行。该办法的颁布实施，是海关加强对报关员报关行为动态、实时监控的重要举措。

（1）计分考核管理的对象

《海关对报关员记分考核管理办法》规定，本办法适用于取得报关从业资格，并按照规定程序在海关注册登记，持有报关员证件的报关员。

（2）计分考核管理的范围

《海关对报关员记分考核管理办法》规定，海关对出现报关单填制不规范、报关行为不规范，以及违反海关监管规定或者有走私行为未被海关暂停执业、撤销报关从业资格的报关员予以记分、考核。

（3）计分考核管理的性质

海关对报关员的记分考核管理从性质上讲是一种教育和管理措施，而不是行政处罚。海关对记分达到一定分值的报关员实行岗位考核管理，目的是督促其增强遵纪守法意识，提高自身业务水平。海关通过对报关员记分计满至考核合格前，中止其报关员证效力、不再接受其办理报关手续的方式，来督促报关员履行义务。

报关员因为向海关工作人员行贿或有违反海关监管规定、走私行为等其他违法行为，由海关处以暂停执业、取消报关从业资格处罚的，不适用于《海关对报关员记分考核管理办法》，而应按照《海关行政处罚实施条例》等规定处理。

（4）计分考核管理的部门

海关企业管理部门负责对报关员记分考核的职能指导、日常监督管理以及相关协调工作。

（5）报关员记分考核的分值档次

海关对报关员的记分考核，依据其报关单填制不规范、报关行为不规范的程度和行为性质，一次记分的分值分为 1 分、2 分、5 分、10 分、20 分、30 分六个分值档次。

（6）报关员记分考核的具体情形

1）记 1 分的情形。

有下列情形之一的，记 1 分：

① 电子数据报关单的有关项目填写不规范，海关退回责令更正的。

② 在海关签印放行前，因为报关员原因造成申报差错，报关单位向海关要求修改申报单证及其内容，经海关同意修改，但未对国家贸易管制政策的实施、税费征收及海关统计指标等造成危害的。

③ 未按照规定在纸质报关单及随附单证上加盖报关专用章及其他印章或者使用印章不规范的。

④ 未按照规定在纸质报关单及随附单证上签名盖章或者由其他人代表签名盖章的。

2）记 2 分的情形。

有下列情形之一的，记 2 分：

① 在海关签印放行前，因为报关员填制报关单不规范，报关单位向海关申请撤销申报单证及其内容，经海关同意撤销，但未对国家贸易管制政策的实施、税费征收及海关统计指标等造成危害的。

② 海关人员审核电子数据报关单时，要求报关员向海关解释、说明情况、补充材料或者要求提交货物样品等有关内容的，海关告知后报关员拒不解释、说明、补充材料或者拒不提供货物样品等有关内容，导致海关退回报关单的。

3）记 5 分的情形。

有下列情形之一的，记 5 分：

① 报关员自接到海关“现场交单”或者“放行交单”通知之日起 10 日内，没有正当理由，未按照规定持打印出的纸质报关单，备齐规定的随附单证，到货物所在地海关递交书面单证并办理相关海关手续，导致海关撤销报关单的。

② 在海关签印放行后，因为报关员填制报关单不规范，报关单位向海关申请修改或者撤销报关单（因出口更换舱单除外），经海关同意且不属于走私、偷逃税等违法违规性质的。

③ 在海关签印放行后，海关发现因为报关员填制报关单不规范，报关单币值或者价格填报与实际不符，且两者差额在 100 万元人民币以下；数量与实际不符，且有四位数以下差值，经海关确认不属伪报但影响海关统计的。

4）记 10 分的情形。

有下列情形之一的，记 10 分：

① 出借本人报关员证件、借用他人报关员证件或者涂改报关员证件内容的。

② 在海关签印放行后，海关发现因报关员填制报关单不规范，报关单币值或者价格填报与实际不符，且两者差额在 100 万元人民币以上；数量与实际不符，且有四位数以上差值经海关确认不属伪报的。

5）记 20 分的情形。

因为违反海关监管规定行为被海关予以行政处罚，但未被暂停执业、取消报关从业资格的，记 20 分。

6）记 30 分的情形。

因为走私行为被海关予以行政处罚，但未被暂停执业、取消报关从业资格的，记 30 分。

（7）计分考核管理的救济

报关员对记分的行政行为有异议的，应当自收到电子或纸质告知单之日起 7 日内向作出该记分行政行为的海关部门提出书面申辩；海关应当在接到申辩申请 7 日内作出答复，对记分错误的应当及时予以更正。报关员对答复不服的，可以依照《中华人民共和国行政复议法》、《中华人民共和国行政诉讼法》的规定提起行政复议或者行政诉讼。

（8）岗位考核

记分达到 30 分的报关员，海关中止其报关员证效力，不再接受其办理报关手续。报关员应当参加注册登记地海关的报关业务岗位考核，经岗位考核合格之后，方可重新上岗。

报关员记分已达 30 分，拒不参加考核的，直属海关可以将报关员的姓名及所在单位等情况对外公告。

五、 报关员的海关法律责任

报关员在报关活动中，违反《海关法》和相关法律、行政法规的，由海关或其他部门给予相应的处理和行政处罚，构成犯罪的，依法移送司法部门机关追究其刑事责任。

报关员违反海关监管规定的行为及其处罚如下：

1）报关员因工作疏忽或在代理报关业务中因对委托人所提供情况的真实性未进行合理审查，致使发生进出口货物品名、税则号列、数量、规格、价格、贸易方式、原产地、启运地、运抵地、最终目的地或者其他应当申报的项目未申报或者不实的，海关可以暂停其 6 个月以内报关执业；情节严重的，取消其报关从业资格。

2）报关员被海关暂停其报关执业，恢复从事有关业务后 1 年内再被暂停报关执业的，海关可以取消其报关从业资格。

3）报关员非法代理他人报关或者超出海关准予的从业范围进行报关活动的，责令改正，处 5 万元以下罚款，暂停其 6 个月以内报关执业；情节严重的，取消其报关从业资格。

4）报关员向海关工作人员行贿的，取消其报关从业资格，并处 10 万元以下罚款；构成犯罪的，依法追究刑事责任，并不得重新取得报关员从业资格。

5）提供虚假资料骗取海关注册登记、报关从业资格的，撤销其注册登记、取消其报关从业资格，并处 30 万元以下罚款。

6）报关员有下列情形之一的，海关予以警告，责令其改正，并可以处人民币 2000 元以下罚款：

① 有报关员执业禁止行为的。

② 报关员海关注册内容发生变更，未按照规定向海关办理变更手续的。

海关对于未取得报关从业资格从事报关业务的，予以取缔，没收违法所得，可以并处 10 万元以下罚款。

本章学习路径

本章包括四方面内容：①海关的基本概况；②报关的基本概述；③报关单位的分类及其注册登记制度；④报关员的执业要求。其汇总如下：

- 海关的基本概况
  - 海关的管理体制与机构
  - 海关的性质与任务
  - 海关的权力
- 报关的基本概述
  - 报关的含义
  - 报关的分类
  - 报关的基本内容
- 报关单位的分类及其注册登记制度
  - 报关企业
    - 报关企业注册登记许可
    - 报关企业注册登记许可程序
    - 报关企业跨关区分支机构注册登记许可
    - 报关企业及其跨关区分支机构注册登记许可期限
    - 报关企业的注册登记
    - 报关企业的报关行为规则
  - 进出口货物收发货人
    - 进出口货物收发货人的注册登记
    - 进出口货物收发货人的报关行为规则

报关员的执业要求：
- 报关员资格
- 报关员的概念
- 报关员注册
- 报关员执业范围
- 报关员权利和义务
- 报关员执业禁止
- 报关员计分考核制度

复习与思考

一、名词解释

1. 报关
2. 报关单位
3. 报关员

二、问答题

1. 海关的权力主要有哪些？
2. 如何理解海关四大基本任务之间的关系？
3. 简述不同报关对象的报关基本内容。
4. 什么是报关活动相关人，其相应的责任义务是什么？
5. 成立报关企业应具备的条件是什么？
6. 报关员应当履行哪些义务？

三、操作题

林某于2005年7月大学毕业后，在某家外贸公司负责报关联系工作，2006年报名参加当年全国报关员资格考试，2007年2月15日从海关公布的名单中得知成绩合格。请问：

1）林某应在获知成绩合格之日起多长时间内向原报名海关申请报关员资格？申请时应当提交哪些材料？

2）若林某被某A外贸公司录用，该公司应向海关提交哪些资料、办理哪些手续后林某才能代表公司开展报关业务？

3）林某办理报关注册手续后其报关的有效期为多长？

4）林某能否代表A外贸公司属下的B子公司办理报关业务？为什么？

知识扩充

我国的直属海关

目前我国共有41个直属海关（港、澳、台除外），它们是：北京海关、天津海关、石家庄海关、太原海关、满洲里海关、呼和浩特海关、沈阳海关、大连海关、长春海关、哈尔滨海关、上海海关、南京海关、杭州海关、宁波海关区、合肥海关、福州海关、厦门海关、南昌海关、青岛海关、郑州海关、武汉海关、长沙海关、广州海关、黄埔海关、深圳海关、拱北海关、汕头海关、海口海关、湛江海关、江门海关、南宁海关、成都海关、重庆海关、贵阳海关、昆明海关、拉萨海关、西安海关、乌鲁木齐海关、兰州海关、银川海关、西宁海关。它们分布在全国30个省、自治区、直辖市。

第七章　报关与对外贸易管制

导　读

改革开放以来，我国一直采取各种措施鼓励开展对外贸易，从事对外经济、科技、文化交流。为了维护对外贸易秩序，促进对外经济贸易和科技文化交流，保障社会主义现代化建设，我国颁布了一系列对外贸易管制的法律、行政法规、部门规章，确立了对外贸易经营者管理、出入境检验检疫、外汇管理等制度，制定了有关进出口禁止、限制、自动许可、反倾销、反补贴，以及进出口收付汇核销等措施。

第一节　对外贸易管制概述

一、对外贸易管制的含义和目的

1. 对外贸易管制的含义

对外贸易管制即对外贸易的国家管制，是指一国政府从国家的宏观经济利益、国内外政策需要以及为履行所缔结或加入国际条约的义务出发，为对本国的对外贸易活动实现有效的管理而颁布实行的各种制度以及所设立相应机构及其活动的总称。

2. 对外贸易管制的含义和目的

首先，实行对外贸易管制主要是为了保护本国经济利益，发展本国经济。

其次，有时出于政治上或军事上的考虑，在某一特定时间对不同国家或不同商品实行对外贸易管制，则也可以达到推行本国外交政策的目的。

另外，由于对外贸易管制措施可以涉及一国的经济发展、自然资源、国民人身安全等各个方面，所以它也是一国行使国家管理职能的重要手段。

二、我国对外贸易管制制度的主要内容

我国的对外贸易管制制度是由进出口许可制度、对外贸易经营者管理制度、出入境检验检疫制度、进出口货物收付汇管理制度、对外贸易救济措施以及海关监管和其他有关的管理制度组成的。

三、我国对外贸易管制目标的实现

国家对外贸易管制的目标是以对外贸易管制法律法规为保障，依靠政府有效的行政管理手段来实现的。

1. 我国对外贸易管制的法律体系

我国已基本建立了以《对外贸易法》为核心的对外贸易管制的法律体系，并依照这些法律、行政法规、部门规章和我国履行国际公约的有关规定，自主实行对外贸易管制。

由于对外贸易管制是一种国家管制，其所涉及的法律渊源（见表 7.1）包括：

1）全国人大及其常委会制定的相关法律。

2）国务院制定的相关行政法规。

3）商务部、卫生部等部委制定的相关部门规章。

表 7.1 对外贸易管制主要法律依据（国内渊源）

管理制度	法律依据
货物、技术进出口许可管理制度	《刑法》、《对外贸易法》、《货物进出口管理条例》、《技术进出口管理条例》、《货物出口许可证管理办法》、《货物自动进口许可管理办法》、《货物自动进口许可管理办法》
对外贸易经营者管理制度	《对外贸易法》、《对外贸易经营者备案登记办法》
出入境检验检疫制度	《进出口商品检验法》及其实施条例、《进出境动植物检疫法》及其实施条例、《国境卫生检疫法》及其实施细则、《食品卫生法》
进出口货物收、付汇管理制度	《外汇管理条例》、《出口收汇核销管理办法》、《贸易进口付汇核销监管暂行办法》
对外贸易救济措施	《对外贸易法》、《反倾销条例》、《反补贴条例》、《保障措施条例》
濒危物种进出口管理	《森林法》、《野生动物保护法》以及《野生动物保护条例》、《濒危野生动植物进出口管理条例》
进出口药品管理	《药品管理法》、《精神药品管理办法》
进口废物管理	《固体废物污染环境防治法》、《废物进口环境保护管理暂行规定》
黄金及其制品进出口管理	《金银管理条例》
音像制品进口管理	《音像制品管理条例》、《音像制品进口管理办法》
化学品首次进境及有毒化学品管理	《化学品首次进口及有毒化学品环境管理规定》
进出口农药管理	《农药管理条例》
兽药进口管理	《进口兽药管理办法》

4）相关的国际条约：

① 我国加入世界贸易组织所签订的有关双边或多边的各类贸易协定。

②《关于简化和协调海关业务制度的国际公约》（《京都条约》）。

③《濒危野生动植物种国际贸易公约》（《华盛顿公约》）。

④《关于消耗臭氧层物质的蒙特利尔议定书》。

⑤ 关于麻醉品和精神药物的国际公约。

⑥《关于化学品国际贸易资料交换的伦敦准则》。

⑦《关于在国际贸易中对某些危险化学品和农药采用事先知情同意程序的鹿特丹公约》。

⑧《控制危险废物越境转移及其处置的巴塞尔公约》。

⑨《建立世界知识产权组织公约》。

2. 海关监管是实现对外贸易管制的重要手段

《海关法》规定："国家对进出境货物、物品、有禁止性或限制性规定的，海关依据法律、行政法规、国务院的规定或者国务院有关部门依据法律、行政法规授权作出的规定实施监管。"

海关作为国家进出关境的监督管理机关，依据《海关法》赋予的权力，代表国家行使进出境管理职能，通过对进出口货物和技术的监管来实现国家各项对外贸易管制目标。

在国家进出口贸易管制过程中，首先由国家商务主管部门及其他行业主管部门依据国家贸易管制政策发放各类许可证件，最终由海关依据许可证件及其他单证（报关单、提单、发票等）对实际进出口货物的合法性实施监督管理。只有"单、证、货"互为相符，对于进出口受国家贸易管制的货物，海关才可放行。

3. 报关是实现海关监管的必要环节

按照《海关法》的规定，进出口货物、物品的收发货人或代理人应当向海关如实申报，交验进出口许可证件和有关单证。国家限制进出口的货物，没有进出口许可证件的，不予放行。因此，报关不仅是进出口货物、物品的收发货人或代理人必须履行的手续，也是海关确认进出口货物合法性的先决条件。

4. 国家各行政部门的通力合作是实现对外贸易管制的重要保证

对外贸易的国家管制作为一项综合制度，是需要建立在国家各行政管理部门之间合理分工的基础上，通过各尽其责的通力合作来实现的。缺少国家各行政管理部门之间的通力合作，任何对外贸易管制政策都不能充分发挥其效力。

第二节　我国货物、技术进出口许可管理制度

进出口许可制度是国家对进出口的一种行政管理制度，既包括准许进出口有关证件的审批和管理制度本身的程序，也包括以国家各类许可为条件的其他行政管理手续。货物、技术进出口许可管理制度是我国进出口许可管理制度的主体，其管理范围主要包括以下几个方面。

一、禁止进出口管理

1. 禁止进口管理

对列入国家公布的禁止进口目录以及其他法律、法规明令禁止或停止进口的货物、

技术，任何对外贸易经营者不得经营进口。

(1) 禁止进口货物管理规定

我国政府明令禁止进口的货物主要包括：

1) 列入《禁止进口货物目录》的商品。目前我国公布的《禁止进口货物目录》共六批：

①《禁止进口货物目录》第一、六批是为保护我国的自然生态环境和生态资源而发布的，例如国家禁止进口属于破坏臭氧层物质的四氧化碳。

②《禁止进口货物目录》第二批为旧机电产品类，是国家对涉及生产安全（压力容器类）、人身安全（电器、医疗设备类）和环境保护（汽车、工程及车船机械类）的旧机电产品实施的禁止进口管理。

③《禁止进口货物目录》第三、第四、第五批，所涉及的是对环境有污染的固体废物类，如城市垃圾、医疗废物等。

2) 国家有关法律法规明令禁止进口的商品。例如：依据《中华人民共和国进出境动植物检疫法》，对来自疫区的或不符合我国卫生标准的动物或动物产品禁止进口。

3) 其他，例如停止进口属右置方向盘的汽车。

(2) 禁止进口技术管理

根据《对外贸易法》，《技术进出口管理条例》以及《禁止进口限制进口技术管理办法》的有关规定，国务院商务主管部门会同国务院有关部门，制定、调整并公布禁止进口的技术目录。属于禁止进口技术的，不得进口。

目前《中国禁止进口限制进口技术目录》（第一批）列明了 11 个技术领域的 26 项技术是禁止进口的，其中涉及钢铁冶金技术、有色金属冶金技术、化工技术、石油炼制技术等。

2. 禁止出口管理

对列入国家公布的禁止出口目录以及其他法律、法规明令禁止或停止出口的货物、技术，任何对外贸易经营者不得经营出口。

(1) 禁止出口货物管理

我国政府明令禁止出口的货物主要包括：

1) 列入《禁止出口货物目录》的商品。目前我国公布的《禁止出口货物目录》共四批：

①《禁止出口货物目录》第一、三批，是为保护我国的自然生态环境和生态资源而发布的，例如国家禁止出口属于世界濒危物种管理范畴的犀牛角和虎骨。

②《禁止出口货物目录》第二批，主要是为了保护我国的森林资源，防止乱砍滥伐而发布的，例如说禁止出口木炭。

③ 从 2007 年 3 月 1 日起恢复禁止天然砂出口管理措施。《禁止出口货物目录》第

四批涉及两个商品编码：250 510 000（硅砂及石英砂）和 250 590 000（其他）。

2）国家有关法律法规明令禁止出口的商品，例如依据《中华人民共和国野生植物保护条例》，禁止出口未定名的或者新发现的并有重要价值的野生植物。

3）其他，例如禁止出口劳改产品等。

(2) 禁止出口技术管理

主要包括：根据《对外贸易法》、《技术进出口管理条例》以及《禁止出口限制出口技术管理办法》的有关规定，国务院商务主管部门会同国务院有关部门，制定、调整并公布禁止出口的技术目录。属于禁止出口技术的，不得出口。

目前《中国禁止出口限制出口技术目录》禁止出口部分列明了 25 个技术领域的 31 项技术是禁止出口的，其中涉及核技术、测绘技术、地质技术、药品生产技术等。

二、限制进出口管理

国务院商务主管部门会同国务院有关部门，依照我国《对外贸易法》的规定制定、调整并公布限制进出口货物、技术目录。海关依法对限制进出口目录货物、技术实施监督管理。

1. 限制进口管理

(1) 限制进口货物管理

有我国《对外贸易法》第十六条第（一）、（四）、（五）、（六）、（七）项规定情形之一的货物，均由国家实行限制进口。其他法律、行政法规规定限制进口的，依照其规定。目前，我国限制进口货物管理按照其限制形式划分为许可证件管理和关税配额管理两种。

1）许可证件管理。许可证件管理是指在一定时期内根据国内政治、工业、农业、商业、军事、技术、卫生、环境保护、资源保护等领域的需要，以及为履行我国所加入或缔结的有关国际条约的规定，以经国家各主管部门签发许可证件的方式来实现各类限制进口的措施。许可证件管理主要包括进口许可证、濒危物种进口、可利用废物进口、药品进口、音像制品进口、黄金及其制品进口等管理。

2）关税配额管理。关税配额管理是指一定时期内（一般是一年），国家对部分商品的进口制定关税配额率并规定该商品进口数量总额，在限额内，经国家批准后允许按照关税配额率征税进口，如超过限额则按照配额外税率征税进口的措施。一般情况下，关税配额税率优惠幅度很大，有的商品如小麦，税率相差达 65 倍。

实行关税配额管理的进口货物目录，由国务院商务主管部门会同国务院有关经济

管理部门制定、调整并公布。进口经营者凭进口配额管理部门发放的关税配额证明，向海关办理关税配额内货物的报关验放手续。

（2）限制进口技术管理

根据《中华人民共和国技术进出口管理条例》的规定，属于限制进口的技术，实行许可证管理；未经许可，不得进口。国务院商务主管部门会同国务院有关部门，制定、调整并公布限制进口的技术目录。

2. 限制出口管理

（1）限制出口货物管理

限制出口的货物目录由国务院外经贸主管部门会同国务院有关部门制定、调整并公布。

国家规定有数量限制的限制出口货物，实行配额管理；其他限制出口货物，实行许可证管理。实行配额管理的限制出口货物，由国务院商务主管部门和国务院有关经济管理部门按照国务院规定的职责划分进行管理。目前，我国货物限制出口按照其限制方式划分为出口配额限制和出口非配额限制。

1）出口配额限制。出口配额限制是指国家对商品的出口数量直接或间接加以限制的措施。配额可以通过直接分配的方式分配，也可以通过招标等方式分配。我国出口配额限制分为出口配额许可证管理（直接分配）和出口配额招标管理两种管理方式。

① 出口配额许可证管理。出口配额许可证管理是国家对部分重要商品的出口，在一定时期内（一般是1年）规定数量总额，经国家批准获得配额的允许出口，否则不准出口的配额管理措施。

出口配额许可证管理是通过直接分配的方式由国务院商务主管部门或者国务院有关部门在各自的职责范围内根据申请者需求，结合其进出口实绩、能力等条件，按照效益、公正、公开和公平竞争的原则进行分配。国务院各配额主管部门对经申请有资格获得配额的申请者发放各类配额证明。申请者取得配额证明后，到国务院商务主管部门及其授权发证机关，凭配额证明申领出口许可证。出口经营者凭出口许可证向海关办理报关验放手续。

② 出口配额招标管理。出口配额招标管理是国家对部分商品的出口在一定时期内（一般为1年）规定一个数量总额，采取招标分配的原则，经招标获得配额的允许出口，否则不准出口的配额管理措施。

国家各配额主管部门对中标者发放各类配额证明。中标者取得配额证明后，到国务院商务主管部门及其授权发证机关，凭配额证明申领出口许可证，再凭出口许可证办理通关、外汇核销等出口手续。

2）出口非配额限制。出口非配额限制是指以国家各主管部门签发许可证件的方式来实现的各类限制出口措施。其目的与上述措施基本相同，都是为了满足现阶段国内

政治、军事、技术、卫生、环保、资源保护等领域的需要，或者为履行我国所加入或缔结的有关国际条约的规定。

非配额限制管理主要涉及对进出口货物品种的限制。目前我国非配额限制管理主要包括出口许可证、濒危物种出口等许可管理。

限制进出口货物管理简图见下图。

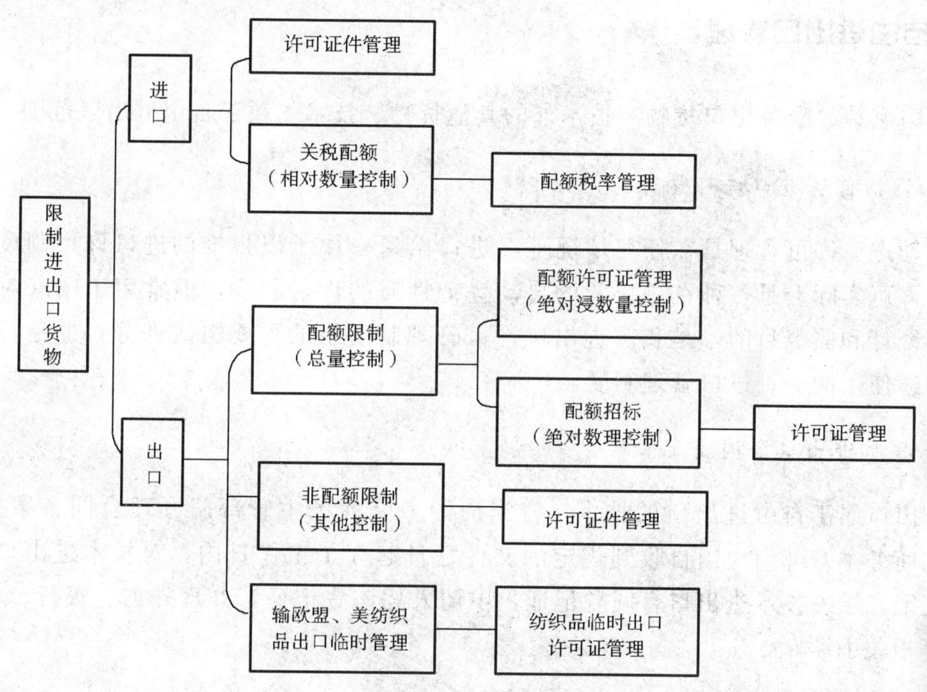

限制进出口货物管理简图

（2）限制出口技术管理

根据《对外贸易法》、《中华人民共和国技术进出口管理条例》以及与出口核技术、核两用品相关技术、监控化学品生产技术、军事技术等出口管制技术相关的行政法规的规定，限制出口技术实行目录管理。国务院商务主管部门会同国务院有关部门，制定、调整并公布限制出口的技术目录。属于限制出口的技术，实行许可证管理；未经许可，不得出口。

出口属于限制出口的技术，应当向国务院商务主管部门提出申请。国务院商务主管部门收到技术出口申请后，应当会同国务院科技管理部门对申请出口的技术进行审查，并在规定时间内作出批准或者不批准的决定。

技术出口申请经批准的，由国务院外经贸主管部门发给技术出口许可意向书。申请人取得技术出口许可意向书后，方可对外签订技术出口合同。申请人签订技术出口合同后，应当向国务院外商务主管部门提交相关文件，申请技术出口许可证。国务院

商务主管部门对技术出口合同的真实性进行审查，对技术出口作出许可或者不许可的决定。技术出口经许可的，由国务院商务主管部门颁发技术出口许可证。

经许可的技术出口合同，合同的主要内容发生变更的，应当重新办理许可手续。经许可的技术出口合同终止的，应当及时向国务院商务主管部门备案。

三、自由进出口管理

除国家禁、限进出口货物、技术外的其他货物、技术均属于自由进出口范围。

1. 货物自动进口许可管理

自动进口许可管理是在任何情况下对进口申请一律予以批准的进口许可制度。这种进口许可实际上是一种在进口前的自动登记性质的许可制度，通常用于国家对这类货物的统计和监督目的，是我国进出口许可管理制度中的重要组成部分，也是目前被各国普遍使用的一种进口管理制度。

2. 技术进出口合同登记管理

进出口属于自由进出口的技术，应当向国务院商务主管部门办理合同备案登记，国务院商务主管部门应当自收到规定的文件之日起 3 个工作日内，对技术进出口合同进行登记，颁发技术进出口合同登记证，申请人凭该登记证，办理外汇、银行、税务、海关等相关手续。

第三节　其他贸易管制制度

一、对外贸易经营者管理制度

1. 概述

为促进对外贸易发展，根据《中华人民共和国对外贸易法》的有关规定，国务院商务主管部门和相关部门通过制定相关的法律、行政法规、部门规章，用以规范对外贸易经营者在对外贸易经营活动中的行为。我国对外贸易经营者管理制度也由此形成。

我国目前对对外贸易经营者的管理实行备案登记制，即法人、其他组织或者个人在从事对外贸易经营前，必须按照国家的有关规定，依法定程序在国务院商务主管部门备案登记，取得对外贸易经营资格后，方可在国家允许的范围内从事对外贸易经营活动。

商务部是全国对外贸易经营者备案登记工作的主管部门。根据商务部发布的《对外贸易经营者备案登记办法》，从事货物、技术进出口的对外贸易经营者，应当向商务

部或商务部委托的机构办理备案登记（法律、行政法规和商务部规定不需要备案登记的除外）。对外贸易经营者未按规定办理备案登记的，海关不予办理进出口的报关验放手续。

2. 国有贸易

国有贸易是指由特定企业或其他组织代表国家所从事的部分重要商品的进出口贸易活动，其目的是国家通过对进出口经营范围的管理，使国家能够对关系国计民生的重要进出口商品实行有效的宏观管理。

对国有贸易的管理主要通过两个途径：

1）具体限定由国家经营进出口的货物范围。国务院商务主管部门会同国务院其他有关部门确定、调整并公布实行国有贸易管理的货物的目录。

2）具体规定从事国有贸易的经营主体。实行国有贸易管理货物的进出口业务只能由经授权的企业经营（国家允许部分数量的国有贸易管理货物的进出口业务由非授权企业经营的除外）。国务院商务主管部门会同国务院其他有关部门确定、调整并公布经授权企业的目录。对未经批准擅自进出口实行国有贸易管理的货物的，海关不予放行。

二、出入境检验检疫制度

出入境检验检疫制度是指由国家出入境检验检疫部门依照我国有关法律和行政法规以及我国政府缔结或参加的国际条约、协定，对出入我国国境的货物及其包装物、物品及其包装物、交通运输工具、运输设备和进出境人员实施检验检疫监管的法律依据和行政手段的总和。其主管部门是国家质量监督检验检疫总局。

我国出入境检验检疫制度包括：进出口商品检验制度、进出境动植物检疫制度和国境卫生监督制度。

1. 进出口商品检验

我国实行进出口商品检验制度的目的是为了保证进出口商品的质量，维护对外贸易有关各方的合法权益，促进对外经济贸易关系的顺利发展。其主要内容包括检查商品的质量、规格、数量、重量、包装以及是否符合安全、卫生要求。

2. 进出境动植物检疫

我国实行进出境检验检疫制度的目的是为了防止动物传染病，寄生虫病和植物危险性病，虫、杂草以及其他有害生物传人、传出国境，保护农、林、牧、渔业生产和人体健康，促进对外经济贸易的发展。其主要内容包括对进出境动植物、动植物产品

的生产、加工、存放过程进行检疫。

3. 国境卫生监督

我国实行国境卫生监督制度是为了防止传染病由国外传入或者由国内传出，实施国境卫生检疫，保护人体健康。其主要内容包括在进出口口岸对出入境的交通工具、货物、运输容器以及口岸辖区的公共场所、环境、生活设施、生产设备所进行的卫生检查、鉴定、评价和采样检验，见表7.2。

表7.2 进出口商品检验、进出境动植物和检疫国境卫生检疫的区别

项　目	法律依据	检查范围和重点	检验机构	检查要求
进出口商品检验	《中华人民共和国进出口商品检验法》及其实施条例	商品的质量、规格、数量、重量、包装以及是否符合安全、卫生要求	出入境检验检疫机构中的商检部门	①法定检验；②由当事人自行决定（非法定检验）
进出境动植物检疫	《中华人民共和国进出境动植物检疫法》及其实施条例	进出境动植物可能具有或已经具有的传染病、寄生虫和可能携带的有害生物	出入境检验检疫机构中的动植物检疫部门	法定检验
国境卫生检疫	《中华人民共和国国境卫生检疫法》及其实施细则	出入境的交通工具、货物、运输容器以及口岸辖区的公共场所、环境、生活设施、生产设备的卫生检查、鉴定、评价和采样检验	出入境检验检疫机构中的卫生检疫部门	法定检验

三、进出口货物收、付汇管理制度

对外贸易经营者在对外贸易经营活动中，应当依照国家的外汇管理制度结汇、用汇。进出口货物收付汇管理是我国外汇管理的主要手段。

1. 出口收汇管理

我国对出口收汇管理采取的是外汇核销形式。其具体做法是：国家外汇管理局制发《出口外汇核销单》，由货物的发货人或其代理人填写，海关凭此接受报关，外汇管理部门凭海关签注的出口外汇核销单和出口货物报关单出口收汇核销联及其相关电子数据核销收汇。

2. 进口付汇管理

我国对进口付汇管理采取的也是外汇核销形式。其具体做法是：进口企业在进口付汇前需向付汇银行申请国家外汇管理局统一制发的《贸易进口付汇核销单》凭以办理付汇。货物进口后，进口单位（或其代理人）凭盖有海关出具的“报关单进口付汇证明联”及其相关电子数据向外汇管理局指定银行办理核销付汇。

四、 对外贸易救济措施

世界贸易组织允许成员方在进口产品倾销、补贴和过激增长等给其国内产业造成损害的情况下，可以使用反倾销、反补贴和保障措施等来保护国内产业不受损害。反倾销、反补贴和保障措施都属于为世界各国所采用的贸易救济措施，主要目的是为了制约外国进口商品的恶意倾销，或者为了削弱那些因为受到其政府财政支持或经济资助而极具竞争力的外国进口商品，或者为了避免出现外国商品大量进口致使本国产品营销受阻。

1. 反倾销措施

反倾销措施包括临时反倾销措施和最终反倾销措施。

(1) 临时反倾销措施

临时反倾销措施是指进口方主管机构经过调查，初步认定被指控产品存在倾销，并对国内同类产业造成损害，据此可以依据世贸组织所规定的程序进行调查，在全部调查结束之前，采取临时的反倾销措施，以防止在调查期间国内产业继续受到损害。临时反倾销有两种形式：一是征收临时反倾销税，二是要求提供保证金、保函或者其他行使的担保。

临时反倾销实施的期限，自临时反倾销措施决定公告规定实施之日起，不超过4个月；特殊情况下可以延长至9个月。

(2) 最终反倾销措施

对终裁确定倾销成立，并由此对国内产业造成损害的，可以在正常海关税费之外征收反倾销税。

2. 反补贴措施

反补贴措施也分为临时反补贴措施和最终反补贴措施。

(1) 临时反补贴措施

进口方主管机构应国内相关产业的申请，对受补贴的进口产品进行反补贴调查。初裁确定补贴成立，并由此对国内产业造成损害的，可以采取临时反补贴措施。临时

反补贴采取以保证金或者保函作为担保的征收临时反补贴税的行式。

临时反补贴实施的期限，自临时反补贴措施决定公告规定实施之日起，不超过 4 个月。

(2) 最终反补贴措施

在磋商没有取得效果的情况下，终裁确定补贴成立并由此对国内产业造成损害的，可以征收反补贴税。

征收临时反倾销税、反倾销税、临时反补贴税和反补贴税，都由商务部提出建议，国务院关税税则委员会根据其建议作出决定，由商务部予以公告，海关自公告决定实施之日起执行。

3. 保障措施

保障措施是指进口国在进口激增并对国内相关产业造成严重损害或严重损害威胁时所采取的进口限制措施。保障措施针对的是公平贸易条件下的进口产品。

根据 WTO《保障措施协议》的规定，保障措施分为临时保障措施和最终保障措施。

(1) 临时保障措施

临时保障措施是指在有明确证据表明进口数量增加，将对国内产业造成难以补救的损害的紧急情况下，进口国与成员国之间可以不经过磋商而作出初裁决定，采取临时性保障措施。临时保障措施采取提高关税的形式。如果事后调查不能证实进口激增对国内有关产业已造成损害的，已征税的临时关税应当予以退还。

临时保障措施实施的期限：自临时保障措施决定公告规定实施之日起，不得超过 200 天，并且此期限计入保障措施总期限。

(2) 最终保障措施

最终保障措施可以采取提高关税、数量限制和关税配额等形式，但保障措施应当限于防止、补救严重损害并便利调整国内产业所必要的范围内。

保障措施实施的期限一般不超过 4 年必要情况下可延长期限，但保障措施全部期限（包括临时保障措施期限在内）不得超过 10 年。

4. 反倾销、反补贴和保障措施的异同

这三种贸易救济措施都是为了限制外国进口产品在本国市场上的不公平贸易或不公平竞争，防止本国市场受到进一步损害。与此同时，这三项措施各自所具有不同的功能又决定了它们相互之间存有某些不同之处。表 7.3 列出了它们之间的异同。

表 7.3　反倾销、反补贴和保障措施

项　目	适用对象	具体条件	具体实施形式	实施期限
反倾销	主要针对不公平贸易或不公平竞争	低价倾销造成实质性损害	1）临时反倾销措施：①征收临时反倾销税；②要求提供保证金、保函或其他形式的担保 2）最终反倾销措施	临时反倾销措施不超过4个月，可延长至9个月
反补贴	主要针对不公平贸易或不公平竞争	政府经济性补贴导致进口国家的同类产品及其生产行业受到损害	1）临时反补贴措施 2）最终反补贴措施	临时反补贴措施不超过4个月
保障	公平条件下数量猛增的进口产品	进口产品的数量激增极大地挤占了进口国家国内同类产品的市场份额，并且对于进口国家的相关生产行业造成不利影响	1）临时保障措施：提高关税 2）最终保障措施：①提高关税；②数量限制；③关税配额	临时保障措施200天，全部实施期限一般不超过4年，最长不得超过10年

第四节　我国贸易管制主要管理措施及报关规范

对外贸易管制作为一项综合制度，所涉及的管理规定繁多。本节介绍我国主要贸易管制的具体管理措施和报关规范。

一、　进出口许可证管理

1. 概述

进出口许可证管理是指由商务部或者会同国务院其他有关部门，依法制定并调整进出口许可证管理目录，以签发进出口许可证的形式对该目录商品实行的行政许可管理。

进出口许可证管理属于国家限制进出口管理范畴。商务部是全国进出口许可证的归口管理部门，负责制定进出口许可证管理办法及规章制度，监督检查进、出口许可证管理办法的执行情况，处罚违规行为。商务部会同海关总署制定、调整和发布年度《进口许可证管理货物目录》及《出口许可证管理货物目录》。

商务部授权配额许可证事务局统一管理、指导、全国各发证机构的进出口许可证签发工作，许可证局对商务部负责；许可证局及商务部驻各地特派员办事处和各省、

自治区、直辖市、计划单列市以及商务部授权的其他省会城市商务厅（局）、外经贸委（厅、局）为进出口许可证的发证机构，在许可证局的统一管理下，负责授权范围内签发“中华人民共和国进口许可证”或“中华人民共和国出口许可证”。

进出口许可证是国家管理货物进出口的凭证，不得买卖、转让、涂改、伪造和变造。凡属于进出口许可证管理的货物，除国家规定外，对外贸易经营者应当在进口或出口前按规定向指定的发证机构申领进出口许可证，海关凭进出口许可证接受申报和验放。

2. 适用范围及报关规范

（1）进口许可证

进口许可证适用于进口列入当年《进口许可证管理货物目录》的商品。

进口许可证的有效期为 1 年，当年有效。特殊情况需要跨年度使用时，有效期不得超过次年 3 月 31 日，逾期自行失效，海关不予放行。

进口许可证管理实行“一证一关”（“一证一关”指许可证只能在一个海关报关）管理。一般情况下，进口许可证为“一批一证”（“一批一证”指许可证在有效期内一次报关使用）。如要实行“非一批一证”（“非一批一证”指许可证在有效期内可多次报关使用），应当同时在进口许可证备注栏内打印“非一批一证”字样，但最多不超过 12 次，由海关在许可证背面“海关验放签注栏”内逐批签注核减进口数量。

对进口实行许可证管理的大宗、散装货物溢装数量按照国际贸易惯例办理，即报关进口的大宗、散装货物的溢装数量不得超过进口许可证所列进口数量的 5%。对不实行“一批一证”制的大宗、散装货物，在每批货物进口时，按其实际进口数量进行核扣，最后一批进口货物进口时，其溢装数量按该许可证实际剩余数量并在规定的溢装上限 5%内计算。

（2）出口许可证

出口许可证适用于出口列入当年《出口许可证管理货物目录》的商品。

出口许可证的有效期不得超过 6 个月。出口许可证需跨年度使用时，其有效期的截止日期不得超过次年 2 月底。出口许可证应当在有效期内使用，逾期自行失效，海关不予放行。

出口许可证管理实行“一证一关”制、“一批一证”制和“非一批一证”制。实行“非一批一证”制的，签发出口许可证时应在备注栏内注明“非一批一证”，但最多不超过 12 次，由海关在许可证的背面“海关验放签注栏”内逐批签注核减出口数量。

实行“非一批一证”制的货物包括外商投资企业出口许可证管理的货物、加工贸易及补偿贸易下出口许可证管理的货物、其他在《出口许可证管理货物目录》中规定实行“非一批一证”的出口许可证管理货物。

报关出口的大宗、散装货物的溢装数量不得超过出口许可证所列出口数量的5%。对不实行“一批一证”制的大宗、散装货物，每批货物出口时，按其实际出口数量进行核扣，最后一批出口货物出口时，其溢装数量按该许可证实际剩余数量并在规定的溢装上限5%内计算。

2007年实行出口许可证管理的货物有45种，包括消耗臭氧层物质以及活鸡、小麦、稀土、煤炭、成品油、锯材、棉花、汽车及其底盘、钢材、标准砂、铟、钼等商品。

案例分析7-1

案情简介

广州市某外商投资企业于2007年1月份与美国某公司以CIF条件签订一份出口一批自产自行车的合同，装运期为9月份，支付方式为即期信用证。问：

1）该企业应于何时向何部门申领出口许可证？申领时须提交哪些文件？

2）该出口许可证是配额许可证还是非配额许可证？

3）该许可证最多可使用多少次？为什么？

要点提示：

1）该企业应于3月1日至8月31日这段时间内向广州市对外贸易经济合作局申领出口许可证，因为出口许可证的有效为6个月，如果太早申请，会失效。申领时须提交《出口许可证申请表》和外商投资企业批准证书（复印件）。

2）该出口许可证是非配额许可证，见2007年《出口许可证管理货物目录》。

3）该许可证最多可使用12次。因为该企业为外商投资企业，其申领的出口许可证实行“非一批一证”制。

二、自动进口许可证管理

1. 概述

商务部根据监测货物进口情况的需要，对部分自由进口货物实行自动许可管理。商务部授权配额许可证事务局，商务部驻各地特派员办事处，各省、自治区、直辖市、计划单列市商务主管部门以及地方机电产品进出口机构负责自动进口许可货物管理和自动进口许可证的签发工作。目前涉及的管理目录是商务部公布的《自动许可管理货物目录》，对应的许可证件为“中华人民共和国自动进口许可证”。

2. 适用范围

(1) 自动进口许可证管理的商品范围

自动进口许可证管理适用于进口列入当年公布的《自动许可管理货物目录》中的商品。

(2) 自动进口许可证管理的贸易类别范围

进口列入自动进口许可管理货物目录的商品，在办理报关手续时须向海关提交自动进口许可证，但下列情形免交：

1) 加工贸易项下进口并复出口的（原油、成品油除外）。

2) 外商投资企业作为投资进口或者投资额内生产自用的（旧机电产品除外）。

3) 货样广告品、实验品进口，每批此价值不超过5000元人民币的。

4) 暂时进口的海关监管货物。

5) 进入我国保税区、出口加工区等海关特殊监管区域及进入保税仓库、保税物流中心的属自动进口许可管理的货物。

6) 国家法律法规规定其他免领自动进口许可证的。

3. 报关规范

1) 自动进口许可证有效期为6个月，但仅限公历年度内有效。

2) 自动进口许可证项下货物原则上实行“一批一证”管理，对部分货物也可实行“非一批一证”管理。对实行“非一批一证”管理的，在有效期内可以分批次累计报关使用，但累计使用不得超过6次；海关在自动进口许可证原件“海关验放签注栏”内批注后，海关留存复印件，最后一次使用后，海关留存正本。同一进口合同项下，收货人可以申请并领取多份自动进口许可证。

3) 海关对散装货物溢短装数量在货物总量正负5%以内的予以免证验放；对原油、成品油、化肥、钢材四种大宗货物的散装货物溢短装数量在货物总量正负3%以内的予以免证验放。对“非一批一证”进口实行自动进口许可管理的大宗散装商品，每批货物进口时，按其实际进口数量核扣自动进口许可证额度数量；最后一批货物进口时，其溢装数量按该自动进口许可证实际剩余数量并在规定的溢装上限内计算。

案例分析 7-2

案 情 简 介

深圳某进口公司欲以CIF价格条件从加拿大进口30公吨钢材，用以加工不锈钢制品销往国内市场。货物在盐田港国际集装箱码头申报入境。

问题

1）该进口公司在进口报关前须向深圳市贸易工业局申请签发什么证件？申请时须提交哪些资料？

2）该证件的有效期为多长？

3）该证件若实行“非一批一证”，最多可使用多少次？

4）若进口货物溢短装数量在货物总量正负百分之多少以内的予以免证验放？

要点提示

1）该进口公司在进口报关前须向深圳市贸易工业局申请签发自动进口许可证。申请时须提交：《对外贸易经营者备案登记表》；自动进口许可证申请表；货物进口合同。

2）该证件的有效期为6个月。

3）该证件若实行“非一批一证”，最多可使用6次。

4）海关对散装货物溢短装数量在货物总量正负5%以内的予以免证验放；对原油、成品油、化肥、钢材四种大宗货物的散装货物溢短装数量在货物总量正负3%以内的予以免证验放。

三、 纺织品出口临时管理

为规范纺织品出口经营秩序，根据我国《对外贸易法》和《行政许可法》，商务部于2006年9月18日发布了《纺织品出口管理办法》（暂行），对部分纺织品出口实行临时出口许可管理。

商务部负责全国纺织品出口临时管理工作，并会同海关总署和国家质监总局制订及调整《纺织品出口临时管理商品目录》。商务部授权许可证事务局统一管理、指导各地商务主管部门的《纺织品临时出口许可证》发证工作，授权各省、自治区、直辖市、计划单列市、新疆生产建设兵团及哈尔滨、长春、沈阳、南京、武汉、成都、广州、西安市商务主管部门负责本地区纺织品临时出口许可管理工作。国家质监总局根据商务部的建议，临时授权上述部门负责《管理商品目录》所列纺织品的原产地证书签发工作。

对外贸易经营者在出口《管理商品目录》所列的纺织品前，应当向当地商务主管部门办理临时出口许可审批手续，并申领许可证，凭许可证向海关办理报关验放手续。

1. 适用范围

1）出现下列情形之一的商品将列入管理商品目录：

① 有关国家或地区对我国实行限制的纺织产品。

② 双边协议规定需要临时进行数量管理的纺织产品。

目前公布的管理目录为《输欧盟纺织品出口临时商品管理目录》、《对美出口纺织品临时管理目录》。

2）纺织品临时出口许可管理适用于以下海关监管方式：一般贸易、易货贸易、来料加工装配贸易、补偿贸易、进料加工、保税工厂和其他贸易。

2. 报关规范

1）纺织品临时出口许可证实行“一批一证”、“一关一证”管理，在公历年度内有效，有效期为6个月，逾期作废。逾期未出口的，可以到原发证机构办理延期手续，最长延期不超过3个月。延期或更改许可证内容的，均应重新换发新证。

2）获得临时出口许可数量的经营者在临时出口许可数量有效期内未能全部使用的，应于许可年度的9月30日前将剩余数量通过各地商务主管部门向商务部上交。

3）出口样品的，对于每批商品数量不超过50件（含50件、套、双、千克或其他商品单位，不包括打、打双、打套、吨等计量单位）的，可免领纺织品临时出口许可证；但属于进口国海关要求凭许可证放行的，经营者应当在本企业可申请数量范围内向发证机构申领纺织品临时出口许可证。

4）实行临时出口许可管理的商品，经营者在办理临时出口许可证后，应向国家质监总局授权的临时发证机构申领纺织品原产地证书。发证机构凭许可证签发纺织品原产地证书。原产地证书与许可证的数量、金额等内容应完全一致。

5）纺织品临时出口许可证不得买卖、转让、涂改、伪造和变造。

四、 濒危物种进出口管理

为了挽救珍稀濒危动植物种，保护、发展和合理利用野生动植物资源，我国颁布了《森林法》、《野生动物保护法》以及《野生动物保护条例》等相关法律法规并颁布了物种保护目录。同时，我国也是《濒危野生动植物种国际贸易公约》的成员国，因此，我国进出口管理的濒危物种包括《濒危野生动植物种国际贸易公约》的成员国（地区）应履行保护义务以及保护我国珍稀物种而自主保护的物种。

濒危物种进出口管理是中华人民共和国濒危物种进出口管理办公室会同国家其他部门，依法制定和调整《进出口野生动植物种商品目录》并以签发“野生动植物国际贸易公约允许进出口证明书”（公约证明）、“中华人民共和国濒危物种进出口管理办公室野生动植物允许进出口证明书”（非公约证明）或“非《进出口野生动植物种商品目录》物种证明”（非公约证明）的形式对该目录列明的依法受保护的珍贵、濒危野生动植物及其产品实施的进出口限制管理。

凡进出口列入《进出口野生动植物种商品目录》的野生动植物或其产品，必须严格按照有关法律、行政法规的程序进行申报和审批，并在进出口前取得国家濒管办或

其授权的办事处签发的公约证明或非公约证明后向海关办理进出口手续。

1. 非公约证明的适用范围及报关规范

非公约证明用于列入《进出口野生动植物种商品目录》中属于我国自主规定管理的野生动植物及其产品的进出口通关，是用来证明对外贸易经营者合法进出口的证明文件。

向海关申报进出口列入《进出口野生动植物种商品目录》中属于我国自主规定管理的野生动植物及其产品，报关单位应主动向海关提交有效的非公约证明及其他有关单据。非公约证明实行“一批一证”制度。

2. 公约证明的适用范围及报关规范

公约证明用于列入《进出口野生动植物种商品目录》中属于《濒危野生动植物种国际贸易公约》成员国（地区）应履行保护义务的物种的进出口通关，是用来证明对外贸易经营者经营列入《进出口野生动植物种商品目录》中属于《濒危野生动植物种国际贸易公约》成员国（地区）应履行保护义务的物种合法进出口的证明文件。不论以任何方式进出口列入上述管理范围的野生动植物及其产品，均须事先申领公约证明。

向海关申报进出口列入《进出口野生动植物种商品目录》中属于《濒危野生动植物种国际贸易公约》成员国（地区）应履行保护义务的物种，报关单位应主动向海关提交有效的公约证明及其他有关单据。公约证明实行“一批一证”制度。

3. 非物种证明的适用范围及报关规范

由于受濒危管理的动植物种很多，认定工作的专业性很强，为使濒危物种进出口监管工作做到既准确又严密，海关总署和濒危物种进出口管理办公室共同商定，对海关无法认定的，由濒危物种进出口管理办公室制定机构进行认定并出具非物种证明，报关单位凭以办理报关手续。

非物种证明适用于未列入《进出口野生动植物种商品目录》的动植物物种的进出口，以及列入《目录》的非《濒危野生动植物种国际贸易公约》附录植物物种的进口。

五、 出入境检验检疫管理

我国出入境检验检疫管理实行统一的目录管理。国家国家质监总局根据对外贸易需要，公布并调整《出入境检验检疫机构实施检验检疫的进出境商品目录》。对列入该目录以及其他法律法规规定需要检验检疫的货物进出口时，货物所有人或其代理人在办理进出口通关手续前，必须向口岸检验检疫机关报检。海关凭口岸出入境检验检疫机构签发的“中华人民共和国检验检疫入境货物通关单”或“中华人民共和国检验检

疫出境货物通关单”验放。

1. 入境货物通关单的适用范围及报关规范

入境货物通关单适用于下列情况：

1）列入《法检目录》属于入境管理的商品。

2）美国、日本、韩国、欧盟输入的货物。

3）外商投资财产价值鉴定（受国家委托，为防止外商瞒骗对华投资额而对其以实物投资形式进口的投资设备的价值进行的鉴定）。

4）进口可再利用的废物原料。

5）旧机电产品进口备案。

6）入境货物运输设备。

7）其他未列入《法检目录》，但国家有关法律、行政法规明确由出入境检验检疫机构负责检验检疫的货物。

入境货物通关单“一批一证”制度，证面内容不得更改。

2. 出境货物通关单的适用范围及报关规范

出境货物通关单适用于下列情况：

1）列入《法检目录》属于出境管理的商品。

2）其他未列入《法检目录》，但国家有关法律、行政法规明确由出入境检验检疫机构负责检验检疫的货物。

出境货物通关单“一批一证”制度，证面内容不得更改。

六、 进出口药品管理

我国对进出口药品管理属于国家限制进出口管理范畴，实行分类和管理目录，以签发许可证件的形式对其进出口加以管制。目前我国公布的药品进出口管理目录有《进口药品目录》和《生物制品目录》、《精神药品管制品种目录》、《麻醉药品管制品种目录》。

1. 精神药品进出口许可证的适用范围及报关规范

国家食品药品监督管理局依据《中华人民共和国药品管理法》和国务院《精神药品管理办法》以及有关国际条约，制定和调整《精神药品管制品种目录》并以签发“精神药品进口准许证”及“精神药品出口准许证”的形式对目录商品实行进出口限制管理。

任何单位以任何贸易方式进出口列入《精神药品监制品种目录》的药品，不论用

于任何用途，均须事先申领精神药品进出口准许证，向海关办理报关手续。海关凭上述单证办理验放手续。

精神药品的进出口准许证仅限在该证注明的口岸海关使用，并实行“一批一证”制度，证面内容不得自行更改，如需更改，应到国家食品药品监督管理局办理换证手续。

2. 麻醉药品进出口准许证的适用范围及报关规范

国家药品监督管理部门依据《中华人民共和国药品管理法》和国务院《麻醉药品管理办法》以及有关国际条约，制定和调整《麻醉药品管制品种目录》并以签发“麻醉药品进口准许证”或“麻醉药品出口准许证”的形式对该目录商品实行进出口限制管理。

麻醉药品进出口准许证适用于进出口列入《精神药品监制品种目录》的麻醉药品。《麻醉药品管制品种目录》所列药品进出口时，货物所有人或代理人在办理进出口报关手续前，均须取得国家食品药品监督管理局核发的麻醉药品进出口准许证向海关办理报关手续。海关凭上述单证办理验放手续。

麻醉药品的进出口准许证仅限在该证注明的口岸海关使用，并实行“一批一证”制度。

3. 进口药品通关单的适用范围及报关规范

进口药品通关单是国家针对一般药品，即除上述特殊用途药品外的其他药品的进口管理批件。

报关单位向海关申报进口列入《进口药品目录》中的药品，无论是以何种贸易方式进口，均应主动向海关提交有效的进口药品通关单及其他有关单据。进口药品通关单仅限在该单注明的口岸海关使用，实行“一批一证”制度，证面内容不得自行更改。

七、 两用物项和技术进出口许可证管理

两用物项和技术是指《中华人民共和国核出口管制条例》、《中华人民共和国核两用品及相关技术出口管制条例》、《中华人民共和国导弹及相关物项和技术出口管制条例》、《中华人民共和国生物两用品及相关设备和技术出口管制条例》、《中华人民共和国监控化学品管理条例》、《中华人民共和国易制毒化学品管理条例》及《有关化学品及相关设备和技术出口管制办法》等行政法规所管制的相关物项和技术。

商务部是全国两用物项和技术进出口许可证的归口管理部门。

商务部委托商务部配额许可证事务局统一管理、指导全国各发证机构的两用物项和技术进出口许可证发证工作，许可证局对商务部负责。许可证局和商务部

委托的省级商务主管部门为两用物项和技术进出口许可证发证机构，省级商务主管部门在许可证局的统一管理下，负责委托范围内两用物项和技术进出口许可证的发证工作。

商务部会同海关总署制定和发布《两用物项和技术进出口许可证管理目录》。商务部和海关总署可以根据情况对《管理目录》进行调整，并以公告形式发布。

两用物项和技术进出口、过境，通运时，进出口经营者应当向海关出具有效的两用物项和技术进出口许可证，海关凭两用物项和技术进出口许可证接受申报并办理验放手续。

两用物项和技术进口许可证实行“非一批一证”制和“一证一关”制，同时在两用物项和技术进口许可证备注栏内打印“非一批一证”字样。两用物项和技术出口许可证实行“一批一证”制和“一证一关”制。同一合同项下的同一商品如需分批办理出口许可证，出口经营者应在申领时提供相关行政主管部门签发的相应份数的两用物项和技术出口批准文件。同一次申领分批量最多不超过十二批。

“一批一证”制的大宗、散装的两用物项在报关时溢装数量不得超过两用物项和技术出口许可证所列出口数量的5%。“非一批一证”制的大宗、散装两用物项，每批进口时，按其实际进口数量进行核扣，最后一批进口物项报关时，其溢装数量按该两用物项和技术进口许可证实际剩余数量并在规定的溢装上限5%内计算。

两用物项和技术进出口许可证有效期一般不超过一年，逾期自动失效，海关不予验放。两用物项和技术进出口许可证跨年度使用时，在有效期内只能使用到次年3月31日，逾期发证机构将根据原许可证有效期换发许可证。

八、 进口废物管理

进口废物管理是国务院环境保护行政主管部门根据《中华人民共和国固体废物污染环境防治法》和《废物进口环境保护管理暂行规定》等法律法规，对进口货物所施的禁止、限制以及自动许可措施的总和。

这里所称的废物是指《中华人民共和国固体废物污染环境防治法》管理范围内的废物，即在生产建设、日常生活和其他活动中产生的污染环境的固态、半固态废弃物质。

国家禁止进口不能用作原料的固体废物，对进口可以用做原料的固体废物实行限制管理。国家环境保护总局是进口废物的国家主管部门，会同国务院商务主管部门制定、调整并公布《限制进口类可用作原料的废物目录》及《自动进口许可管理类可用作原料的废物目录》，对未列入上述两目录的固体废物禁止进口。

适用范围及报关规范：

废物进口许可证适用于对外贸易经营列入《限制进口类可用作原料的废物目录》

及《自动进口许可管理类可用作原料的废物目录》的废物，是海关验放货物的重要依据。不论以何种方式进口列入上述管理范围的废物，均须事先申领废物进口许可证。

向海关申报进口列入《限制进口类可用作原料的废物目录》和《自动进口许可管理类可用作原料的废物目录》的废物，报关单位应相应主动向海关提交有效的“中华人民共和国限制进口类可用作原料的固体废物进口许可证”和“中华人民共和国自动许可类可用作原料的固体废物进口许可证”及口岸检验检疫机构出具的入境货物通关单及其他有关单据。

对未列入《限制进口类可用作原料的废物目录》及《自动进口许可管理类可用作原料的废物目录》或虽列入上述目录但未取得有效废物进口许可证的废物一律不得进口或存入保税仓库。

废物进口许可证实行“非一批一证”管理。

进口的废物不能转关（废纸除外），只能在口岸海关办理申报进境手续。

九、 黄金及其制品进出口管理

进出口黄金管理是指中国人民银行、商务部依据《中华人民共和国金银管理条例》等有关规定，对进出口黄金及其制品实施监督管理的行政行为。

黄金及其制品进出口管理属于我国进出口许可管理制度中限制进、出口管理范畴。中国人民银行总行为黄金及其制品进出口的管理机关。

出口黄金及其制品（包括黄金条、块、锭、粉，黄金铸币，黄金制品，黄金基合金制品，含黄金化工产品，含黄金废渣、废液、废料，包金制品，镶嵌金制品等），出口企业应事先向中国人民银行申领“黄金产品出口准许证”（加工贸易除外）；向海关申报出口时，报关单位应主动向海关提交有效的黄金产品出口准许证。

进口黄金及其制品，进口企业应事先向中国人民银行申领“中国人民银行授权书”（加工贸易除外）；向海关申报进口时，报关单位应主动向海关提交有效的中国人民银行授权书。中国人民银行授权书当年有效，跨年度作废。

十、 其他进出口管理

1. 音像制品进口管理

根据《海关法》、《音像制品管理条例》和《音像制品进口管理办法》的有关规定，对音像制品实行进口许可管制。文化部负责全国音像制品进口的监督管理工作，制定音像制品进口规划，审查音像制品的内容，确定音像制品成品进口经营单位的总量、布局和结构；县级以上地方人民政府行政部门依照《音像制品进口管理办法》负责本

行政区域内的进口音像制品的监督管理工作；各级海关在其职责范围内负责音像制品进口的监督管理工作。

由文化部指定的单位才能经营音像制品成品的进口业务，未经文化部指定，任何单位或者个人不得从事音像制品成品的进口业务。图书馆、音像资料馆、科研机构、学校等单位进口供研究、教学参考的音像制品成品，应当委托文化部指定的音像制品成品进口经营单位报文化部办理有关进口审批手续。

音像制品进口经营单位凭文化部进口音像制品批准文件到海关办理母带（母盘）或者音像制品成品的进口手续，海关凭有效的《中华人民共和国文化部进口音像制品批准单》办理验放手续；对随机器设备复出口的记录操作系统、设备说明、专用软件等内容的音像制品，海关凭进口单位提供的合同、发票等有效单证验放。

2. 化学品首次进境及有毒化学品管理

根据《关于化学品国际贸易资料交流的伦敦准则》，我国制定了《化学品首次进口及有毒化学品环境管理规定》，并同时发布了《中国禁止或严格限制的有毒化学品名录》，对首次进口化学品和进出口有毒化学品进行监督管理。

“化学品首次进口”是指外商或其代理人向中国出口其未曾在中国登记过的化学品，即使同种化学品已有其他外商或其代理人在中国进行了登记，仍被视为化学品首次进口。

国家环境保护总局在审批化学品首次进口申请时，对符合规定准予进口的，发给化学品进口环境管理登记证；在审批有毒化学品进出口申请时，对符合规定准予进出口的，发给有毒化学品进出口环境管理放行通知单。化学品进口环境管理登记证和有毒化学品进出口环境管理放行通知单是海关验放的重要依据。

3. 进出口农药登记证明管理

我国对进出口农药实行目录管理，由农业部会同海关总署依据《中华人民共和国农药管理条例》和《在国际贸易中对某些危险化学品和农药实行事先知情同意程序国际公约》(PIC)，制定《中华人民共和国进出口农药登记证明管理名录》。进出口列入上述目录的农药，应事先向农业部农药检定所申领进出口农药登记证明，凭以向海关办理进出口报关手续。

进出口农药登记证明的国家主管部门是农业部。

进出口农药登记证明实行“一批一证”制，一经签发，任何单位和个人不得修改证明内容；如需变更证明内容，应在有效期内将原证交回农业部农药检定所，并申请重新办理进出口农药登记证明。

4. 兽药进口管理

兽药进口管理是指国家农业部依据《进口兽药管理办法》，对进口兽药实施的监督

管理。受管理的兽药是指用于预防、治疗，诊断畜禽等动物疾病，有目的地调节其生理机能并规定作用、用途、用法、用量的物质。

申报进口兽药、人畜共用的兽药，报关单位凭农业部指定的口岸兽药监察所在进口货物报关单上加盖的“已接受报验”的印章办理有关验放手续。

本章学习路径

本章包括四方面内容：①对外贸易管制概述；②我国货物、技术进出口许可管理制度；③其他贸易管制制度；④我国贸易管制主要管理措施及报关规范。其汇总如下：

- 对外贸易管制概述
  - 对外贸易管制的含义和目的
  - 对外贸易管制制度的主要内容
  - 对外贸易管制目标的实现
- 我国货物、技术限制进出口管理
  - 禁止进口货物管理
    - 禁止进出口管理
    - 禁止进口技术管理
    - 禁止出口货物管理
    - 禁止出口货物管理
  - 限制进出口管理
    - 限制进口货物管理
    - 限制出口技术管理
    - 限制出口货物管理
      - 出口配额限制
      - 出口非配额限制
    - 限制出口技术管理
  - 自由进出口管理
    - 货物自动进口许可管理
    - 技术进出口合同登记管理
- 其他贸易管制制度
  - 对外贸易经营者管理制度
    - 进出口商品检验制度
    - 进出境动植物检疫制度
    - 国境卫生监督制度
  - 出入境检验检疫制度
  - 进出口货物收、付汇管理制度（外汇核销）
- 我国贸易管制主要管理措施及报关规范
  - 对外贸易救济措施（包括反倾销、反补贴和保障措施）
  - 进出口许可证管理
  - 自动进口许可证管理
  - 纺织品出口临时管理
  - 濒危物种进出口管理
  - 出入境检验检疫管理

贸易管制主要管理措施
- 进出口药品管理
- 两用物项和技术进出口许可证管理
- 进口废物管理
- 黄金及其制品进出口管理
- 音像制品进口管理
- 化学品首次进境及有毒化学品管理

其他货物进出口管理
- 进出口农药登记证明管理
- 兽药进口管理

知识扩充

（一）对外贸易经营者备案登记程序

1）领取《对外贸易经营者备案登记表》（以下简称《登记表》）。

2）填写《登记表》。对外贸易经营者应按《登记表》要求认真填写所有事项的信息，并确保所填写内容是完整的、准确的和真实的；同时认真阅读《登记表》背面的条款，并由企业法定代表人或个体工商负责人签字、盖章。

3）向备案登记机关提交如下备案登记材料：

① 按要求填写的《登记表》。

② 营业执照复印件。

③ 组织机构代码证书复印件。

④ 对外贸易经营者为外商投资企业的，还应提交外商投资企业批准证书复印件。

⑤ 依法办理工商登记的个体工商户（独资经营者），须提交合法公证机构出具的财产公证证明；依法办理工商登记的外国（地区）企业，须提交经合法公证机构出具的资金信用证明文件。

4）备案登记机关收到对外贸易经营者提交的材料后在规定时间内办理备案登记手续，在《登记表》上加盖备案登记印章。

（二）国有贸易管理货物目录

出口原油、成品油、煤炭、大米、玉米、棉花、钨砂、锑砂、氧化锑、仲、偏钨酸铵、三氧化钨及蓝色氧化钨、钨酸及其盐类、钨粉及其制品、锑（包括锑合金）及锑制品、蚕丝类、白银、进口粮食、植物油、糖、烟草、原油、成品油、化肥、棉花

复习与思考

一、名词解释

1. 对外贸易管制

2. 出口非配额限制
3. 出入境检验检疫制度
4. 临时反倾销措施
5. 自动进口许可证

二、问答题

1. 我国对外贸易管制通过哪些途径来实现？
2. 简要说明我国禁止进出口管理的主要内容。
3. 我国限制出口货物管理有哪些方式？
4. 出入境检验检疫制度包括哪些内容？
5. 我国如何对对外贸易经营者实行管理？
6. 常见的对外贸易救济措施有哪些，它们之间有何异同？
7. 简述进出口许可证管理的适用范围及报关规范。
8. 简要说明两用物项和技术进出口许可证管理的报关规范。

第八章　报关程序

导读

报关程序是指进出境运输工具负责人、进出口货物收发货人和进出境物品所有人或者其代理人按照《海关法》的规定，办理运输工具、货物、物品进出境及相关海关事务的手续和步骤。本章仅涉及进出境货物报关程序的介绍，内容包括：报关程序的概念、报关各阶段的基本内容、报关方式及其应用；各类进出口货物的含义、范围和特征；各类进出口货物报关的基本程序及其海关监管的基本要求及转关运输的基本方式。

第一节 报关程序概述

一、 报关程序的含义

报关程序是指进出口货物收发货人、运输工具负责人、物品所有人或其代理人按照海关规定，办理货物、物品、运输工具及其相关海关事务的手续和步骤。

我国海关规定，进出境货物经过海关接受申报并审单、查验、征税、放行四个海关作业环节即完成通关。与之相适应，进出口货物收发货人或其代理人应当按程序办理相应的进出口申报、配合查验、缴纳税费、提取或装运货物等手续，货物才能进出口，但这些程序还不能满足海关对所有进出口货物的实际监管要求，如加工贸易进口料件，进口前应经国家外经贸主管部门审批，在海关事先备案，才能进口。这些必须在进口前办理的海关手续是海关监管前期阶段的内容。如果加工贸易成品出口，货物放行也不是最后结关，海关放行后还应进行核销等手续。这些在海关监管现场放行以后办理的海关手续是海关监管后期阶段的内容。因此，从海关对进出口货物进行监管的全过程来看，报关程序按时间先后可以分为三个阶段，即前期管理阶段、进出境管理阶段和后期管理阶段。

二、 报关程序的范围和基本内容

为便于说明报关程序三个阶段的内容，我们把进出境货物按照海关监管的基本特征大体分为一般进出口货物、保税货物、特定减免税货物、暂准进出境货物和其他进出境货物五大类。

1. 前期管理阶段

前期管理阶段是指根据海关对保税货物、特定减免税货物、暂准进出境货物、其他进出境货物的监管要求，进出口货物收发货人或其代理人在货物进出境以前，向海关办理上述货物备案手续的过程。其主要包括：

（1）保税加工货物

保税货物中的保税加工货物进口之前，进口货物收货人或其代理人应当办理加工贸易备案和申领加工贸易电子的或纸质的登记手册的手续。

（2）特定减免税货物

特定减免税货物在进口之前，进口货物收货人或其代理人应当办理企业的减免税申请和申领减免税证明的手续。

（3）暂时进出境货物

暂时进出境货物中的展览品实际进境之前，进出境货物收发货人或其代理人应当

办理展览品进境备案申请的手续。

(4) 其他进出境货物

其他进出境货物中的出料加工货物实际出境之前，出境货物发货人或其代理人应当办理出料加工的备案手续。

2. 进出境管理阶段

进出境管理阶段是指根据海关对进出境货物的监管制度，进出口货物收发货人或其代理人在一般进出口货物、保税货物、特定减免税货物、暂准进出境货物、其他进出境货物进出境时，向海关办理进出口申报、配合查验、缴纳税费、提取或装运货物手续的过程。在进出境阶段中，进出口货物收发货人或其代理人应当按照步骤完成以下四个环节的工作。

(1) 进出口申报

进出口申报是指进出口货物的收发货人或其代理人在海关规定的期限内，按照海关规定的形式，向海关报告进出口货物的情况，提请海关按其申报的内容放行进出口货物的工作环节。

(2) 配合查验

配合查验是指申报进出口的货物经海关决定查验时，进口货物的收货人、出口货物的发货人或者办理进出口申报具体手续的报关员应到达查验现场，配合海关查验货物，并负责按照海关的要求搬移、开拆或重封被查验货物的工作环节。

(3) 缴纳税费

缴纳税费即进出口货物的收发货人或其代理人接到海关发出的税费缴纳通知书后，向海关指定的银行办理税费款的缴纳手续，由银行将税费款项缴入海关专门账户的工作环节。

(4) 提取或装运货物

提取货物是指进口货物的收货人或其代理人，在办理了进口申报、配合查验、缴纳税费等手续，海关决定放行后，持凭海关加盖“放行章”的进口提货凭证或海关通过计算机系统发送的放行通知书，提取进口货物的工作环节。

装运货物是指出口货物的发货人或其代理人，在办理了出口申报、配合查验、缴纳税费等手续，海关决定放行后，持凭海关加盖“放行章”的出口装货凭证或海关通过计算机系统发送的放行通知书，通知港区、机场、车站及其他有关单位装运出口货物的工作环节。

3. 后期管理阶段

后期管理阶段是指根据海关对保税货物、特定减免税货物、暂准进出境货物、部分其他进出境货物的监管要求，进出口货物收发货人或其代理人在货物进出境储存、加工、装配、使用、维修后，在规定的期限内，按照规定的要求，向海关办理上述进

出口货物核销、销案、申请解除监管等手续的过程。

（1）保税货物

对保税货物，进口货物收货人或其代理人应当在海关规定期限内办理核销手续。

（2）特定减免税货物

对特定减免税货物，进口货物收货人或其代理人应当在海关监管期满后或者在海关监管期内经海关批准出售、转让、退运、放弃并办妥有关手续后，向海关申请办理解除海关监管的手续。

（3）暂时进出境货物

对暂时进出境货物，收发货人或其代理人应当在暂准进出境规定期限内，或者在经海关批准延长暂准进出境期限内，办理复运出境或复运进境或正式进出口手续，然后申请办理销案手续。

（4）其他进出境货物

对其他进出境货物中的出料加工货物、修理货物、部分租赁货物等，进出境货物收发货人或其代理人应当在规定的期限内办理销案手续。

不同类别的进出境货物对应不同的报关程序见表 8.1。

表 8.1　不同类别的进出境货物对应不同的报关程序

报关程序 / 货物类别	前期阶段（货物在进出境前办理）	进出境阶段（货物在进出境时办理的 4 个环节）	后期阶段（进出境后需要办理才能接结关的手续）
一般进出口货物	不需要办理	申报（接受申报）	不需要办理
保税货物	备案、申领登记手册	配合查验（查验）	保税货物核销申请
特定减免税货物	备案、申领免税证明	缴纳税费（征税）	解除海关监管申请
暂时进出境货物	展览品备案申请	提取或装运货物（放行）	暂时进出境货物销案申请
其他进出境货物	出料加工货物的备案		办理销案

三、电子报关

1. 概念

电子报关是指进出口货物的收发货人或其代理人通过计算机，利用现代通讯和网络技术，向主管海关传送规定格式的电子数据报关单，并根据海关计算机系统反馈的审核及处理结果向进出境地海关办理相应海关手续的方式。

2. 电子报关的申报方式

电子报关的申报方式分为以下三种：

（1）终端申报方式

报关单位使用连接海关计算机系统的电脑终端录入报关单内容，直接向直属海关发送报关单电子数据。

（2）EDI 申报方式

经海关批准，报关人在微机中安装 EDI 申报系统，在该系统中录入报关单内容，由计算机转换成标准格式的数据报文向直属海关发送报关单电子数据。

（3）网上申报方式

经海关批准，报关人在计算机中安装“中国电子口岸”系统，登陆“中国电子口岸”网站，在“联网申报”系统中录入报关单内容，通过“中国电子口岸”向直属海关发送报关单电子数据。2006 年我国已有 22 个电子口岸在运行。

目前，在一般情况下，报关单位采用委托口岸预录入单位的计算机终端向海关进行电子申报的情况较多。

想一想

一般情况下，报关单位可以选择电子数据报关单或纸质报关单中的任意一种方式向海关报关吗？

第二节　一般进出口货物

一、一般进出口货物的含义

一般进出口货物是指在货物进出境环节缴纳了应征的进出口税费，并办结了所有必要的海关手续，海关放行后不再进行监管的进出口货物。

二、一般进出口货物的特征

1. 进出境时缴纳进出口税费

一般进出口货物的收发货人应当按照《海关法》和其他有关法律、行政法规的规定，在货物进出境时向海关缴纳关税、海关代征税、规费及其他费用。

2. 进出口时提交相关的许可证

货物进出口应受国家法律、行政法规管制的，进出口货物收发货人或其代理人应当向海关提交相关的进出口许可证件。

3. 海关放行即办结海关手续

海关征收了税费，审核了相关的进出口许可证件，并对货物进行实际查验或做出不予查验的决定以后，按规定签章放行。对一般进出口货物来说，海关放行即意味着海关手续已全部办结，海关不再监管。

三、 一般进出口货物的报关程序

一般进出口货物报关程序由四个环节构成，即：进出口申报、配合查验、缴纳税费、提取或装运货物。

1. 进出口申报

(1) 申报地点

1) 进口货物应当由收货人或其代理人在货物的进境地海关申报。

2) 出口货物应当由发货人或其代理人在货物的出境地海关申报。

3) 经收发货人申请，海关同意，进口货物的收货人或其代理人可以在设有海关的货物指运地、出口货物的发货人或其代理人可以在设有海关的货物启运地申报。

4) 以保税、特定减免税和暂准进境申报进口或进境的货物，因故改变使用目的从而改变货物性质为一般进口时，进口货物的收货人或其代理人应当在货物所在地的主管海关申报。

(2) 申报期限

1) 进口货物：运载进口货物的运输工具申报进境之日起 14 日内。申报期限的最后一天是法定节假日或休息日的，顺延至法定节假日或休息日后的第一个工作日。

进口货物超过上述期限向海关申报的，海关将征收滞报金。

征收滞报金的计算公式：

滞报金金额＝进口货物完税价格×0.5‰×滞报期间（滞报天数）

2) 出口货物：货物运抵海关监管区后、装货的 24 小时以前。

3) 经海关批准允许集中申报的进口货物，自运输工具申报进境之日起 1 个月内办理申报手续。

4) 经电缆、管道或其他特殊方式进出境的货物，进出口货物收发货人或其代理人应当按照海关的规定定期申报。

进口货物的收货人未按规定期限向海关申报的，由海关按规定征收滞纳金。进口货物自装载货物的运输工具申报进境之日起超过 3 个月仍未向海关申报的，货物由海关提取依法变卖处理。对属于不宜长期保存的货物，海关可以根据实际情况提前处理。

(3) 申报步骤

1) 准备申报单证。

申报单证分为主要单证、随附单证两大类，其中随附单证包括基本单证、特殊单证和预备单证。

主要单证就是报关单。报关单是由报关员按照海关规定格式填制的申报单。

基本单证是指进出口货物的货运单据和商业单据，主要有进口提货单据、出口装货单据、商业发票、装箱单、仓单等。

特殊单证主要是指进出口许可证件、加工贸易登记手册（包括电子的和纸质的）、特定减免税证明、作为特殊货物进出境证明的原进出口货物报关单证、出口收汇核销单、原产地证明书等。

预备单证主要是指贸易合同、进出口企业的有关证明文件等。这些单证，在海关需要时向海关递交。

进出口货物收发货人或其代理人应向报关员提供基本单证、特殊单证、预备单证，报关员审核这些单证后据此填制报关单。

准备申报单证的原则是：基本单证、特殊单证、预备单证必须齐全、有效、合法；报关单填制必须真实、准确、完整；报关单与随附单证数据必须一致。

2) 申报前看货取样。

进口货物的收货人，向海关申报前，因确定货物的品名、规格、型号、归类等原因，可以向海关提出查看货物或者提取货样的书面申请。海关审核同意的，派员到场监管。

3) 申报。

① 向直属海关传输"电子数据报关单"，如实申报。进出口货物收发货人或其代理人在委托录入或自行录入报关单数据的计算机系统上接受到直属海关发送的"不接受申报"报文后，应当根据报文提示修改报关单内容后重新申报。一旦接收到直属海关发送的"接受申报"报文和"现场交单"或"放行交单"通知，即表示电子申报成功。

② 向进出口地海关提交纸质报关单及随附单证。海关审结电子数据报关单后，进出口货物收发货人或其代理人应当自接到直属海关"现场交单"或"放行交单"通知之日起10日内，持打印的纸质报关单，备齐规定的随附单证并签名盖章，到货物所在地海关提交书面单证并办理相关海关手续。

③ 申报日期。不论以电子数据报关单方式申报或以纸质报关单方式申报，海关接受申报数据的日期即为接受申报的日期。

以电子数据报关单方式申报的，申报日期为海关"接受申报"的日期；对"不接受申报"的，申报日期为报关单位修改后，海关重新"接受申报"的日期。

在先采用电子数据报关单申报，后提交纸质报关单申报的情况下，海关接受申报

的时间以海关接受电子数据报关单申报的日期为准。

在不使用电子数据报关单只提供纸质报关单申报的情况下，海关关员在报关单上作登记处理的日期为“海关接受申报”的日期。

④ 申报内容的修改和撤销。海关接受申报后，申报内容不得修改，报关单证不得撤销；确有正当理由的，收发货人或其代理人向海关提交书面申请，经海关审核批准后，可以进行修改或撤销。但海关已经决定布控、查验的进出口货物，不得修改报关单内容或撤销报关单证。

2. 配合查验

(1) 海关查验

海关查验是指海关依法确定进出境货物的性质、价格、数量、原产地、货物状况等是否与报关单上已申报的内容相符，对货物进行实际检查的行政执法行为。

海关查验时，进出口货物的收发货人或其代理人应当到场。

(2) 查验地点

查验一般在海关监管区内进行。对进出口大宗散装货物、危险品、鲜活商品、落驳运输的货物，经货物收发货人或其代理人申请，海关也可同意在装卸现场进行查验。在特殊情况下，经货物收发货人或其代理人申请，海关可以派员到监管区外进行查验。

(3) 查验时间

当海关决定查验时，即将查验的决定以书面通知的形式，通知进出口货物收发货人或其代理人，约定查验的时间。查验时间一般约定在海关正常工作时间内，但是在一些进出口业务繁忙的口岸，海关也可能应进出口货物收发货人或其代理人的请求，在海关正常工作时间以外安排查验作业。

(4) 查验方式

海关查验包括彻底查验、抽查和外形查验三种方式。查验操作可以分为人工查验和设备查验，设备查验包括电子地磅和X光机。

想一想

进出口货物报关单上为何须申报集装箱的自重？

海关认为必要时，可以依法对已经完成查验的货物进行复验，即第二次查验。海关复验时，进出口货物的收、发货人或其代理人仍然应当到场。查验人员在查验记录上应当注明“复验”字样。

小知识

有下列情形之一的，海关可以对已查验货物进行复验：

1) 经初次查验未能查明货物的真实属性，需要对已查验货物的某些性状做进一步

确认的。

2）货物涉嫌走私违规，需要重新查验的。

3）进出口货物收发货人对海关查验结论有异议，提出复验要求并经海关同意的。

4）其他海关认为必要的情形。

（5）自行开验

当海关发现进出口货物有违法嫌疑或者经海关通知查验，进出口货物收发货人或其代理人届时未到场的，海关可以在进出口货物收发货人或其代理人不在场的情况下，自行开拆货物进行查验。海关行使“径行开验”的权利时，应当通知货物存放场所的管理人员或其他见证人到场，并由其在海关的查验记录上签字。

（6）配合查验

海关查验货物时，进出口货物收发货人或其代理人应当到场，配合海关查验。配合查验的工作如下：

1）负责搬移货物，开拆和重封货物的包装。

2）了解和熟悉所申报的货物的情况，回答查验关员的询问，提供海关查验货物时所需的单证或其他资料。

3）协助海关提取需要作进一步检验、化验或鉴定的货样，收取海关出具的取样清单。

4）查验结束后，认真阅读关员填写的“海关进出境货物查验记录单”，注意以下情况的记录是否符合实际：开箱的具体情况；货物残损情况及造成残损的原因；提取货样的情况；查验结论。查验记录准确清楚的，应即签字确认。

（7）货物损坏赔偿

在查验过程中，或者证实海关在径行开验过程中，因为海关关员的责任造成被查验货物损坏的，进出口货物的收发货人或其代理人可以要求海关赔偿，赔偿范围为损坏货物的直接经济损失。若在现场未提出异议的，事后发现货物有损坏，海关不负赔偿责任。

3. 缴纳税费

进出口货物收发货人或其代理人将报关单及随附单证提交给货物进出境地指定海关，海关对报关单进行审核，对需要查验的货物进行查验，然后核对计算机系统计算税费，开具税款书和收费票据。进出口货物收发货人或其代理人在规定时间内，持缴款书或收费票据向指定银行办理税费交付手续。在试行中国电子口岸网上缴税和付费的海关，进出口货物收发货人或其代理人可以通过电子口岸接收海关发出的税款缴款书和收费票据，在网上向签有协议的银行进行电子支付税费。一旦收到银行缴款成功的信息，即可报请海关办理货物放行手续。

4. 提取或装运货物

一般进出口货物办结所有的海关手续后，就得到海关放行。进口货物可以提取，而出口货物则可以装运。

(1) 提取货物

进口货物的收货人或其代理人签收海关加盖“海关放行章”戳记的进口提货凭证，凭以到货物进境地的港区、机场、车站、邮局等地的海关监管仓库提取进口货物。

(2) 装运货物

出口货物的发货人或其代理人签收海关加盖“海关放行章”戳记的出口装货凭证，凭以到货物出境地的港区、机场、车站、邮局等地的海关监管仓库办理将货物装运上运输工具运离关境的手续。

在试行“无纸通关”申报方式的海关，海关做出放行决定时，通过计算机将“海关放行”报文发送给进出口货物的收、发货人或其代理人和海关监管货物保管人。进出口货物的收、发货人或其代理人从计算机上自行打印海关通知放行的凭证，凭以提取进口货物或将出口货物装运到运输工具上离境。

(3) 申请签发报关单证明联，包括进口付汇证明联、出口收汇证明联、出口收汇核销单、出口退税证明联和进口货物证明书。

案例分析 8-1

案情简介

深圳某进口公司以 FOB 汉堡从德国进口一批汽车，经香港转运进境，支付方式为 L/C，贸易方式为一般贸易，该货物属法定检验、自动进口许可证管理商品。运载该货的轮船于 2005 年 9 月 5 日申报进境。

问题

1) 该进口公司申报的地点在哪里？为什么？

2) 该进口公司申报的期限为何时？如果超期申报，海关应如何处理？

3) 申报时须提交哪些单证？

4) 该进口公司须凭什么单据提取货物？提取货物后，进口公司能否自由处置该批货物？为什么？

5) 该进口公司提取货物后，发现有两部汽车损坏，并证实是在海关查验过程中造成的，这时，是否有权要求海关予以赔偿？如果有权，赔偿的范围是什么？

要点提示

1) 该进口公司申报的地点在深圳皇岗口岸或广州黄埔港。因为根据目前海关的规定，汽车须在指定的口岸申报进境，不得申请转关。

2）该进口公司申报的期限为9月5日至9月19日。如果该进口公司未在上述期限内向海关申报，海关有权按规定向进口公司征收滞报金。在运输工具申报进境之日起超过3个月未向海关申报的，海关有权将货物提取变卖。

3）申报时须提交以下单证：①进口货物报关单；②商业发票；③装箱单；④提货单；⑤自动进口许可证；⑥入境货物通关单。

4）该进口公司须加盖海关放行章的提货单提取货物。提取货物后，进口公司可自由处置该批货物，因为该货物属于一般进口货物。放行后即结束海关的监管。

5）无权，因为是在海关查验货物后发现的。如果有权，赔偿的范围是直接的经济损失。

想一想

报关大厅的各个窗口标识牌分别为：预录入、申报、查验、征税、退税，那么一般进出口货物的报关程序就是由这五个环节构成的吗？

一般进出口货物的报关程序如图8.1所示。

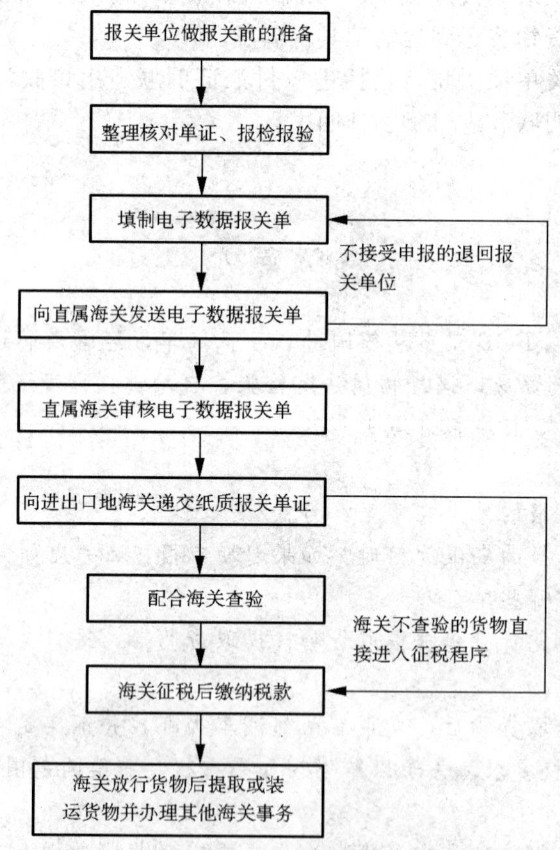

图8.1　一般进出口货物的报关程序示意图

第三节　货物的转关运输

转关运输是指进出口货物在海关监管下，从一个海关运至另一个海关办理某项海关手续的行为，包括货物由进境地入境，向海关申请转关运往另一个设关地点进口报关，即进口转关运输；货物在启运地出口报关运往出境地，由出境地海关监管出境，即出口转关运输；海关监管货物从境内一个设关地点运往境内另一个设关地点报关即境内转关运输。

一、申请转关运输的条件

1. 申请转关运输应符合的条件

1）转关的指运地和启运地必须设有海关。

2）转关的指运地和启运地应当设有经海关批准的监管场所。

3）转关承运人应当在海关注册登记，承运车辆符合海关监管要求，并承诺按海关对转关路线范围和途中运输时间所作的限定将货物运往指定的场所。

2. 不得申请转关运输的货物

1）动物废料、冶炼渣、木制品废料、纺织品废物、贱金属及其制成品的废料、各种废旧五金、电机电器产品等、废运输设备、特殊需进口的废物、废塑料和碎料及下脚料。

2）“易制毒”化学品、监控化学品、消耗臭氧层物质、氯化钠。

3）汽车类，包括成套散件和二类底盘。

二、转关运输的方式

转关运输的基本形式有提前报关转关、直转转关和中转转关三种方式。

1. 提前报关转关

进口提前报关方式是指由进口货物的收货人或其代理人先在指运地海关申报，再到进境地办理进口转关手续的方式。出口货物的发货人或其代理人在货物未运抵启运地海关监管场所前，先向启运地海关申报，货物运抵监管场所后再办理出口转关手续的方式。

2. 直转转关

进口直转转关是指由收货人或其代理人在进境地海关办理转关手续，货物运抵指运地后再在指运地海关办理报关手续的方式。

出口直转转关是指由发货人或其代理人在货物运抵启运地海关监管场所报关后，在启运地海关办理出口转关手续的出境货物的方式。

3. 中转转关

具有全程提运单，必须换装境内运输工具的进出口中转货物适用中转转关方式。

进口中转转关一般采用提前报关的转关方式。由中转转关货物的收货人或其代理人向指运地海关办理进口报关手续后，由境内承运人或其代理人向进境地海关办理货物进口转关手续。

出口中转转关由货物的发货人或其代理人向启运地海关办理出口报关手续后，由承运人或其代理人向启运地海关办理中转货物的出口转关手续。

此外，海关监管货物的转关运输，除加工贸易深加工结转按有关规定办理外，均应按进口转关方式办理，即按提前报关转关方式或直转转关方式办理。这时，转入地相当于指运地，转出地相当于进境地。

三、 监管和报关要点

1. 转关运输的期限

(1) 直转方式转关的期限

直转方式转关的进口货物应当自运输工具申报进境之日起 14 天内向进境地海关办理转关手续，在海关限定期限内运抵指运地之日起 14 天内，向指运地海关办理报关手续。逾期按规定征收滞报金。在进境地办理转关手续逾期的，以自载运进口货物的运输工具申报进境之日起第 15 日为征收滞报金的起始日；在指运地申报逾期的，以自货物运抵指运地之日起第 15 日为征收滞报金的起始日。

(2) 提前报关方式转关的期限

进口转关货物应在电子数据申报之日起的 5 日内，向进境地海关办理转关手续，超过期限仍未到进境地海关办理转关手续的，指运地海关撤销提前报关的电子数据。

出口转关货物应于电子数据申报之日起 5 日内，运抵启运地海关监管场所，办理转关和验放等手续，超过期限的，启运地海关撤销提前报关的电子数据。

2. 转关货物的核销

进口转关货物运抵指运地海关监管场所后，指运地海关即可办理转关核销。

出口转关货物运抵出境地海关监管场所后，由出境地海关办理转关核销。货物实际离境后出境地海关核销清洁舱单并反馈启运地海关，启运地海关凭以签发有关报关单证明联。

第四节 保税货物

一、 保税货物的含义

保税货物是指经海关批准未办理纳税手续进境，在境内储存、加工、装配后复运出境的货物。

二、 保税货物的基本特征

1. 保税货物必须经海关批准

保税货物必须经海关批准，在办理进口手续时，暂缓纳税，待货物去向明确，如复运出口，则免于纳税；如果留在境内使用或销售则照章纳税。

2. 保税货物是海关监管货物

保税货物未经海关许可，不得开拆、提取、交付、发运、调换、改装、抵押、质押、留置、转让、更换标志、移作他用或者进行其他处置。海关对保税货物施加的封志，任何人不得擅自开启或者损毁。人民法院判决、裁定或者有关行政执法部门决定处理保税货物时，应当责令当事人办结海关手续。

当保税货物失去保税条件时，海关有权依法对该保税货物做出处理。

3. 保税货物应复运出境

保税货物的最终流向应当是复运出境，但一旦决定不复运出境，就应当按照留在境内的实际性质办理相应的进口报关手续。

三、 保税货物的分类

1. 保税加工货物

保税加工货物包括加工贸易保税货物（包括来料加工货物，进料加工货物、外商投资企业履行产品出口合同、保税工厂货物、保税集团货物）、出口加工区加工贸易货物。

2. 保税物流货物

保税物流货物包括：保税仓库储存货物、保税物流中心货物（A 型、B 型）、保税物流园区货物、保税区货物等。

四、海关监管特征和要求

1. 海关监管特征

保税货物海关监管特征可以概括为批准保税、暂缓纳税、监管延伸、核销结关。

2. 保税货物的保税期限及核销期限（见表 8.2）

表 8.2 保税加工货物、保税物流货物的保税期限及核销期限

保税货物种类		保税期限	核销期限
保税加工	加工贸易保税货物	一般保税期限为一年，经批准可延长一年	合同期满或最后一批成品出口之日起30天内
	出口加工区保税货物	从进境进区起至出区出境或出区入境办结海关手续止	每半年一次即每年6月底和12月底前
保税物流	保税仓库储存货物	从进境入库至出库出境或办结海关手续止，最长为一年，经批准可延长一年	每月一次，每个月的5日前
	保税物流中心	A 型中心保税期限一年；B 型中心保税期限两年；均可申请延长一年	联网监管，动态适时核销
	保税区保税货物	从进境进区起至出区出境或出区入境办结海关手续止	每半年一次即每年6月底和12月底前
	保税物流园区	从进境进区起至出境或出区办结海关手续止	每年报核一次

五、保税货物报关程序简述

1. 备案申请保税

(1) 保税加工货物

1) 加工贸易保税货物。加工贸易进口料件，包括来料加工、进料加工、外商投资企业履行产品出口合同、保税工厂、保税集团进口料件，则必须按照每一个合同为单位进入备案申请保税阶段。加工贸易进口料件备案批准保税阶段的具体环节是加工贸易企业向海关申请备案、海关核准保税、设立或不设立“银行保证金台账”、海关建立电子手册或核发纸质《加工贸易手册》。

2）出口加工区加工贸易货物。出口加工区是经国务院批准设立的，海关实行特殊监管的区域。

出口加工区企业向海关申请《加工贸易货物电子账册》，海关实行电子账册管理，采用填制《加工贸易进出境货物备案清单》向海关报关，不实行银行保证金台账制度。

（2）保税物流货物

1）保税仓库。设立保税仓库应经直属海关批准。收发货人进出境货物入库，报关单位应向海关办理报关手续，并在入库前海关根据核定的保税仓库存放货物范围和对入库的商品品种、数量、金额进行审核，对入库货物进行登记，批准入库。

2）保税物流中心（A型、B型）。设立保税物流中心（A型、B型）由直属海关受理申请，报海关总署批准。物流中心经营企业应当按照海关批准的存储货物范围和商品种类开展仓储物流业务，并办理相应的报关手续。海关对物流中心企业采取联网监管、视频监控、实地核查等方式，对货物进、出、转、存实行动态监管。物流中心货物进入境内视同进口，按照进口货物办理报关手续；货物从境内进入物流中心视同出口，按照出口货物办理报关手续。

3）保税区。保税区是经国务院批准设立的，海关实行特殊监管的区域。保税区加工贸易企业的加工贸易货物，应在保税料件进口前申领《加工贸易手册》并与海关实行电子计算机联网管理，采用填制《加工贸易进出境货物备案清单》和《加工贸易手册》向海关报关，保税区的加工贸易不实行银行保证金台账制度。

保税区内经营仓储、转运的企业，保税加工应经海关审核批准，并实行计算机联网管理。其进出口货物采用《货物备案清单》实行备案制报关。保税区货物进入境内视同进口，按照进口货物办理报关手续；货物从境内区外进入保税区视同出口，按照出口货物办理报关手续。

4）保税物流园区。保税物流园区是经国务院批准设立的，海关实行特殊监管的区域。保税物流园区企业应在国家规定的范围内开展国际物流业务。海关对保税物流园区内企业实行电子账册和计算机联网管理，每月编制报表向海关报告进、出、转、存情况。园区与境外之间进出口货物实行备案制报关。园区货物进入境内视同进口，按照进口货物办理报关手续；货物从境内进入园区视同出口，按照出口货物办理报关手续。

2. 进出境报关

所有经海关批准保税的货物，在进出境时都必须和其他货物一样进入进出境报关阶段。一般情况下，保税货物如果运往境外，海关免于征税，因此报关具体环节是申报、配合查验、提取货物或装运货物；即不进入纳税环节，但应当收取海关监管手续费。如果货物运往境内销售，应按照用途向海关办理相应的报关手续，因此报关具体

环节是申报、配合查验、缴纳税费、提取货物或装运货物。

3. 报核申请结案

所有经海关批准保税的货物，都必须按规定由保税货物的经营人向主管海关报核，海关受理报核后进行核销，核销后视不同情况，分别予以结关销案。报核申请结案阶段的具体环节是：企业申请报核、海关受理、实施核销、结关销案。对于设立银行保证金台账的，应在核销银行保证金台账后结案。

有关保税货物的具体报关程序，以下主要讲述加工贸易保税货物报关程序和保税仓库货物报关程序。

六、加工贸易保税货物报关程序

1. 加工贸易形式

加工贸易俗称“两头在外”的贸易，即原材料、辅料、零部件、元器件、配套件和包装物料（以下简称料件）从境外进口在境内加工装配后，成品运到境外的贸易。加工贸易按海关监管方式分为五种形式，见表 8.3。

表 8.3　加工贸易的形式

加工贸易形式	含　义
来料加工	由国外厂商提供全部或部分料件，委托我方企业按国外厂商的要求进行加工，成品由外商销售，我方按合同收取工缴费的贸易方式
进料加工	境内企业用外汇从境外购买料件，加工或装配成成品或半成品后返销出口的贸易方式
外商投资企业履行产品出口合同	外商投资企业的来料加工和进料加工统称为外商投资企业履行产品出口合同
保税工厂	由海关批准的专门从事保税加工的工厂或企业
保税集团	经海关批准，由一个具有进出口经营权的企业牵头，在同一关区内，同行业若干个加工企业联合对进口料件进行多层次、多工序连续加工，直至最终产品出口的企业联合体

2. 加工贸易保税货物的报关程序

来料加工、进料加工、外商投资企业履行产品出口合同、保税工厂、保税集团进出口货物的报关程序具有同一性。其基本程序是合同备案，进出口报关，报核结案，分述如下：

(1) 合同备案

1) 合同备案的含义。加工贸易合同备案是指加工贸易企业持合法的加工贸易合同到主管海关备案，申请保税并领取加工贸易《登记手册》或其他准予备案凭证的行为。

2) 合同备案的企业。国家规定开展加工贸易业务应当由经营企业到加工企业的所在地主管海关办理加工贸易合同备案手续。经营企业和加工企业有可能是同一个企业，也可能不是同一个企业。

加工贸易的经营企业是指负责对外签订加工贸易进出口合同的各类进出口企业，包括外商投资企业。

加工企业是指接受经营单位委托，负责对进口料件进行加工或装配，且具有法人资格的生产企业。

3) 合同备案的内容。

① 应当提供的单证。

a) 外经贸主管部门按照权限签发的《加工贸易业务批准证》和《加工贸易加工企业生产能力证明》。

b) 加工贸易合同或合同副本。

c)《加工合同备案申请表》及《企业加工合同备案呈报表》。

d)《进口料件备案申请表》。

e)《加工出口成品备案申请表》。

f)《出口制成品及对应进口料件消耗备案清单》。

g) 产品生产工艺流程。

h) 经营单位或加工企业的工商营业执照、税务登记证（来料加工装配免交）。

i) 其他资料。如受国家管制商品应提供有关部门签发的许可证、配额证明或其他批准证明等文件。

② 备案中的银行保证金台账制度。所有的加工贸易合同，都要按加工贸易进口料件银行保证金台账制度的规定办理，或不设台账，即“不转”；或设台账不付保证金，即“空转”；或设台账并付保证金，即“实转”。

凡需要开设台账的合同，由受理备案的海关开出有台账金额和保证金金额内容的“开设银行保证金台账联系单”，企业凭以到银行开设台账，交付保证金，收取银行开出的“银行保证金台账登记通知单”，再凭以到海关申领加工贸易《登记手册》。

③ 合同备案的凭证。海关凭中国银行签发的《设立保证金台账通知单》，签发加工贸易《登记手册》交企业。当料件进口和加工成品出口时海关凭受理加工贸易《登记手册》、《进出口货物报关单》等必备报关单证办理进出口货物报关手续。

4）合同备案的步骤：

① 报外经贸主管部门审批合同，领取批准证件。

② 需要领取许可证件的向有关主管部门领取许可证件。

③ 将合同内容预录入计算机。

④ 由海关审核、批准保税后，需要开设台帐的领取台帐开设联系单。

⑤ 到银行开设台账，领取台账登记通知单。

⑥ 到海关领取加工贸易《登记手册》或其他准予备案凭证。

（2）进出口报关

加工贸易企业在主管海关备案的情况在计算机系统中已生成电子底账，有关电子数据通过网络传输到相应的口岸海关，因此企业在口岸海关报关时提供的有关单证内容必须与电子底账数据相一致。只要在某一方面不一致，报关就不能通过。

加工贸易保税货物进出境由加工贸易经营单位或其代理人申报。其具体步骤如下：

① 料件进口办理进口报关手续，先向主管海关进行电子申报，然后向进境地海关递交纸质报关单证：加工贸易专用报关单；发票；装箱单；提货单；加工贸易《登记手册》；其他单证。

加工贸易合同项下海关准予备案的料件，全额保税；加工贸易合同项下海关不予备案的料件及试车材料、消耗性物料等，不予保税，进口时按一般进口办理。

经海关审核后，陪同海关查验，然后海关放行。

② 海关对进口料件在加工成品过程中进行监管。

③ 加工成品复出口办理出口报关手续，先向主管海关进行电子申报，然后向出境地海关递交纸质报关单证：出口货物报关单；发票；装箱单；装货单；加工贸易《登记手册》；出口收汇核销单；其他单证。

加工贸易项下出口应税商品，如系全部使用进口料件加工的产品，不征收出口关税。加工贸易项下出口应税商品，如系部分使用进口料件加工的产品，则按海关核定的比例征收出口关税。

经海关审核单证，查验货物，然后海关放行。

（3）报核结案

1）报核的含义。加工贸易合同报核，是指加工贸易企业在加工贸易合同履行完毕或终止合同并按规定对未出口部分货物进行处理后，按照规定的期限和规定的程序，向加工贸易主管海关申请核销要求结案的行为。

2）报核时间。经营企业应当在规定的期限内将进口料件加工复出口，并自加工贸易《登记手册》项下最后一批成品出口或者加工贸易《登记手册》到期之日起30日内向海关报核。

3）报核单证，包括：企业合同核销申请表；加工贸易《登记手册》；进出口报关单；进口料件核销核算表；其他海关需要的资料。

(4) 海关核销结案

海关审核单证后，对加工贸易合同执行正常的，直接办理核销手续，予以结案，签发《核销结案通知书》，并签发《银行保证金台账核销联系单》交企业办理台账核销手续。

案例分析 8-2

案情简介

深圳某企业（在海关注册登记已有1年，尚未与海关联网）于2007年2月份以进料加工贸易方式从美国进口一批棉花，合同金额为20万美元，用以加工生产服装返销美国。

问题

1) 该企业须报深圳市什么部门审批加工贸易合同？若合同审批通过后须申领什么文件？

2) 该企业在进口货物前须凭海关出具的什么文件向中国银行办理“加工贸易银行保证金台账”手续？是“实转”还是“空转”？为什么？

3) 银行保证金台账手续办妥后企业凭中行出具的什么文件向海关申领“加工贸易登记手册”？

4) 若该企业生产加工的服装一般须在何时之前出口？

5) 货物报关出口后须在多少日内向海关办理报核手续？须提交哪些资料？

要点提示

1) 该企业须报深圳市贸易工业局审批加工贸易合同；若合同审批通过后须申领加工贸易业务批准证。

2) 凭海关出具的“加工贸易银行保证金台帐开设联系单”向中国银行办理“加工贸易银行保证金台帐”手续；是“实转”(50%)，因为该企业为B类企业（企业在海关注册登记2年后才可能被评为A类），且棉花属于加工贸易限制类商品。

3) 凭中行出具的“加工贸易银行保证金台帐登记通知单”向海关申领“加工贸易登记手册”。

4) 一般须在2008年2月之前出口；须提交以下单证：出口货物报关单；“加工贸易登记手册”；发票；装箱单；装货单；出口收汇核销单；输美纺织品出口许可证。

5) 货物报关出口后须在30日内向海关办理报核手续，须提交以下资料：①企业合同核销申请表；②加工贸易登记手册；③进、出口货物报关单；④核销核算表；⑤其他海关需要的资料。

加工贸易保税货物的报关程序如图 8.2 所示。

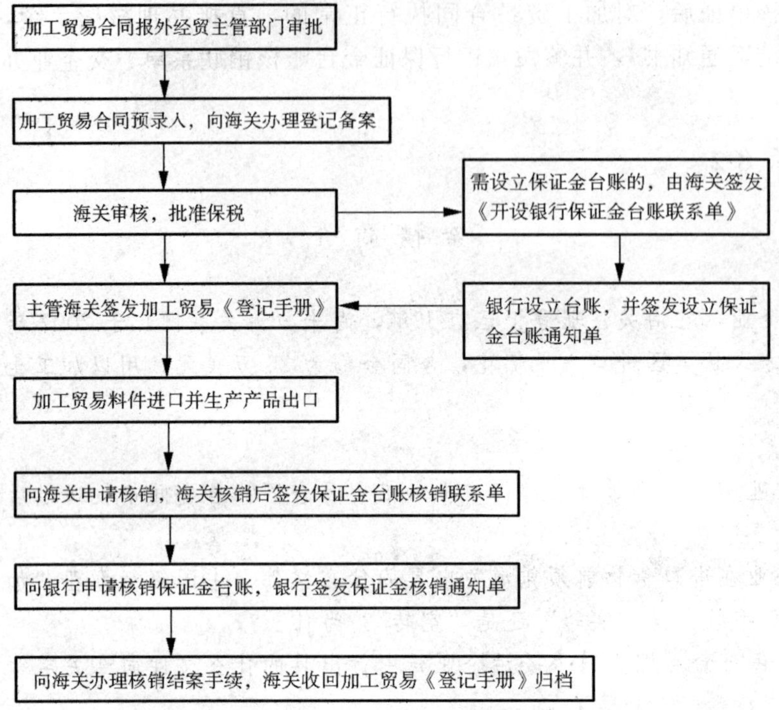

图 8.2　加工贸易保税货物的报关程序示意图

七、 保税仓库货物报关程序

1. 保税仓库的含义

保税仓库是指经海关批准设立的专门存放保税货物及其他未办结海关手续货物的仓库。

2. 保税仓库存放货物的范围

1） 供加工贸易加工成品复出口的进口料件。
2） 国际转运货物。
3） 供应国际航行船舶和航天器的油料、物料和维修用零部件。
4） 供维修外国产品所进口寄售的零配件。
5） 外商进境暂存货物。
6） 未办结海关手续的一般贸易货物。
7） 经海关批准的其他未办结海关手续的进境货物。

保税仓库不得存放国家禁止进境货物，不得存放未经批准的影响公共安全、公

共卫生或健康、公共道德或秩序的国家限制进境货物以及其他不得存入保税仓库的货物。

3. 保税仓库的类型

（1）公用型保税仓库

公用型保税仓库是指由主营仓储业务的中国境内独立企业法人经营，专门向社会提供保税仓储服务。

（2）自用型保税仓库

自用型保税仓库是指由特定的中国境内独立企业法人经营，仅存储供本企业自用的保税货物。

（3）专用型保税仓库

专用型保税仓库是指专门用来存储具有特定用途或特殊种类商品。专用型保税仓库包括液体危险品保税仓库、备料保税仓库、寄售维修保税仓库和其他专用保税仓库。

4. 保税仓库货物报关程序

保税仓库货物的报关程序可以分为进库报关和出库报关。

（1）进库报关

货物在保税仓库所在地进境时，除易制毒化学品、监控化学品、消耗臭氧层物质外免领许可证件，由收货人或其代理人办理进口报关手续，海关进境现场放行后存入保税仓库。

（2）出库报关

保税仓库货物出库可能出现进口报关和出口报关两种情况。保税仓库货物出库视情况可以单批报关，也可以集中报关。

1）进口报关。

① 保税仓库货物出库用于加工贸易的，由加工贸易企业或其代理人按加工贸易货物的报关程序办理进口报关手续。

② 保税仓库货物出库用于可以享受特定减免税的特定地区、特定企业和特定用途的，由享受特定减免税的企业或其代理人按特定减免税货物的报关程序办理进口报关手续。

③ 保税仓库货物出库进入国内市场或使用于境内其他方面，由收货人或其代理人按一般进口货物的报关程序办理进口报关手续。

2）出口报关。保税仓库货物出库转口或退运，由保税仓库经营企业或其代理人按一般出口货物的报关程序办理出口报关手续，但免纳出口税，免交验出口许可证件。

3）集中报关。保税货物出库批量少、批次频繁的，经海关批准可以办理定期集中报关。

第五节　特定减免税货物

一、特定减免税货物的含义

特定减免税货物是指海关根据国家的政策规定准予减免税进境使用特定地区、特定企业、特定用途的货物。

特定地区是指我国关境内由行政法规规定的某一特别限定区域，享受减免税优惠的进口货物只能在这一特别限定的区域内使用。

特定企业是指由行政法规专门规定的企业，享受减免税优惠待遇的进口货物只能由这些专门规定的企业使用。

特定用途是指行政法规专门规定的，享受减免税优惠待遇的进口货物可以且只能用于该类用途。

二、特定减免税货物的特征

1. 特定条件下减免关税、进口环节增值税

特定减免税货物进口时减免进口关税、进口环节增值税，不免进口环节消费税。

2. 除另有规定外，应提交进口许可证件

特定减免税货物是实际进口货物。按照国家有关进出境管理 的法律、法规，凡属于进口需要交验许可证件的货物，除另有规定外，进口收货人或其代理人都应该当在进口申报时向海关提交进口许可证件。

3. 进口后在特定的海关监管期限内接受海关监管

进口货物享受特定减免税的条件之一就是在规定的期限，使用于规定的地区、企业和用途，并接受海关的监管。特定减免税进口货物的海关监管期限按照货物的种类而各有不同，以下是特定减免税货物的海关监管期限，见表 8.4。

表 8.4　特定减免税货物的海关监管期限

特定减免税货物的种类	监管期限
船舶、飞机、建筑材料（包括钢材、木材、胶合板、人造板、玻璃等）	8 年
机动车辆（特种车辆）、家用电器	6 年
机器设备、其他设备、材料	5 年

三、 特定减免税货物的范围

1. 特定地区的减免税货物

（1）保税区减免税货物
（2）出口加工区减免税货物

2. 特定企业减免税货物

主要是指外商投资企业减免税货物。

3. 特定用途减免税货物

（1）国内投资项目减免税货物
（2）利用外资项目减免税货物
（3）科教用品减免税货物
（4）残疾人专用品减免税货物
（5）其他用途

四、 特定减免税货物的报关程序

1. 减免税申请

（1）特定地区

1）备案登记。

① 保税区。保税区企业向保税区海关办理减免税备案登记时，应当提交企业批准证书、营业执照、企业合同、章程等，并将企业有关情况输入海关计算机系统。海关审核后准予备案即签发企业征免税《登记手册》，企业凭以办理货物减免税申请手续。

② 出口加工区。出口加工区企业向出口加工区海关办理减免税备案登记时，应当提交出口加工区管理委员会的批准文件、营业执照等，并将企业有关情况输入海关计算机系统。海关审核后即批准建立企业设备电子账册，企业凭以办理货物减免税申请手续。

2）“进出口货物征免税证明”的申领。

① 保税区。企业在进口特定减免税机器设备等货物以前，向保税区海关提交企业征免税《登记手册》、发票、装箱单等，并将申请进口货物的有关数据输入海关的计算机系统，海关核准后签发“进出口货物征免税证明”给申请企业。

② 出口加工区。企业在进口特定减免税机器设备等货物以前，向出口加工区海关提交发票、装箱单等，海关核准后在企业设备电子账册中进行登记，不签发“进出口货物征免税证明”给申请企业。

（2）特定企业

1）备案登记。特定企业主要是指外商投资企业。外商投资企业向企业主管海关办理减免税备案登记时，应当提交商务主管部门的批准文件、营业执照、企业合同、章程等，并将企业有关情况输入海关计算机系统。海关审核后准予备案即签发“外商投资企业征免税登记手册”，企业凭以办理货物减免税申请手续。

2）“进出口货物征免税证明”的申领。外商投资企业在进口特定减免税机器设备等货物以前，向主管海关提交“外商投资企业征免税登记手册”、发票、装箱单等，并将申请进口货物的有关数据输入海关的计算机系统，海关核准后签发“进出口货物征免税证明”给申请企业。

（3）特定用途

1）国内投资项目减免税申请。国内投资项目经批准后，减免税货物进口企业应当持国务院有关部门或省、市人民政府签发的“国家鼓励发展的内外资项目确认书”、发票、装箱单等单证向项目主管海关提出减免税申请，海关审核后签发“进出口货物征免税证明”给申请企业。

2）利用外资项目减免税申请。利用外资项目经批准后，减免税货物进口企业应当持国务院有关部门或省、市人民政府签发的“国家鼓励发展的内外资项目确认书”、发票、装箱单等单证向项目主管海关提出减免税申请，海关审核后签发“进出口货物征免税证明”给申请企业。

3）科教用品减免税进口申请。科教单位办理科学研究和教学用品免税进口申请时，应当持有关主管部门的批准文件，向单位所在地主管海关申请办理资格认定手续，海关审批后签发“科教用品免税登记手册”。科教单位在进口特定减免税科教用品以前，向主管海关提交科教用品免税登记手册、合同等单证，并将申请进口货物的有关数据输入海关的计算机系统，海关核准后签发“进出口货物征免税证明”给申请单位。

4）残疾人专用品减免税进口申请。残疾人在进口特定减免税专用品以前，向主管海关提交民政部门的批准文件，海关核准后签发“进出口货物征免税证明”。

民政部门或中国残疾人联合会所属单位批量进口残疾人专用品，应当向所在地直属海关申请，提交民政部门（包括省、自治区、直辖市的民政部门）或中国残疾人联合会（包括省、自治区、直辖市的残疾人联合会）出具的证明函，海关核准后签发“进出口货物征免税证明”。

（4）“进出口货物征免税证明”的使用

“进出口货物征免税证明”的有效期为6个月，持证人应当在自海关签发该征免税

证明的6个月内进口经批准的特定减免税货物。

“进出口货物征免税证明”实行“一证一批”的原则，即一份征免税证明上的货物只能在一个进口口岸一次性进口。如果一批特定减免税货物需要分两个口岸进口，或者分两次进口的，持证人应当事先分别申领征免税证明。

2. 进出口报关

除下述手续外，特定减免税货物进口报关程序与一般进出口货物的报关程序基本相同：

1）特定减免税货物进口报关时，进口货物收货人或其代理人除了向海关提交报关单及随附的基本单证外，还应当向海关提交“进出口货物征免税证明”。海关在审单时从计算机系统中调阅征免税证明的电子数据，核对纸质的“进出口货物征免税证明”。

2）特定减免税货物一般应提交进口许可证件，但对某些企业和某些许可证件种类，国家规定有特殊优惠政策的可以豁免进口许可证件。

3）填制特定减免税货物进口报关单时，报关员应当特别注意报关单上“备案号”栏目的填写，“备案号”栏内应正确填写“进出口货物征免税证明”上的12位编号。

3. 申请解除监管

1）监管期限届满解除海关监管。特定减免税货物限于特定区域、特定企业、特定用途使用，监管期限届满，自动解除监管。

2）在监管期内解除海关监管。报海关核准，提交单证、缴纳税费后，海关签发“减免税进口货物解除监管证明”，企业即可在境内出售或转让原特定减免税货物。

退运出境的特定减免税货物，应办理退运出境申报手续，在货物出境后，海关签发出口货物报关单。企业凭该报关单及其他有关单证向主管海关申领“减免税进口货物解除监管证明”。

放弃的特定减免税货物交海关处理，海关将货物拍卖后签发收据，企业凭以向主管海关申领“减免税进口货物解除监管证明”。

3）保税区内企业免税进口货物未满海关监管年限，申请提前解除监管的，应按规定照章征税。其中涉及国家实行许可证管理的商品还需向海关提交有效的许可证件。

特定减免税进口货物报关程序示意如图8.3所示。

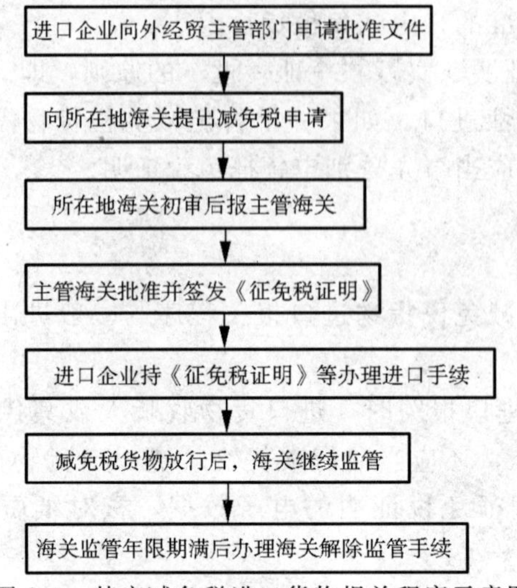

图 8.3　特定减免税进口货物报关程序示意图

想一想

特定减免税货物如何才算办结了全部海关手续？

第六节　其他进出境货物

一、暂时进出境货物的报关程序

1. 暂时进出境货物的含义

暂准进出境货物是指为了特定目的经海关批准暂时进境或暂时出境，并在规定的期限内复运出境或复运进境的货物。

2. 暂时进出境货物的特征

1）有条件地暂免进出口税费，但须向海关提供担保。ATA 单证册项下暂时出境货物，由中国国际商会向海关总署提供总担保。除另有规定外，非 ATA 单证册项下暂时进出境货物收发货人应当按照海关要求向主管地海关提交相当于税款的保证金或者海关依法认可的其他担保。

2）除我国缔结或者参加的国际条约、协定及国家法律、行政法规和海关总署规章另有规定外，暂时进出境货物可以免于交验许可证件。

3）货物在规定的期限内应原状复运出境。

4）按货物实际使用情况办理核销结关手续。暂时进出境货物因不可抗力的原因受

损，无法原状复运出境、进境的，ATA 单证册持证人、非 ATA 单证册项下暂时进出境货物收发货人应当及时向主管地海关报告，可以凭有关部门出具的证明材料办理复运出境、进境手续；因不可抗力的原因灭失或者失去使用价值的，经海关核实后可以视为该货物已经复运出境、进境。

暂时进出境货物因不可抗力以外其他原因灭失或者受损的，ATA 单证册持证人、非 ATA 单证册项下暂时进出境货物收发货人应当按照货物进出口的有关规定办理海关手续。

3. 暂时进出境货物的范围

1）在展览会、交易会、会议及类似活动中展示或者使用的货物。

2）文化、体育交流活动中使用的表演、比赛用品。

3）进行新闻报道或者摄制电影、电视节目使用的仪器、设备及用品。

4）开展科研、教学、医疗活动使用的仪器、设备及用品。

5）在本款第 1）项至第 4）项所列活动中使用的交通工具及特种车辆。

6）货样。

7）慈善活动使用的仪器、设备及用品。

8）供安装、调试、检测、修理设备时使用的仪器及工具。

9）盛装货物的容器。

10）旅游用自驾交通工具及其用品。

11）工程施工中使用的设备、仪器及用品。

12）海关批准的其他暂时进出境货物。

4. 暂时进出境货物的海关监管方式

按照海关监管的方式，本类暂时进出境货物又分为四类：

1）ATA 单证册项下的暂时进出境货物。

2）非 ATA 单证册项下的暂时进出境货物。

3）集装箱箱体。

5. 暂时进出境货物的报关程序

1）ATA 单证册项下的暂时进出境货物的报关程序。

① 进境申报。进境货物收货人或其代理人先在海关核准的出证协会即中国国际商会将 ATA 单证册的内容预录入进海关与商会联网的 ATA 单证册电子审核系统，然后持 ATA 单证册向海关申报，提交纸质 ATA 单证册、提货单等单证。海关在白色进口单证上签注，留存白色进口单证正联，存根联随 ATA 单证册其他各联退进境货物收货人或其代理人。

② 出境申报。出境货物发货人或其代理人向海关提交国家主管部门的批准文件、纸质 ATA 单证册、装货单等单证，海关在绿色封面单证和黄色出口单证上签注，留存

黄色出口单证正联，存根联随ATA单证册其他各联退出境货物发货人或其代理人。

③ 核销结关。ATA单证册项下的暂时进出境货物应当在进出境之日起6个月内复运出境或者复运进境（因特殊情况需要延长期限的，ATA单证册持证人应当向主管地海关提出延期申请，经直属海关批准可以延期，延期最多不超过3次，每次延长期限不超过6个月），海关在白色复出口单证或黄色复进口单证上签注，留存单证正联，存根联随ATA单证册其他各联退持证人，则正式核销结关。

2）非ATA单证册项下的暂时进出境货物的报关程序

① 暂时进出境的核准。非ATA单证册项下的暂时进出境货物收发货人向海关提出货物暂时进出境申请时，应当按照海关要求提交《货物暂时进/出境申请书》、暂时进出境货物清单、发票、合同或者协议以及其他相关单据。

② 暂时进出境展品的备案。境内展览会的办展人以及出境举办或者参加展览会的办展人、参展人（以下简称办展人、参展人）应当在展览品进境或者出境20日前，向主管地海关提交有关部门备案证明或者批准文件及展览品清单等相关单证办理备案手续。

展览会不属于有关部门行政许可项目的，办展人、参展人应当向主管地海关提交展览会邀请函、展位确认书等其他证明文件以及展览品清单办理备案手续。

③ 进出境报关。非ATA单证册项下暂时进出境货物申报时，货物收发货人应当填制海关进出口报关单，并向海关提交货物清单、《中华人民共和国海关货物暂时进/出境申请批准决定书》和其他相关单证。

暂时进出境货物确需进出口的，暂时进出境货物收发货人应当在货物复运出境、进境期限届满30日前向主管地海关申请，经主管地直属海关批准后，按照规定办理进出口手续。

④ 展品的续展及核销。展览会需要延期的，办展人、参展人应当在展期届满前持原批准部门同意延期的批准文件向备案地海关办理有关手续。

展览会不属于有关部门行政许可项目的，办展人、参展人应当在展期届满前持相关证明文件在备案地海关办理有关手续。

办展人、参展人应当于进出境展览品办结海关手续后30日内向备案地海关申请展览会结案。

3）集装箱箱体的报关程序。集装箱箱体既是一种运输设备也是一种货物，当货物用集装箱装载进出口时，集装箱箱体就作为一种运输设备；当企业购买进口或销售出口集装箱时，集装箱箱体就与普通进出口货物一样了。集装箱箱体在一般情况下是作为运输设备暂时进出境的，以下介绍的就是这种情况。

① 境内集装箱箱体暂准进出境。境内生产的集装箱及我国营运人购买进口的集装箱在投入国际运输前，营运人应当向所在地海关办理登记手续。无论是否装载货物，海关准予登记并符合规定的集装箱箱体暂准进出境时无需办理报关手续，进出境也没有期限限制。

② 境外集装箱箱体暂准进境。无论是否装载货物，境外集装箱箱体暂准进境时应向海关申报，并应自进境之日起6个月内复运出境。特殊情况经海关批准可以延期，

但延长期最长不得超过3个月。

二、 进出境快件的报关程序

1. 进出境快件的含义

进出境快件是指进出境快件经营人以向客户承诺的快速商业运作方式承揽、承运的进出境的货物、物品。进出境快件分为文件类、个人物品类和货物类。

2. 进出境快件的报关期限

进境快件应当自运输工具申报进境之日起14日内，出境快件应当在运输工具出境3小时之前，向海关申报。

3. 进出境快件的报关程序

1）文件类进出境快件报关时，经营人应当向海关提交“中华人民共和国进出境快件KJ1报关单”、总运单副本和其他所需单证。

2）个人物品类进出境快件报关时，经营人应当向海关提交“中华人民共和国进出境快件个人物品报关单”、每一进出境快件的分运单、进境快件收件人或出境快件发件人身份证复印件和其他所需单证。

3）货物类进境快件报关分以下几种情况：

① 关税税额在人民币50元以下的货物和海关规定免税的货样、广告品报关时，提交“中华人民共和国进出境快件KJ2报关单”、每一进境快件的分运单、发票和其他所需单证。

② 应征税的货样、广告品（法律法规规定实行许可证件管理和需进口付汇的除外）报关时，提交“中华人民共和国进出境快件KJ3报关单”、每一进境快件的分运单、发票和其他所需单证。

③ 其他货物类进境快件一律按进口货物报关。

4）货物类出境快件报关分以下几种情况：

① 货样、广告品（法律法规规定实行许可证件管理的、应征出口税的、需出口收汇的、需出口退税的除外）报关时，提交“中华人民共和国进出境快件KJ2报关单”、每一出境快件的分运单、发票和其他所需单证。

② 其他货物类出境快件一律按出口货物报关。

三、 无代价抵偿货物的报关程序

1. 无代价抵偿货物的含义

无代价抵偿货物是指进出口货物在海关放行后，因残损、短少、品质不良或规格

不符等原因，由发货人、承运人或保险公司免费补偿或更换的与原货物相同或与合同规定相符的货物。无代价抵偿货物免交进出口许可证件和免税。收发货人申报进出口的免费补偿或更换的货物，税则税目与原进出口货物的税则税目不一致的，不属于无代价抵偿货物，属于一般进出口货物。

2. 无代价抵偿货物的报关程序

无代价抵偿货物可分为两类：一种是短少抵偿；一种是残损、品质不良或规格不符抵偿。无代价抵偿货物报关时，应提交无代价抵偿货物的进出口报关单、原进出口报关单、原进出口货物退运进出境的进出口货物报关单或原进口货物交由海关处理的放弃处理证明或已经办理纳税手续的单证（短少抵偿的除外）、原进出口货物税款缴纳书或“进出口货物征免税证明”、买卖双方签订的索赔协议等。海关认为需要时，还应当提交原进出口货物残损、短少、品质不良或规格不符的商检证明及其他所需单证。

四、退运、退关货物的报关程序

1. 退运货物的报关程序

（1）一般退运货物报关

1）一般退运货物的含义。一般退运货物是指因质量不良或交货时间延误等原因被国内外买方拒收退运，或因错发错运造成的溢装、漏卸而退运的货物。

2）一般退运货物的报关。原出口货物被退运进境向海关申报时，原发货人或其代理人应提交进口货物报关单，并随附原货物的出口报关单、外汇核销单、报关单出口退税联，如已收汇核销还需提供国税局“出口商品退运已补税证明”、保险公司证明、承运人溢装、漏卸证明等。原出口货物在一年内被退运进境的，海关核实后，免征进口税。原出口货物出口时已征出口税的，只要重新缴纳因出口而退还的国内环节税的，自缴纳出口税之日起1年内可以退还出口税。

原进口货物被退运出境向海关申报时，原收货人或其代理人应提交出口货物报关单，并随附原货物的进口报关单、保险公司证明、承运人溢装、漏卸证明等。原进口货物在一年内被退运出境的，海关核实后，免征出口税。原进口货物进口时已征进口税的，自缴纳进口税之日起1年内可以退还进口税。

（2）直接退运货物报关

1）直接退运货物的含义。直接退运货物是指进口货物进境后向海关申报，但由于特殊原因无法继续办理进口手续，经主管海关批准将货物全部退运境外的货物。

2）直接退运货物的范围。

① 因国家贸易管理政策调整，收货人无法提供相关证件的。

② 属于错发、误卸或者溢卸货物，能够提供发货人或者承运人书面证明文书的。

③ 收发货人双方协商一致同意退运，能够提供双方同意退运的书面证明文书的。

④ 有关贸易发生纠纷，能够提供法院判决书、仲裁机构仲裁决定书或者无争议的有效货物所有权凭证的。

⑤ 货物残损或者国家检验检疫不合格，能够提供国家检验检疫部门根据收货人申请而出具的相关检验证明文书的。

3）直接退运货物的报关。直接退运应自载运的运输工具申报进境之日起或自运输工具卸货之日起 3 个月内，由货物所有人或其代理人向进境地海关提交《进口货物直接退运申请书》，进口货物直接退运由直属海关或者其授权的隶属海关决定。

2. 退关货物的报关程序

退关货物又称出口退关货物，是指出口货物在向海关申报出口后已被海关放行，但因故未能装上运输工具，发货人请求将货物退运出海关监管区域不再出口的货物。

出口货物的发货人或其代理人应当在知道货物未能装上运输工具并决定不再出口之日起 3 天内，向海关申请退关；在海关批准后才能将货物运出海关监管场所。已缴纳出口税的退关货物，可以在缴纳税款之日起 1 年内向海关申请退税。

参加莱比锡博览会的出口展览品应如何进行出口报关呢？

本章学习路径

本章包括五方面内容：①报关程序概述；②一般进出口货物；③保税货物；④特定减免税货物；⑤其他进出境货物。其汇总如下：

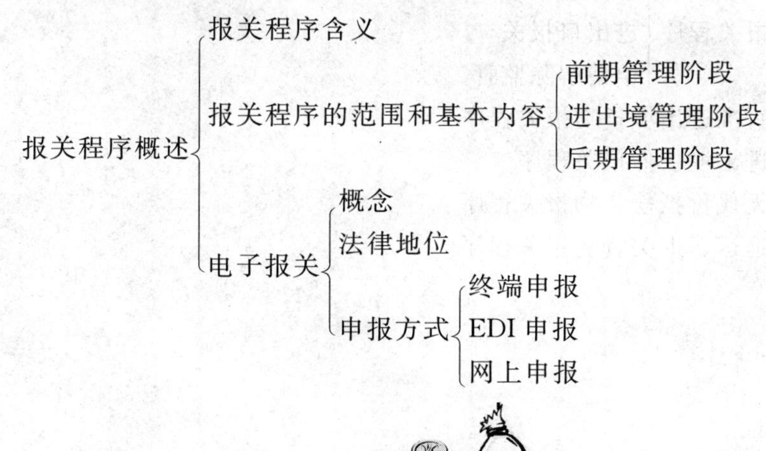

- 一般进出口货物
  - 一般进出口货物含义
  - 一般进出口货物特征和范围
  - 报关程序
    - 进出口申报
      - 申报地点
      - 申报期限
      - 申报步骤
    - 配合查验
    - 缴纳税费
    - 提取或装运货物
      - 提取货物
      - 装运货物
      - 申请签发报关单证明联
- 保税货物
  - 保税货物含义
  - 保税货物特征
  - 保税货物分类
    - 保税加工货物
    - 保税物流货物
  - 海关监管特征
  - 报关程序
    - 备案申请保税
    - 进出口报关
    - 报核申请结案
  - 加工贸易保税货物报关程序：合同备案、进出口报关、报核结案
  - 保税仓库报关程序：进库报关、出库报关
- 特定减免税货物
  - 特定减免税货物含义
  - 特定减免税货物特征
  - 特定减免税货物范围
    - 特定地区
    - 特定企业
    - 特定用途
  - 报关程序
    - 减免税申请
    - 进出口报关
    - 申请解除监管
- 其他进出境货物
  - 暂准进出境货物报关程序
  - 进出境快件报关程序
  - 无代价抵偿货物报关程序
  - 退运、退关货物报关程序

知 识 扩 充

(一)报关要点

1)熟悉国家有关进出口管理的法律、法规规章，掌握国家禁止和限制进、出口的货物、物品、技术范围。

2)属于配额和许可证管理的，或自动许可管理的货物都要向海关提交许可证件。

3)属于出入境检验检疫范围的货物，应当先办理报检手续，后办理报关手续。

4)对于国家已经宣布采取反倾销措施的货物，报关时应当向海关提交原产地证明和原厂商发票。

5)对于国家宣布采取临时保障措施的货物，对海关总署公告宣布已经达到配额总量或国别限量的，该货物报关进口时应当向海关增加缴纳特别关税。

6)我国出口货物复运进口报关时应当向海关提交国家外经贸主管部门的批准文件。

7)外商投资企业应当按其经营范围进口本企业自用的设备、材料和其他物品，出口自产产品。

8)租赁贸易进口货物，应当填写两份报关单，一份按货物的实际价值填写，作为海关的统计专用，一份按货物的实际支付租金填写，作为海关征收关税专用。

(二)"属地申报，口岸验放"通关模式

1)"属地申报，口岸验放"是指符合海关规定条件的企业进出口货物时，可自主选择向属地海关任一海关单位申报，在货物实际进出境地的口岸海关(以下简称口岸海关)办理货物验放手续的一种通关方式。

2)凡进出口企业拟采用"属地申报，口岸验放"通关模式的，需向所在地直属海关提出书面申请。直属海关参照海关对企业分类管理标准等对申请企业进行审核，并提出是否同意的书面答复意见。

3)口岸海关接受并确认进境运输工具负责人或其代理人申报的舱单电子数据后，进口货物的收货人或其代理人即可选择"属地申报，口岸验放"方式，录入《进口货物报关单》电子数据，向属地海关进行申报。

4)除海关另有规定的以外，出口货物的发货人或其代理人在出口口岸订舱后，即可选择"属地申报，口岸验放"方式，录入《出口货物报关单》电子数据，向属地海关进行申报。

5)出口货物运抵口岸海关监管场所后发生退关的，由发货人或其代理人向属地海关申请。属地海关审核无误后，出具出口退关证明，交发货人提交口岸海关办理退关手续。

6)对因海关规定或国家许可证件管理，须在属地或口岸进行申报并办理验放手续

的进出口货物，不适用于“属地申报，口岸验放”通关模式。“许可证件”不包括“入（出）境货物通关单”。

复习与思考

一、名词解释

1. 报关程序
2. 一般进出口货物
3. 保税货物
4. 特定减免税货物
5. 暂时进出境货物

二、问答题

1. 报关程序按时间先后一般分为哪几个阶段？
2. 简述一般进出口货物的申报。
3. 简述加工贸易保税货物的报关程序。
4. 简述特定减免税货物的报关程序。
5. 简述进出境快件的报关程序。
6. 保税货物如何分类？

第九章　进出口税费

导　读

依法征收进出口税费是海关的四项基本任务之一，依法缴纳税费是有关纳税义务人的基本义务。因此，熟练计算关税、消费税、增值税等税费是报关员必须掌握的基本报关技能。关税主要从价计征，其税额的高低取决于完税价格和税率两个因素，因此如何确定关税的完税价格、确定进口货物的原产地和运用关税税率是本章的主要知识点。

第一节　进出口税费概述

一、关税的含义、特征及作用

关税（Customs Duty；Tariff）是国家税收的重要组成部分，是由海关代表国家，按照国家制定的关税政策和公布实施的税法及进出口税则，对进出关境的货物（贸易性关税）和物品（非贸易性关税）向纳税义务人征收的一种流转税。

1. 关税的特征

（1）征收主体

中华人民共和国海关是关税的法定征收机关。

（2）纳税主体

纳税主体即纳税义务人，进口货物的收货人、出口货物的发货人、进出境物品的所有人，是关税的纳税义务人。保管海关监管货物有过失的当事人应当承担相应的纳税义务和法律责任。

（3）征收的对象

准许进出口的货物和进出境的物品。

（4）征税的法律依据

《海关法》、《进出口税则》、《进出口关税条例》、《海关审定进出口货物完税价格办法》、《海关进出口货物征税管理办法》、《进出口货物原产地条例》等。

（5）关税是一种流转税

我国的流转税包括增值税、消费税、营业税和关税。

（6）关税是一种间接税

进出口货物的收、发货人可将关税计入价格中从而转嫁给消费者。

（7）关税是一种国税

关税是国家中央财政收入的重要组成部分。

2. 关税的作用

关税是国家税收的重要组成部分，是国家保护国内经济、实施财政政策、调整产业结构、发展进出口贸易的重要手段，也是世界贸易组织允许各缔约国保护其境内经济的一种手段。

二、 关税的分类

1. 按征税货物的流向分

(1) 进口关税

进口关税是指海关对进入其关境内的货物和物品征收的关税。在国际贸易中，它一直被各国公认是一种重要的经济保护手段。

(2) 出口关税

出口关税是指海关对出境货物和物品征收的关税。

(3) 过境关税

过境关税过境关税是外国经过本国国境运往另一国的货物所征收的一种关税。

想一想

为什么关税中最主要的是进口税？

2. 按计征标准分为

(1) 从价税

从价税是以课税对象的价格作为计征标准，以应征税额占价格的百分比为税率征收的关税。这是世界各国最主要的计税标准。

(2) 从量税

从量税是以课税对象的计量单位（如重量、数量、容量、长度等）作为计征标准，以每一计量单位的应征税额征收的关税。我国前对冻鸡、胶卷、啤酒（最惠国税率为零）和石油原油（最惠国税率为零）等进口商品征收从量关税。

(3) 复合税

复合税是指在海关税则中，对一个税目中的商品同时使用从价、从量两种计征标准，计税时按两者之和作为应征税额征收的关税。

(4) 滑准税

滑准税是指在海关税则中，预先按产品的价格高低分档制定若干个不同的税率，然后根据进口商品的变动而增减进口税率的一种关税。当商品价格上涨时采用较低税率，当商品价格下跌时则采用较高税率，其目的是使该种商品的国内市场价格保持稳定。2007 年我国对配额外进口的一定数量棉花适用滑准税率，税率滑动范围为 6%～40%。

想一想

为什么从价税是关税计算中最主要的方法？

3. 按差别待遇分为最惠国关税、协定关税、特惠关税、普通关税。

4. 按进口征税的主次程度分

（1）进口正税

进口正税是按海关税则中的法定进口税率征收的进口税。

（2）进口附加税

进口附加税是对进口货物除征收正税之外另行征收的进口税。它一般具有临时性，包括反倾销税、反补贴税、保障性关税、特别关税（报复性关税）等。目前，我国征收的进口附加税主要为反倾销税。

三、 进口环节税

进口货物和物品在办理海关手续放行后，进入国内流通领域，与国内货物同等对待，所以应缴纳国内税。为了简化征税手续，进口货物和物品的一些国内税依法由海关在进口环节征收。目前，由海关征收的国内税费主要有增值税和消费税两种。

1. 增值税

增值税（Value-added Tax）是指以商品的生产、流通和劳务服务各个环节所创造的新增价值为课税对象而征收的一种流转税。

增值税的课税对象为绝大多数流通的商品（出口环节免征）。增值税的一般税率为17%；对少数国计民生的商品实行13%的优惠税率。出口货物税率为0%，但是国务院另有规定的除外。纳税人提供加工、修理修配劳务税率为17%。

资料卡

纳税人销售或者进口下列货物，增值税税率为13%：

1）粮食、食用植物油。

2）自来水、暖气、冷气、热水、煤气、石油液化气、天然气、沼气、居民用煤炭制品。

3）图书、报纸、杂志。

4）饲料、化肥、农药、农机、农膜。

5）相关规定的其他货物。

2. 消费税

消费税（Excise）是以消费品或消费行为的流转额作为课税对象而征收的一种流转税。

在中国境内生产、委托加工和进口消费税暂行条例规定的消费品的单位和个人，

为消费税的纳税义务人，应当依照消费税条例缴纳消费税。进口环节消费税的缴纳期限与关税相同。

消费税的课税对象即征收范围，仅限于少数商品。目前我国应征消费税货物包括烟、酒及酒精、化妆品、贵重首饰及珠宝玉石、鞭炮及焰火制品、成品油（汽油、柴油、石脑油、溶剂油、润滑油、燃料油、航空煤油）、汽车轮胎、摩托车、小汽车、高尔夫球及球具、高档手表、游艇、木制一次性筷子、实木地板共 14 类。

四、 进出口税费的计算公式

1. 进口关税的计算公式

（1）从价计算公式

进口货物从价税应征税额＝进口货物完税价格×适用的进口关税税率

进口货物完税价格＝CIF 价格

（2）从量计算公式

进口货物从量税应征税额＝进口货物数量×适用的单位税额

（3）复合计算公式

复合税应征税额＝货物的完税价格×从价税税率＋货物计量单位总数×从量税税率

2. 反倾销税的计算公式

反倾销税税额＝货物的完税价格×反倾销税税率

进口环节增值税额＝(海关完税价格＋关税税额＋反倾销税税额)×进口环节增值税税率

倾销产品的出口商不同，适用的反倾销税税率不同。

3. 出口货物关税的计算公式

（1）从价计算公式

出口货物从价税应征税额＝出口货物完税价格×适用的出口关税税率

出口货物完税价格＝FOB 价格÷（1＋出口关税税率）

（2）从量计算公式

出口货物从量税应征税额＝出口货物数量×适用的单位税额

4. 进口环节税的计算公式

（1）增值税的计算公式

1）14 种应征消费税的商品之一。

增值税组成计税价格＝关税完税价格＋关税税额＋消费税税额

增值税应纳税额＝组成计税价格×增值税税率

2）14 种应征消费税的商品之外。

增值税组成计税价格＝关税完税价格＋关税税额

增值税应纳税额＝组成计税价格×增值税税率

（2）消费税的计算公式

1）从价税。

消费税组成计税价格＝（关税完税价格＋关税）÷（1—消费税税率）

消费税应纳税额＝组成计税价格×消费税税率

2）从量税（汽油、柴油、黄酒、啤酒）。

从量应纳税额＝销售数量×单位税额

3）复合税。

复合应纳税额＝销售数量×单位税额＋组成计税价格×消费税税率

五、 滞纳金

1. 征收标准

海关填发《海关专用缴款书》次日起的第 16 日起征，每日为应缴税额的 0.05％，采用四舍五入法计算至分。滞纳金的起征点为 50 元。

2. 计算公式

关税滞纳金金额＝应缴关税税额×0.05％×滞纳天数

代征税滞纳金金额＝应缴代征税税额×0.05％×滞纳天数

注：中间遇休息日或者法定节假日的，不予扣除。缴款期限届满日遇星期六、星期日等休息日或者法定节假日的，应当顺延至休息日或者法定节假日之后的第一个工作日。

第二节　进出口货物完税价格的审定

一、 进口货物完税价格的审定

从价税是海关计征关税最主要的方法，审定进出口货物的完税价格是海关从价计征关税的一个重要步骤。进出口货物完税价格是指经海关依法审定的作为计征从价税税额的依据的价格。《海关法》、《进出口关税条例》及《海关审定进出口货物完税价格办法》是海关审定进口货物完税价格最主要的法律依据。海关确定进口货物完税价格有六种估价方法：成交价格方法、相同货物成交价格方法、类似货物成交价格方法、

倒扣价格方法、计算价格方法和合理方法。这六种估价方法必须依次使用，即只有在不能使用前一种估价方法的情况下，才可以顺延使用其他估价方法。

1. 成交价格方法

进口货物的完税价格包括货物的货价、货物运抵中国境内输入地点起卸前的运输及其相关费用、保险费。成交价格方法就是海关以货物的成交价格为基础，再计入或扣减有关的项目最终确定进口货物的完税价格。

（1）计入完税价格的项目

1）除购货佣金以外的佣金和经纪费。

2）与进口货物视为一体的容器费用。

3）包装材料和包装劳务费用。

4）协助的价值，即由买方直接或间接免费提供或以低于成本价的方式销售给卖方或有关方的，未包括在实付或应付价格之中的货物或服务的价值。

5）特许权使用费，即进口货物的买方为取得知识产权权利人及权利人有效授权人关于专利权、商标权、专有技术、著作权、分销权或者销售权的许可或者转让而支付的费用。

6）返回给卖方的转售收益。

（2）扣减的项目

进口货物的价款中单独列明的下列税收、费用，不计入该货物的完税价格：

1）厂房、机械或者设备等货物进口后发生的建设、安装、装配、维修或者技术援助费用，但是保修费用除外。

2）进口货物运抵中国境内输入地点起卸后发生的运输及其相关费用、保险费。

3）进口关税、进口环节海关代征税及其他国内税。

4）为在境内复制进口货物而支付的费用。

5）境内外技术培训及境外考察费用。

（3）成交价格必须具备的条件

1）买方对进口货物的处置和使用不受限制。

2）货物的出口销售或价格不应受到某些条件或因素的影响。

3）卖方不得直接或间接从买方获得因转售、处置或使用进口货物而产生的任何收益，除非上述收益能够被合理确定。

4）买卖双方之间的特殊关系不影响价格。

买卖双方之间的成交价格若不符合上述条件，则不能适用成交价格方法估价。

资料卡

有下列情形之一的，应当认为买卖双方存在特殊关系：

①买卖双方为同一家族成员的；②买卖双方互为商业上的高级职员或者董事的；

③一方直接或者间接地受另一方控制的；④买卖双方都直接或者间接地受第三方控制的；⑤买卖双方共同直接或者间接地控制第三方的；⑥一方直接或者间接地拥有、控制或者持有对方5%以上（含5%）公开发行的有表决权的股票或者股份的；⑦一方是另一方的雇员、高级职员或者董事的；⑧买卖双方是同一合伙的成员的。

买卖双方在经营上相互有联系，一方是另一方的独家代理、独家经销或者独家受让人，如果符合前款的规定，也应当视为存在特殊关系。如果买卖双方存在特殊关系，则可能对成交价格产生影响。

2. 相同或类似货物成交价格方法

当须纳税货物不存在成交价格或虽存在成交价格，但不被海关接受时，海关可采用相同或类似货物成交价格方法进行估价。

（1）相同或类似货物的时间要素

时间要素是指相同或类似货物必须与进口货物同时或大约同时进口，其中的“同时或大约同时”，为在进口货物接受申报之日的前后各45天以内。

（2）价格调整

采用相同或类似货物成交价格估价方法，必须使用与进口货物相同商业水平、大致相同数量的相同或类似货物。如果没有相同商业水平和大致相同数量，可以采用不同商业水平和不同数量销售的相同或类似进口货物，但必须对因商业水平和数量、运输距离和方式的不同所产生的价格方面的差异作出调整，调整必须建立在客观量化的数据资料的基础上。

3. 倒扣价格方法

该方法以进口货物、相同或类似进口货物在进口国国内转售价格为基础，扣除一些费用来估定完税价格。

1）按用以倒扣的价格销售的货物应同时符合的条件。

① 在被估货物进口时或大约同时销售。“进口时或大约同时”为在进口货物接受申报之日的前后各45天以内。

② 按照进口时的状态销售。必须以进口货物、相同或类似进口货物按进口时的状态销售的价格为基础。如果没有按进口时的状态销售的价格，可以使用经过加工后在境内销售的价格作为倒扣的基础。

③ 在境内第一环节销售。

④ 合计的货物销售总量最大。必须使用被估的进口货物、相同或类似进口货物以最大总量单位售予境内无特殊关系方的价格为基础估定完税价格。

⑤ 向境内无特殊关系方的销售。

2）倒扣价格方法应扣除的费用。

① 该货物的同等级或同种类货物在境内销售时的利润和一般费用及通常支付的佣金。

② 货物运抵境内输入地点之后的运费、保险费、装卸费及其他相关费用。

③ 进口关税、进口环节税和其他与进口或销售该货物有关的国内税。

④ 加工增值额。加工增值额主要是指如果使用经过加工后在境内转售的价格作为倒扣的基础，必须扣除这部分价值。

4. 计算价格方法

该方法以被估货物发生在生产国或地区的生产成本作为基础来估定完税价格。

采用计算价格方法的进口货物的完税价格由下列各项的总和构成：

1）生产该货物所使用的原材料价值和进行装配或其他加工的费用。

2）与向我国境内出口销售同级或同类货物相符的利润和一般费用。

3）货物运抵中华人民共和国境内输入地点起卸前的运输及其相关费用、保险费。

5. 合理方法

合理的估价方法，实际上不是一种具体的估价方法，而是规定了使用方法的范围和原则，即运用合理方法，必须符合《关税条例》、《审价办法》的公平、统一、客观的估价原则，必须以境内可以获得的数据资料为基础。

二、进口货物完税价格中运费、保险费的计算

1. 运费的计算标准

进口货物的运费，应当按照实际支付的费用计算。如果进口货物的运费无法确定或未实际发生，海关应当按照该货物进口同期运输行业公布的运费率（额）计算。

2. 保险费的计算标准

进口货物的保险费，应当按照实际支付的费用计算。如果进口货物的保险费无法确定或未实际发生，海关应当按照“货价加运费”两者总额的‰。计算保险费，其计算公式：保险费＝（货价＋运费）×3‰

案例分析 9-1

案情简介

上海某进出口公司于2006年9月从美国进口一批货物，成交价9000万元（包括货

物进口后装配调试费用60万元、向境外采购代理人支付的买方佣金50万元，不包括向境外支付的软件费用50万元、向卖方支付的佣金15万元)。另支付运抵上海港的运费120万元、保险费85万元。

问题

该进口货物的完税价格为多少元？

要点提示

装配调试费用60万元及向境外采购代理人支付的买方佣金50万元不计入进口货物的完税价格；向境外采购代理人支付的买方佣金50万元、另行支付的软件费用50万元、卖方佣金15万元及运费120万元、保险费85万元须计入完税价格。所以，进口货物完税价格＝9000－60－50＋50＋15＋120＋85＝9160万元人民币。

三、 出口货物完税价格的审定

1. 成交价格法

《海关审定进出口货物完税价格办法》第21条规定，出口货物的完税价格由海关以该货物向境外销售的成交价格为基础审查确定，并应包括货物运至中华人民共和国境内输出地点装载前的运输及其相关费用、保险费，但其中包含的出口关税税额，应当扣除。出口货物的成交价格是指该货物出口销售到中华人民共和国境外时买方向卖方实付或应付的价格。

(1) 扣除的因素

1) 出口货物的成交价格中含有支付给境外的佣金的，若单独列明，应当扣除。

2) 出口货物的销售价格如果包括离境口岸至境外口岸之间的运费、保险费的，该运费、保险费应当扣除。

3) 出口货物的销售价格中包含的出口关税税额应当扣除。

(2) 计入的因素

货物运至中华人民共和国境内输出地点装载前的运输及其相关费用、保险费应当计入出口货物的完税价格。如成交价格为EXW，计入的因素应包括自仓库或工厂至出境地的运费、保险费等。

想一想

某出口货物的成交价格为CIF C3 Kobe，其完税价格应扣除的因素包括哪些？

2. 其他估价方法

出口货物的成交价格不能确定时，完税价格由海关依次使用下列方法估定：

1）同时或大约同时向同一国家或地区出口的相同货物的成交价格。

2）同时或大约同时向同一国家或地区出口的类似货物的成交价格。

3）根据境内生产相同或类似货物的成本、利润和一般费用、境内发生的运输及其相关费用、保险费计算所得的价格。

4）按照合理方法估定的价格。

第三节　进口货物原产地的确定与税率适用

一、进口货物原产地的确定

1. 原产地规则的含义

WTO《原产地规则协议》将原产地规则定义为：一国（地区）为确定货物的原产地而实施的普遍适用的法律、法规和行政决定。

世界各国均制定其国别贸易政策，即对来源不同原产地的进口货物实施不同的关税及非关税措施，因此从某种意义上说，原产地规则就是贸易待遇规则。原产地被称为货物的“经济国籍”。货物出口地及出厂地不等同于货物原产地。

2. 原产地规则类别

从适用目的的角度划分，原产地规则分为优惠原产地规则和非优惠原产地规则。

（1）优惠原产地规则

优惠原产地规则是指一国为了实施国别优惠政策而制定的原产地规则，优惠范围以原产地为受惠国的进口产品为限。其具体的原产地标准是给惠国和受惠国通过双边或多边协定形式制定的，所以又称为“协定原产地规则”。

我国加入世界贸易组织，为了进一步加强与有关国家和地区的贸易关系，推进市场多元化进程，至 2007 年 2 月为止，先后签订了《亚洲及太平洋经济和社会理事会发展中国家成员国关于贸易谈判的第一协定》（又称《亚太贸易协定》）、《中华人民共和国与东南亚国家联盟全面经济合作框架协议》（又称《框架协议》）、《内地与香港关于建立更紧密经贸关系的安排》（又称 CEPA 香港）、《内地与澳门关于建立更紧密经贸关系的安排》（又称 CEPA 澳门）、《中华人民共和国政府与巴基斯坦伊斯兰共和国政府关于自由贸易协定早期收获计划的协议》（以下简称《早期收获协议》）、《中国向柬埔寨提供优惠关税待遇的换文》、《中国向缅甸提供优惠关税待遇的换文》、《中国向老挝提供优惠关税待遇的换文》、《中华人民共和国与智利共和国政府自由贸易协定》（以下简称《中智自贸协定》）等区域性贸易协定。上述协定框架下的优惠贸易协定，均适用相应的优惠原产地规则。

(2) 非优惠原产地规则

非优惠原产地规则是指一国根据实施其海关税则和其他贸易措施的需要，由本国自主制定的原产地规则，故也称为“自主原产地规则”。它适用于判断进口货物是否适用最惠国税率、反倾销反补贴税率、保障措施等非双边、非多边优惠的贸易政策。

3. 优惠原产地认定标准

优惠原产地认定标准主要有“完全获得标准”、“增值标准”、“直接运输标准”。

(1) 完全在某一受惠国（地区）获得

1) 在该国（地区）领土或领海开采的矿产品。

2) 在该国（地区）领土或领海收获或采集的植物产品。

3) 在该国（地区）领土出生和饲养的活动物及从其所得产品。

4) 在该国（地区）领土或领海狩猎或捕捞所得的产品。

5) 由该国（地区）船只在公海捕捞的水产品和其他海洋产品。

6) 该国（地区）加工船加工的前述第5）项所列物品所得的产品。

7) 在该国（地区）收集的仅适用于原材料回收的废旧物品。

8) 该国（地区）加工制造过程中产生的废碎料。

9) 该国（地区）利用上述1）～8）项所列产品加工所得的产品。

(2) 增值标准（非完全在某一受惠国获得）

对于非完全在某一受惠国获得或生产的货物，满足以下条件时，应以进行最后加工制造的受惠国视为有关货物的原产国（地区）：

1) 货物的最后加工制造工序在受惠国完成。

2) 用于加工制造的非原产于受惠国及产地不明的原材料、零部件等成分的价值占进口货物FOB的比例，在上述不同的协定框架下，增值标准各有不同，见表9.1。

表9.1　优惠原产地规则增值标准

协定名称	增值标准/%
《亚太贸易协定》	50
《框架协议》	40
《CEPA协议》	30
《早期收获协议》	40
《中智协定》	40
非洲最不发达国家原产地规则	40

(3) 直接运输标准

不同协定框架下的优惠原产地规则中的直接运输标准各有不同。

1）《亚太贸易协定》规则的“直接运输”是指：

① 货物运输未经非受惠国关境。

② 货物虽经一个或多个非受惠国关境，但其有充分理由证明过境运输完全出于地理原因或商业运输的要求，并能证明货物在运输过程中未在非受惠国关境内使用、交易或消费，以及除装卸和为保持货物良好状态而接受的简单处理外，未经任何其他处理。经非受惠国运输进口的货物适用《亚太贸易协定》税率时，应进口地海关要求，进口货物收货人应提交过境海关签发的对上述事项的证明或其他证明材料。对于非直接运输进境的货物，不能适用《亚太贸易协定》税率，海关依法确定进口货物的原产地，并据以确定适用税率。

2）《框架协议》规则的“直接运输”是指《框架协议》项下的进口货物从某一东盟国家直接运输至我国境内，或者从某一东盟国家经过其他自由贸易区成员国（地区）境内运输至我国，但途中没有经过任何非自由贸易区成员国（地区）境内。进口货物运输途中经过非自由贸易区成员国（地区）境内（包括转换运输工具或者作临时储存）运输至我国，并且同时符合下列条件的，视为从东盟国家直接运输：

① 仅是由于地理原因或者运输需要。

② 产品经过上述国家时未进行贸易或者消费。

③ 除装卸或者为保持产品良好状态而进行的加工外，产品在上述国家未经过任何其他加工。

资料卡

曼谷协定变身亚太贸易协定

2005 年 11 月 2 日，《曼谷协定》签署 30 年来首届部长级理事会在北京举行。中国、孟加拉、印度、韩国、老挝、斯里兰卡 6 个成员国均派出部长级代表团参会，印尼、蒙古等 9 个非成员国也派员出席了此次会议。中国商务部部长薄熙来率团与会并主持会议，商务部副部长易小准参加了会议。

《曼谷协定》签订于 1975 年，是在联合国亚太经济社会理事会主持下，在发展中国家之间达成的一项优惠贸易安排。《曼谷协定》六个成员国地处东亚和南亚这两大重要区域，是亚太地区唯一连接东亚和南亚的区域贸易安排。拥有近 26 亿人口的大市场，2004 年 GDP 达到 3 万亿美元，贸易规模近 2 万亿美元。2004 年中国与其他成员国的贸易总额为 1045 亿美元，经济发展潜力大，相互合作前景好。

会议决定，从 2006 年 7 月 1 日起开始实施《曼谷协定》第三轮关税减让谈判结果。加上现有关税优惠减让清单，新的清单合计涉及 4000 多个税目产品的关税削减。各国提供优惠关税的产品数目分别为：中国 1697 个 8 位税目，印度 570 个 6 位税目，韩国 1367 个 10 位税目，斯里兰卡 427 个 6 位税目，孟加拉 209 个 8 位税目。主要产品包括

农产品、纺织品和化工产品等。

来源：国际商报

3）CEPA香港项下的进口货物应当从香港直接运输至内地口岸。CEPA澳门项下的进口货物不能从香港以外的地区或者国家转运。

4）中国-巴基斯坦自由贸易区原产地规则的“直接运输规则”：一是货物未经过任何中国和巴基斯坦之外的国家或者地区境内运输；二是货物运输途中经过一个或者多个中国和巴基斯坦之外的国家或者地区，不论是否在这些国家或者地区转换运输工具或者作临时储存，并且同时符合下列条件：仅是由于地理原因或者运输需要；货物未在这些国家或者地区进入贸易或者消费领域；除装卸或者其他为使货物保持良好状态的处理外，货物在这些国家或者地区未经任何其他加工。

4. 非优惠原产地认定标准

非优惠原产地认定标准的法律依据是《中华人民共和国进出口货物原产地条例》和《关于非优惠原产地规则中实质性改变标准的规定》。非优惠原产地认定标准包括“完全在一国（地区）获得”和非“完全在一国（地区）获得”两种情况。

（1）“完全在一国（地区）获得

以下产品视为“完全在一国（地区）获得：

1）在该国（地区）出生并饲养的活的动物。

2）在该国（地区）野外捕捉、捕捞、搜集的动物。

3）从该国（地区）的活的动物获得的未经加工的物品。

4）在该国（地区）收获的植物和植物产品。

5）在该国（地区）采掘的矿物。

6）在该国（地区）获得的除上述1）～5）项范围之外的其他天然生成的物品。

7）在该国（地区）生产过程中产生的只能弃置或者回收用作材料的废碎料。

8）在该国（地区）收集的不能修复或者修理的物品，或者从该物品中回收的零件或者材料。

9）由合法悬挂该国旗帜的船舶从其领海以外海域获得的海洋捕捞物和其他物品。

10）在合法悬挂该国旗帜的加工船上加工上述第9）项所列物品获得的产品。

11）从该国领海以外享有专有开采权的海床或者海床底土获得的物品。

12）在该国（地区）完全从上述1）～10）项所列物品中生产的产品。

（2）非“完全在一国（地区）获得”

非“完全在一国（地区）获得”以实质性改变作为确定标准，实质性改变的确定标准，以税则归类改变为基本标准；税则归类改变不能反映实质性改变的，以从价百分比、制造或者加工工序等为补充标准。

这里所称的税则归类改变，是指在某一国家（地区）对非该国（地区）原产材料进行制造、加工后，所得货物在《中华人民共和国进出口税则》中的四位数级税目归类发生了变化。

这里所称的从价百分比，是指在某一国家（地区）对非该国（地区）原产材料进行制造、加工后的增值部分，超过所得货物价值的30%。用公式表示如下：

（工厂交货价－非该国/地区原产材料价值）÷工厂交货价×100%≥30%

“工厂交货价”是指支付给制造厂生产的成品的价格。

“非该国（地区）原产材料价值”是指直接用于制造或装配最终产品而进口原料、零部件的价值（含原产地不明的原料、零配件），以其进口“成本、保险费加运费”价格（CIF）计算。

这里所称的制造或者加工工序，是指在某一国家（地区）进行的赋予制造、加工后所得货物基本特征的主要工序。

5. 原产地证明书

原产地证明书是证明产品原产于某地的书面文件。它是受惠国的原产品出口到给惠国时享受关税优惠的凭证，同时也是进口货物是否适用反倾销、反补贴税率、保障措施等贸易政策的参考凭证。优惠原产地证明书由指定的官方机构出具，非优惠原产地证明书还可由相关的民间机构出具。在我国优惠原产地证明书由各地的出入境检验检疫机构出具，非优惠原产地证明书还可由贸促会等民间机构出具。优惠原产地证明书由出口商寄交进出口享受关税优惠。

二、 关税税率的适用

目前我国进口关税实施复式税则，出口关税实施单式税则（部分设暂定税率），在实践中，须正确掌握其适用规则。

小知识

单式税则和复式税则

单式税则是指对一个税目制订一个税率，适用于来自或出口至任何国家或地区的商品；复式税则是指对一个税目制订两个以上的税率，分别适用于来自或出口至不同国家或地区的商品。

1. 进口关税税率的种类及适用（见表9.2）

我国进口税则实行复式税率，目前设最惠国税率、普通税率、协定税率、特惠税

率、关税配额税率、贸易救济措施税率（反倾销税率、反补贴税率和保障措施税率）和报复关税税率等税率。对进口货物在一定期限内可以实行暂定税率。

表 9.2 进口关税税率种类及其适用

税率种类	适用范围	备注
最惠国税率	WTO成员国、与我国订有双边最惠国协议的国家和我国大陆生产的货物复进口的货物	有暂定税率的，应当适用暂定税率
普通税率	普通税率适用于与我国尚未订立关税互惠协议的国家及原产地不明的进口货物	适用普通税率的进口货物，不适用暂定税率
协定税率	《亚太贸易协定》、《框架协议》、《早期收获》、《中智协定》	有暂定税率的，应当从低适用税率
特惠税率	《CEPA协议》（香港、澳门）项下的进口货物原产于老挝、柬埔寨、缅甸、孟加拉、也门、马尔代夫、萨摩亚、瓦努阿图、阿富汗、伊斯兰和指定的非洲最不发达的国家进口的货物；原产于台湾地区的15种进口鲜水果和19种农产品	有暂定税率的，应当从低适用税率
关税配额税率	目前我国对化肥（磷酸二铵、复合肥、尿素）和农产品（小麦、玉米、大米、食糖、棉花、羊毛和毛条）实行关税配额管理	配额内进口货物适用较最惠国税率低的税率，配额外进口货物适用最惠国税率（或普通税率）
贸易救济措施税率	规定的原产于相关国家的进口货物	
报复关税税率	规定的原产于相关国家的进口货物	

注：执行国家有关进出口关税减征政策时，首先应当在最惠国税率基础上计算有关税目的减征税率，然后根据进口货物的原产地及各种税率形式的适用范围，将这一税率与同一税目的特惠税率、协定税率、进口暂定最惠国税率进行比较，税率从低执行，但不得在暂定最惠国税率基础上再进行减免。

2007年关税配额商品进出口税率见表9.3。

表 9.3 2007年关税配额商品进口税率表

序号	商品类别	税则号列	普通税率/%	最惠国税率/%	关税配额税率/%
1	小麦	10011000	180	65	1
		10019010	180	65	1
		10019090	180	65	1
		11010000	130	65	6
		11031100	130	65	9
		11032010	180	65	10
2	玉米	10051000	180	20	1
		10059000	180	65	1
		11022000	130	40	9
		11031300	130	65	9
		11042300	180	65	10

续表

序　　号	商品类别	税则号列	普通税率/%	最惠国税率/%	关税配额税率/%
3	稻谷和大米	10061011	180	65	1
		10061019	180	65	1
		10061091	180	65	1
		10061099	180	65	1
		10062010	180	65	1
		10062090	180	65	1
		10063010	180	65	1
		10063090	180	65	1
		10064010	180	65	1
		10064090	180	65	1
		11029011	130	40	9
		11029019	130	40	9
		11031921	70	10	9
		11031929	70	10	9
4	糖	17011100	125	50	15
		17011200	125	50	15
		17019100	125	50	15
		17019910	125	50	15
		17019920	125	50	15
		17019990	125	50	15
5	羊毛	51011100	50	38	1
		51011900	50	38	1
		51012100	50	38	1
		51012900	50	38	1
		51013000	50	38	1
		51031010	50	38	1
6	毛条	51051000	50	38	3
		51052100	50	38	3
		51052900	50	38	3
7	棉花	52010000	125	40 [注 1]	1
		52030000	125	40	1
8	化肥	31021000	150	50	4 [注 2]
		31052000	150	50	4 [注 3]

续表

序　号	商品类别	税则号列	普通税率/%	最惠国税率/%	关税配额税率/%
		31053000	150	50	4［注 4］

［注 1］：

对配额外进口的一定数量棉花适用滑准税率，税率滑动范围为 6%～40%，具体方式为：

1）当进口棉花完税价格高于或等于 11.397 元/公斤时，暂定关税税率为 6%；

2）当进口棉花完税价格低于 11.397 元/公斤时，暂定关税税率按下式计算：

$$R_i = \underset{(R_i \leqslant 40\%)}{INT}\left[\left(\frac{P_t}{P_i \times E} + \alpha \times P_i \times E - 1\right) \times 1000 + 0.5\right] / 1000$$

关税税款$= R_i \times P_i \times E$

其中：

R_i—暂定关税税率，当 R_i 按上式计算值高于 40%时，取值 40%；

P_t—常数，为 8.8 元/公斤；

P_i—关税完税价格，CIF 价格，单位为“美元/公斤”；

E—美元汇率；

α—常数，为 2.526%；

INT—取整函数（即小数点后面的数一律舍去）。

［注 2～4］：暂定税率为 1%。

2. 出口关税税率的适用

我国出口税则实行单一税率，适用出口税率的出口货物，如实施暂定税率，实行从低适用税率的原则。

3. 适用税率的时间

（1）基本原则

我国《进出口关税条例》规定，进出口货物应当适用海关接受该货物申报进口或者出口之日实施的税率。

（2）特殊情况

1）进口货物到达前，经海关核准先行申报的，适用装载该货物的运输工具申报进境之日实施的税率。

2）进口转关运输货物，适用指运地海关接受该货物申报进口之日实施的税率；货物运抵指运地前，经海关核准先行申报的，适用装载该货物的运输工具抵达指运地之日实施的税率。

3）出口转关运输货物，适用启运地海关接受该货物申报出口之日实施的税率。

4）经海关批准，实行集中申报的进出口货物，适用每次货物进出口时海关接受该货物申报之日实施的税率。

5）因超过规定期限未申报而由海关依法变卖的进口货物，其税款计征适用装载该货物的运输工具申报进境之日实施的税率。

6）因纳税义务人违反规定需要追征税款的进出口货物，适用违反规定的行为发生之日实施的税率；行为发生之日不能确定的，适用海关发现该行为之日实施的税率。

7）已申报进境并放行的保税货物、减免税货物、租赁货物或者已申报进出境并放行的暂时进出境货物，经批准不复运出境、转让或转入国内市场销售的，适用海关接受纳税义务人再次填写报关单申报办理纳税及有关手续之日实施的税率。

出口货物关税的补征和退还，按照上述规定确定适用的税率。

案例分析 9-2

案情简介

大连某进口公司于 2007 年 3 月从韩国进口一批原产于韩国的货物（属于《亚太贸易协定》受惠商品），装载该货物的运输工具于 3 月 20 日申报进境。该公司于 3 月 22 日采用 EDI 电子申报方式向大连新港海关报关，3 月 23 日向大连新港海关提交纸质报关单。之后，该公司发现由于报关员书写失误造成申报差错，向海关要求修改申报内容，3 月 25 日海关接受纸质报关单。假设适用进口关税税率之日的暂定最惠国税率为 10%，协定税率为 12%。

问题

1）海关应当适用何日的税率计征关税？为什么？

2）海关应当适用何种税率计征关税？为什么？

要点提示

1）海关应当适用 3 月 22 日的税率计征关税，因为根据《进出口关税条例》第 15 条的规定，进口货物，应当适用接受该货物申报进口之日实施的税率。又根据《海关进出口货物申报管理规定》第 10 条第 2 款的规定，3 月 22 日为海关接受该货物申报进口之日。

2）海关应当适用暂定最惠国税率 10%计征关税，因为根据《进出口关税条例》第 11 条第 1 款的规定，适用协定税率的进口货物有暂定最惠国税率的，应当从低税用。

第四节　进出口税费的计算

一、进出口税费的计算步骤

1. 按照商品归类原则查出应税货物的税则号

2. 根据原产地规则和税率适用原则，确定应税货物所适用的税率（最惠国税率、协定税率、特惠税率、暂定最惠国税率等）

3. 根据完税价格审定规则，确定应税货物的完税价格（采用四舍五入法计至分）

4. 根据汇率适用原则，将以外币计价的完税价格折算成人民币（上一个月的第三个星期三的中行折算价）

5. 代入计算公式（税额采用四舍五入法计至分，50元以下免征）

二、 计算实例

1. 进口税、消费税、增值税的计算

（1）进口税、消费税、增值税的计算

例题1:

上海振华汽车贸易公司从日本进口排气量为90毫升的女装摩托车100台，成交价格为CIF上海100 000日元/台，且经上海海关审定。设：摩托车的关税税率为45%，增值税税率为17%，消费税税率为10%，中国人民银行折算价为100日元=6.8531元人民币。该摩托车应交纳的进口税、消费税和增值税税额为多少元人民币？

解:

1）求关税完税价格=100×100 000÷100×6.8531=685 310元

2）求进口税税额=685 310×45%=308 389.5元

3）求消费税税额=［（685 310+308 389.5）÷（1−10%）］×10%
=110 411.06元

4）求增值税税额=（685 310+308 389.5+110 411.06）×17%
=187 698.79元

（2）消费税、增值税的计算

例题2:

某贸易公司从荷兰进口了3000箱“喜力”牌啤酒，规格为24支×330毫升/箱，申报价格为FOB鹿特丹HKD50/箱，发票列明：运费为HKD20000，保险费率为0.3%，经海关审定属实。该啤酒的最惠国税率为零，消费税税额为220元/吨（1吨=988升），增值税税率为17%，中国银行折算价为100港元=106元人民币。该批啤酒的消费税和增值税分别为多少元人民币？

解:

1）求关税完税价格= CFR÷（1−110%×1%）
=（50×3000+20 000）×1.06÷（1−110%×0.3%）
=180 796.63元

2）求消费税税额=［（330×24×3000÷1000）÷988］×220=5291元

3）求增值税税额＝（180 796.63＋5291）×17％＝31 634.90 元

（3）进口税、增值税的计算

例题 3：

某进出口公司进口某批不用征收进口消费税的货物，经海关审核其成交价格总值为 CIF 境内某口岸 800.00 美元。已知该批货物的关税税率为 35％，增值税税率为 17％，当时其适用中国银行的外汇折算价为 1 美元＝8.2 元人民币。请计算应征关税和增值税。

解：

1）求关税完税价格＝800.00×8.2＝6560.00 元

2）求进口税税额＝6560.00×35％＝2296.00 元

3）求增值税税额＝（6560.00＋2296.00）×17％＝1505.52 元

2. 出口税的计算

（1）从价税的计算

例题 4：

某进出口公司出口某种货物 100 件，每件重 250 公斤，成交价 CFR 香港 50 000 元人民币。已申报运费为每公吨 350 元人民币，出口税率为 15％，问海关应征出口税为多少元人民币？

解：

1）求 FOB

F＝（100×250）÷1000×350＝8750 元

FOB＝50 000－8750＝41 250 元

2）代入公式

出口税税额＝41 250 ÷（1＋15％）×15％＝5380 元

（2）从量税的计算

例题 5：

2006 年某进出口公司出口毛制针织女式大衣 10 000 件到俄罗斯，经海关审定其成交价格为 FOB 上海 100 美元/件，其适用的税率：人民币 0.3 元/件。要求计算应纳出口关税（当时中国银行折算价为 1 美元＝8.27 元人民币）。

解：

1）税则归类，归入税则税号 61021000。

2）其适用的是从量税率 0.3 元/件。

3）计算应纳出口关税税额：

应纳出口关税税额＝10 000 件×0.3 元/件＝3000.00 元

注：目前纺织品暂停出口税。

3. 关税、代征税滞纳金的计算

例题 6：

某进出口公司进口一批货物，经海关审核其成交价格为 CIF 境内某口岸 USD8，000，已知该批货物应征关税税额为人民币 23，240 元，应征增值税税额为人民币 15，238.80 元。海关于 2002 年 10 月 14 日填发《海关专用缴款书》，该公司于 2002 年 11 月 9 日缴纳税款。请计算应征的滞纳金。

解：

1）2002 年 10 月 29 日为税款缴纳期限，10 月 30 日至 11 月 9 日为滞纳期，共滞纳 11 天。

2）关税滞纳金金额＝应缴关税税额×0.05％×滞纳天数＝23 240×0.05％×11
＝127.82 元

3）代征税滞纳金金额＝应缴代征税税额×0.05％×滞纳天数
＝15 238.80×0.05％×11＝83.81 元

4）应缴滞纳金总金额＝127.82＋83.81＝211.63 元

第五节　税费减免、缴纳与退补

一、进出口税费的减免

减免税费是指海关按照《海关法》、《关税条例》和其他有关规定，对进出口货物的税费给予减免。根据《海关法》的规定，进出口税费的减免分为三大类，即法定减免税、特定减免税和临时减免税。

1. 法定减免税

根据《海关法》和《进出口关税条例》的规定，下列进出口货物、进出境物品，减征或者免征关税：

1）关税税额在人民币 50 元以下的一票货物。

2）无商业价值的广告品和货样。

3）外国政府、国际组织无偿赠送的物资。

4）在海关放行前遭受损坏或者损失的货物。

5）进出境运输工具装载的途中必需的燃料、物料和饮食用品。

6）中华人民共和国缔结或者参加的国际条约规定减征、免征关税的货物、物品。

7）法律规定减征、免征关税的其他货物、物品。

凡是完全符合法定减免税的货物，进出口货物收、发货人无须事先向海关提出申请，海关征税人员即可在现场按规定直接办理减免税，且货物放行后即脱离海关的监管。

2. 特定减免税

目前实施特定减免税的主要有：外商投资企业进口物资；国内投资项目进口设备；贷款项目进口物资；特定区域物资；科教用品；残疾人专用品；救灾捐赠物资；扶贫慈善捐赠物资。申请特定减免税的单位，应在货物进口前向主管海关申请《征免税证明》，并在其有效期内办理进口手续。进口货物放行后海关需要在一定期限内对其进行后续监管。

3. 临时减免税

临时减免税是由国务院根据某个单位、某类商品、某个时期或某批货物的特殊情况，按规定给予特别的临时性的减免税优惠。

二、 进出口税费的缴纳

1. 缴纳方式

目前，我国纳税义务人向海关缴纳税款的方式主要以进出口地纳税为主，也有部分企业经海关批准采取属地纳税方式。

纳税义务人向海关缴纳税款的方式主要有两种：一种是持缴款书向指定银行办理税费交付手续；另一种是向签有协议的银行办理电子交付税费的手续。

2. 缴纳期限

进出口货物的纳税义务人，应当自海关填发税款缴款书之日起 15 日内缴纳税款；逾期缴纳的，由海关征收滞纳金。纳税义务人、担保人超过 3 个月仍未缴纳税款的，海关可以依法采取强制措施扣缴。强制措施主要有强制扣缴和变价抵扣两种。

3. 缴纳凭证

(1) 关税、进口环节税及其滞纳金的缴纳凭证是《海关专用缴款书》(一式六联)，纳税义务人缴纳税款后，应将第一联送签发海关验核，海关凭以办理有关手续。

(2) 滞报金的缴纳凭证是《海关行政事业收费专用票据》。

三、 进出口税费的退还

1. 退税的范围

以下情况经海关核准可予以办理退税手续：

1）已缴纳税款的进口货物，因品质或者规格原因原状退货复运出境的。

2）已缴纳出口关税的出口货物，因品质或者规格原因原状退货复运进境，并已重新缴纳因出口而退还的国内环节有关税收的。

3）已缴纳出口关税的货物，因故未装运出口申报退关的。

4）散装进出口货物发生短装、短卸并已征税放行的，如果该货物的发货人、承运人或者保险公司已对短装部分退还或者赔偿相应货款的，纳税义务人可以向海关申请退还进口或者出口短装部分的相应税款。

5）进出口货物因残损、品质不良、规格不符的原因，由进出口货物的发货人、承运人或者保险公司赔偿相应货款的，纳税义务人可以向海关申请退还赔偿货款部分的相应税款。

6）因海关误征，致使纳税义务人多缴税款的。

2. 退税的期限及要求

（1）退税的期限

海关多征的税款，海关发现后应当立即退还；纳税义务人自缴纳税款之日起一年内，可以要求海关退还。纳税义务人要求海关退还多纳税款的，海关应当自受理退税申请之日起30日内查实并通知纳税义务人办理退还手续。纳税义务人应当自收到通知之日起3个月内办理有关退税手续。

（2）退税的要求

退税必须在原征税海关办理。办理退税时，纳税义务人应填写“退税申请表”并持凭原进口或出口报关单、原盖有银行收款章的税款缴纳收据正本及其他必要单证（合同、发票、协议、商检机构证明等）送海关审核。海关同意后，应按原征税或者补税之日所实施的税率计算退税额。

四、 进出口税费的追征和补征

1. 追征和补征税款的范围

1）进出口货物放行后，海关发现少征或者漏征税款的。

2）因纳税义务人违反规定造成少征或者漏征税款的。

3）海关监管货物在海关监管期内因故改变用途按照规定需要补征税款的。

2. 追征、补征税款的期限和要求

1）进出口货物放行后，海关发现少征或者漏征税款的，应当自缴纳税款或者货物放行之日起1年内，向纳税义务人补征税款。

2）因纳税义务人违反规定造成少征或者漏征税款的，海关可以自缴纳税款或者货物放行之日起3年内追征税款，并从缴纳税款或者货物放行之日起至海关发现违规行为之日止按日加收少征或者漏征税款0.5‰的滞纳金。

3）海关发现海关监管货物因纳税义务人违反规定造成少征或者漏征税款的，应当自纳税义务人应缴纳税款之日起3年内追征，并从应缴纳税款之日起至海关发现违规行为之日止按日加收少征或者漏征税款0.5‰的滞纳金。

因纳税义务人违反规定需在征收税款的同时加收滞纳金的，如果纳税义务人未在规定的15天缴款期限内缴纳税款，则另行加收自缴款期限届满之日起至缴清税款之日止滞纳税款的0.5‰滞纳金。

五、 纳税争议的处理

对海关确定纳税义务人、确定完税价格、商品归类、确定原产地、适用税率或者汇率、减征或者免征税款、补税、退税、征收滞纳金、确定计征方式以及确定纳税地点有异议的，均属于纳税争议的范围。纳税义务人同海关发生纳税争议时，应当缴纳税款，并可以依法申请行政复议；对复议决定仍不服的，可以依法向人民法院提起诉讼。

关税纳税争议和海关行政处罚争议的救济程序有何区别？

本章学习路径

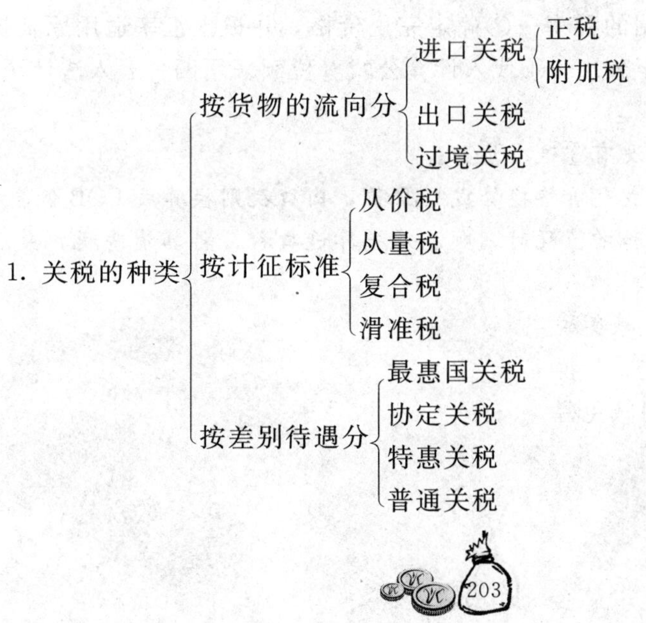

2. 进口环节税
- 增值税（多数进口货物）
- 消费税（烟、酒及酒精等14类进口货物）

3. 审价办法（进口货物）
- 成交价格法
- 相同货物成交价格方法
- 类似货物成交价格方法
- 倒扣价格方法
- 计算价格方法
- 合理方法

4. 原产地规则类别
- 优惠原产地规则
- 非优惠原产地规则

5. 原产地认定标准
- 完全获得标准
- 增值标准
- 直接运输标准

6. 区域性关税优惠安排
- 《亚太贸易协定》
- 《框架协议》
- 《CEPA 香港》
- 《CEPA 澳门》
- 《早期收获协议》
- “三个”《换文》
- 《中智自贸协定》

7. 关税税率的适用
- 税率的种类及其适用：《关税条例》第10～15条
- 适用税率的时间：《进出口征税管理办法》第13～15条

8. 进出口税费的计算步骤

①查出税则号→②确定适用的税率→③确定完税价格，并根据汇率适用原则折算成人民币（采用四舍五入法计至分）→④代入计算公式（税额采用四舍五入法计至分，50元以下免征）

注：1）如果是从量税，则没有③这个步骤。

2）在计算进口税时，应将成交价格换算成CIF价，出口税则换算成FOB价。

3）在计算进口税、消费税和增值税时，顺序是先算进口税，再算消费税，最后算增值税。

9. 进出口税费的减免
- 法定减免税
- 特定减免税
- 临时减免税

10. 纳、退、补、追税期限
- 纳：自海关填发税款缴款书之日起15日内
- 退：
  - 海关发现的，应立即退还
  - 纳税人发现的，自缴纳之日起1年内，要求退还
- 补：自缴纳税款或者货物放行之日起1年内
- 追：自缴纳税款或者货物放行之日起3年内

11. 纳税争议的处理程序

①在规定期限内缴纳税款→②在规定期限内向上一级海关申请行政复议→③对复议不服的，向中级以上的人民法院提起行政诉讼。

知识扩充

（一）中国-东盟自由贸易区

1997年12月，中国和东盟领导人在首次中国-东盟领导人非正式会议上确定了建立睦邻互信伙伴关系的方针。

2002年11月，第六次中国-东盟领导人会议在柬埔寨首都金边举行，朱镕基总理和东盟10国领导人签署了《中国与东盟全面经济合作框架协议》，决定到2010年建成中国-东盟自由贸易区。这标志着中国—东盟建立自由贸易区的进程正式启动。

《中国与东盟全面经济合作框架协议》提出了中国与东盟加强和增进各缔约方之间的经济、贸易和投资合作；促进货物和服务贸易，逐步实现货物和服务贸易自由化，并创造透明、自由和便利的投资机制；为各缔约方之间更紧密的经济合作开辟新领域等全面经济合作的目标。

2004年11月，中国-东盟签署了《货物贸易协议》，规定自2005年7月起，除2004年已实施降税的早期收获产品和少量敏感产品外，双方将对其他约7000个税目的产品实施降税。中国-东盟自由贸易区涵盖18亿人口，GDP超过2万亿美元，贸易额达1.23万亿美元，是世界上由发展中国家组成的最大的自由贸易区。

（二）2007年部分机动车辆进出口税则（表9.4）

表9.4　2007年部分机动车辆进出口税则

商品编码	附加编号	商品名称	进口税率		计量单位	监管条件
			优惠	普通		
87032314	11	1500cc＜排气量＜2200cc的小轿车	25	230	3	6ABO
87032314	19	2200cc≤排气量≤2500cc的小轿车	25	230	3	6ABO
87032315	11	1500＜排量＜2400cc四轮驱动越野车	25	230	3	6ABO
87032315	19	2400≤排量≤2500cc四驱动越野车	25	230	3	6ABO

复习与思考

一、名词解释

1. 关税
2. 从价税
3. 进出口货物完税价格
4. 原产地规则
5. 复式税则

二、问答题

1. 关税如何分类？
2. 增值税和消费税有何区别？
3. 海关确定进出口货物完税价格的方法有哪几种？
4. 我国关税税率的种类有哪些？具体如何适用？
5. 什么是原产地证明书？其有何作用？
6. 进出口税率的适用时间有何规定？
7. 特定减免税与法定减免税、临时减免税、零关税有何区别？
8. 可申请退还进出口税费的情形有哪些？

第十章　进出口货物报关单填制

导读

我国《海关法》第24条规定，进口货物的收货人、出口货物的发货人应当向海关如实申报，交验进出口许可证件和有关单证。这里的“有关单证”是指进出口货物报关单和有关的商业单证（提单、装货单、商业发票和装箱单等）。因此，根据有关的商业单证，结合《中华人民共和国海关进出口货物申报管理规定》和《中华人民共和国海关进出口货物报关单填制规范》（以下简称《填制规范》）的要求，完整、准确、有效地填制进出口货物报关单是报关员从业所必需掌握的基本技能。

第一节　进出口货物报关单概述

一、 进出口货物报关单的含义、 种类

1. 含义

进出口货物报关单系指进出口货物的收发货人或其代理人，按照海关规定的格式对进出口货物的实际情况作出书面申明，以此要求海关对其货物按适用的海关制度办理通关手续的法律文书。

2. 种类

1）按进出口状态分：进口货物报关单和出口货物报关单。

2）按表现形式分：纸质报关单和电子数据报关单（目前主要为 H2000 系统）。

3）按海关监管方式分：进料加工进（出）口货物报关单、来料加工及补偿贸易进（出）口货物报关单和一般贸易及其他贸易进（出）口货物报关单。

4）按用途分：报关单录入凭条、预录入报关单和报关单证明联。

二、 进出口货物报关单各联的用途

纸质进口货物报关单一式五联，分别是海关作业联、海关留存联、企业留存联、海关核销联、证明联（进口付汇用）；纸质出口货物报关单一式六联，分别是：海关作业联、海关留存联、企业留存联、海关核销联、证明联（出口收汇用）、证明联（出口退税用）。

1. 进出口货物报关单海关作业联和留存联

进出口货物报关单海关作业联和留存联是报关员配合海关查验、缴纳税费、提取或装运货物的重要单据，也是海关查验货物、征收税费、编制海关统计以及处理其他海关事务的重要凭证。

2. 进出口货物报关单收、付汇证明联

进口货物报关单付汇证明联和出口货物报关单收汇核销联，是海关对已实际进出境的货物所签发的证明文件，是银行和国家外汇管理部门办理售汇、付汇和收汇及核销手续的重要依据之一。

对需办理进口付汇核销或出口收汇核销的货物，进出口货物的收、发货人或其代

理人应当在海关放行货物或结关以后，向海关申领进口货物报关单进口付汇证明联或出口货物报关单出口收汇核销联。

3. 进出口货物报关单海关核销联

进出口货物报关单海关核销联是指口岸海关对已实际申报进口或出口的货物所签发的证明文件，是海关办理加工贸易合同核销、结案手续的重要凭证。加工贸易的货物进出口后，申报人应向海关领取进出口货物报关单海关核销联，并凭以向主管海关办理加工贸易合同核销手续。

4. 进出口货物报关单出口退税证明联

出口货物报关单出口退税证明联是海关对已实际申报出口并已装运离境的货物所签发的证明文件，是国家税务部门办理出口货物退税手续的重要凭证之一。

对可办理出口退税的货物，出口货物发货人或其代理人应当在载运货物的运输工具实际离境，海关收到载货清单（俗称“清洁舱单”）、办理结关手续后，向海关申领出口货物报关单出口退税证明联。

三、 进出口货物报关单的法律效力

进出口货物报关单是货物的收、发货人向海关报告其进出口货物实际情况及适用海关业务制度，申请海关审查并放行货物的必备法律书证。它既是海关对进出口货物进行监管、征税、统计以及开展稽查、调查的重要依据，又是加工贸易核销、出口退税和外汇管理的重要凭证，也是海关处理进出口货物走私、违规案件及税务、外汇管理部门查处骗税、套汇犯罪活动的重要书证。因此，申报人对所填报的进出口货物报关单的真实性和准确性应承担法律责任。

四、 海关对进出口货物报关单填制的一般要求

1. 如实填报

报关员必须根据进出口货物报关单填制的相关规则及进出口货物的具体情况，向海关如实申报，否则须承担相应的法律责任。

2. “两个相符”

两个相符：一是单、证相符，即所填报关单各栏目的内容必须与合同、发票、装箱单、提单以及批文等随附单据相符；二是单、货相符，即所填报关单各栏目的内容

必须与实际进出口货物情况相符，尤其是货物的品名、规格、数量、价格等栏目的内容必须真实，不得出现差错，更不能出现伪报、瞒报、虚报。

3. 准确、齐全、完整、清楚

报关单各栏目内容要逐项详细准确填报（打印），字迹清楚、整洁、端正，不得用铅笔或红色复写纸填写；若有更正，必须在更正项目上加盖校对章。

4. “八种不同”应分别填制报关单

“八种不同”是指不同批文、不同合同、不同贸易方式、不同备案号、不同提运单、不同征免性质、不同运输方式、不同航次。

五、 进出口货物报关单内容填制的依据

1. 贸易资料

贸易资料主要包括贸易合同（S/C）、提单（B/L）或运单（Airway Bill）、商业发票（Commercial Invoice）和装箱单（Packing List）。

2.《中华人民共和国海关进出口货物报关单填制规范》及其他相关的报关单填制规范

六、 填制报关单必须熟练掌握的内容

纸质进出口货物报关单共有48项内容，除少数栏目外，绝大多数必须由进出口货物收发货人或其代理人根据海关的规范要求进行填报。除了熟悉各栏目的填报规则外，本章以下各节所列各类代码表中的主要指标名称及其代码（加注“*”标记的内容）还必须熟练掌握。

第二节　进出口货物报关单的编号

一、 预录入编号

预录入编号是指预录入单位录入报关单的编号，用于申报单位与海关之间引用其申报后尚未接受申报的报关单。

预录入编号由接受申报的海关决定编号规则，由计算机自动打印。

二、 海关编号

海关编号是指海关接受申报时给予报关单的18位顺序编号，其中前4位为接受申报海关的编号（关区代码表中相应海关代码），第五位至第八位为海关接受申报的公历年份，第九位为进出口标志（“1”为进口，“0”为出口），第十位至第十八位为报关单顺序编号。

第三节　进出口货物报关单表头、表体主要栏目的填报

进出口报关单表头部分涉及的栏目有30个。

一、 进（出）口口岸

1. 进（出）口口岸的含义

在进出口货物报关单中，进口口岸和出口口岸均特指货物实际进出我国关境口岸海关的名称。

2. 填报要求

1）一般实际进出境货物，填报隶属海关或办事处海关名称及代码（只有直属海关的，填报直属海关名称及代码）。

2）加工贸易货物，填报限定的隶属海关或办事处海关名称及代码。

3）转关货物，填报进（出）关境的隶属海关或办事处海关名称及代码。

4）跨关区深加工结转货物，出口报关单填报转出地海关名称及代码，进口报关单填报转入地海关名称及代码（先申报进口，后申报出口）。

5）不同出口加工区之间转让的货物，填报对方出口加工区海关名称及代码。

6）其他无实际进出境的货物，填写接受货物申报的海关名称及代码。

二、 备案号

1. 含义

备案号是指经营进出口业务的企业在向海关办理加工贸易合同备案或征、减、免税审批备案等手续时，由海关给予加工贸易登记手册、电子账册、征免税证明或其他有关备案审批文件的编号。

备案号长度为12位，其中第1位是标记码。备案号的标记码必须与“贸易方式”、“征免性质”、“征免方式”及“用途”等栏目相协调。

2. 分类（见表10.1）

表10.1 备案号代码表

备案号（12位数）代码（第1位）	代表的含义
A	备料备案号
B	来料加工备案号
C	进料加工备案号
D	加工贸易不作价设备备案号
E	加工贸易电子账册备案号
H	出入出口加工区的保税货物的电子账册备案号
Y	原产地证书代码
Z	征免税证明

3. 填报要求

1）一份报关单只允许填报一个备案号。

2）加工贸易合同项下使用登记手册的货物和凡涉及减免税备案审批的货物，“备案号”栏均应填写登记手册编号和征免税证明编号，不得为空。

3）加工贸易货物转为享受减免税或需审批备案后办理形式进口的货物，进口报关单填报征免税证明等审批证件备案编号，出口报关单填报登记手册编号。

4）出入出口加工区的保税货物，应填报标记代码为“H”的电子账册备案号；出入出口加工区的征免税货物、物品，应填报标记代码为“H”、第六位为“D”的电子账册备案号。

5）使用异地直接报关分册和异地深加工结转出口分册在异地口岸报关的，本栏目应填报分册号；本地直接报关分册和本地深加工结转分册限制在本地报关，本栏目应填报总册号。

6）实行原产地证书联网管理的香港、澳门CEPA项下进口货物，报关单本栏填报“Y”＋“11位原产地证书编号”；未实行原产地证书联网管理的曼协规则和东盟规则项下进口货物均不填报原产地证书编号。

7）对减免税设备及加工贸易设备之间的结转，转入和转出企业分别填制进、出口报关单，在报关单“备案号”栏目分别填报加工贸易手册编号、征免税证明编号或免予填报。

8）无备案审批文件的报关单，本栏目免予填报。

三、 进口日期/出口日期

1. 含义

（1）进口日期

进口日期是指运载所申报货物的运输工具申报进境的日期。

（2）出口日期

出口日期是指运载所申报货物的运输工具办结出境手续的日期。

2. 填报要求

1）进口日期、出口日期为8位数字，顺序为年（4位）、月（2位）、日（2位），例如：某企业进口一批货物，运载该货物的运输于2006年8月18日申报进境，"进口日期"栏填报为："2006.08.18"。

2）"出口日期"栏供海关打印报关单证明联用，免予填报。

3）进口货物收货人或其代理人在进口申报时无法确知相应的运输工具的实际进境日期时，"进口日期"栏允许为空。

4）进口货物收货人或其代理人未申报进口日期或申报的进口日期与运输工具负责人或其代理人向海关申报的进境日期不符的，应以运输工具申报进境的日期为准。

5）无实际进出境的报关单填报办理申报手续的日期，以海关接受申报的日期为准。

四、 申报日期

1. 含义

申报日期是指海关接受进出口货物的收发货人或受其委托的报关企业申请的日期。以电子数据报关单方式申报的，申报日期为海关计算机系统接受申报数据时记录的日期；以纸质报关单方式申报的，申报日期为海关接受纸质报关单并对报关单进行登记处理的日期。

2. 填报要求

1）本栏目填报格式要求同进口日期/出口日期。

2）除特殊情况外，进口货物申报日期不得早于进口日期；出口货物申报日期不得晚于出口日期。

五、 经营单位

1. 经营单位的含义

进出口货物报关单中的经营单位专指已在海关注册登记，对外签订并执行进出口贸易合同的中国境内企业、单位或个体工商户。

2. 经营单位编码结构

经营单位编码由 10 位数字构成，其结构为：

1）第 1～4 位数为行政区划代码（省市），其中第 1、2 位数表示省、自治区、直辖市；第 3、4 位数表示省辖市（地区、省直辖行政单位），如广东汕头为 4405。

2）第 5 位数为市经济区代码，如表 10.2 所示。

表 10.2　市经济区代码

代码（第 5 位数）	含　义
1	经济特区
2	经济技术开发区和上海浦东新区、海南洋浦经济开发区
3	高新技术产业开发区
4	保税区
5	出口加工区
9	其他

厦门、深圳、珠海、汕头、海南五个特区分别设有经济技术开发区、高新技术产业开发区、保税区或出口加工区内等，在这些区内的企业的经营单位代码第 5 位数不能填报为“1”，而应根据其相应的经济区代码进行填报。

3）第 6 位数为企业经济性质代码，如表 10.3 所示。

表 10.3　企业经济性质代码

代码（第 6 位数）	含　义
1	有进出口经营权的国有企业
2	中外合作企业
3	中外合资企业
4	外商独资企业
5	有进出口经营权的集体企业
6	有进出口经营权的私营企业
7	有进出口经营权的个体工商户

续表

代码（第6位数）	含　义
8	有报关权而没有进出口经营权的企业
9	其他，包括外国驻华企事业机构、外国驻华使领馆和临时有进出口经营权的单位

4）第7～10位数为顺序编号。

3. 填报要求

1）“经营单位”栏应填报经营单位的中文名称及编码。

2）进出口企业之间相互代理进出口，或没有进出口经营权的企业委托有进出口经营权的企业代理进出口的，“经营单位”栏填报代理方中文名称及编码，例如上海城建局委托上海土产进出口公司（3101915031）进口黄桐木材，“经营单位”栏应填报为：“上海土产进出口公司”＋“3101915031”。

3）外商投资企业委托外贸企业进口投资设备、物品的，“经营单位”栏填报该外商投资企业的中文名称及编码，并在“标记唛码及备注”栏注明“委托××公司进口”。例如：上海协通针织有限公司（3101935039）委托上海机械进出口（集团）公司进口圆形针织机5台，“经营单位”栏应填报：“上海协通针织有限公司”＋“3101935039”，并在“标记唛码及备注”栏注明：“委托上海机械进出口（集团）公司进口”。

4）合同的签订者和执行者不是同一企业的，经营单位应按执行合同的企业填报，例如中国化工进出口总公司对外统一签约，而由辽宁省化工进出口公司负责合同的具体执行，则经营单位应为辽宁省化工进出口公司。

5）经营单位编码第6位数为“8”的单位是只有报关权而没有进出口经营权的企业，不得作为经营单位填报。

六、运输方式

1. 含义

进出口货物报关单所列的“运输方式”栏专指载运货物进出关境所使用的运输工具的分类。

2. 进（出）口货物报关单上运输方式的分类

1）实际进出境运输方式，包括：江海运输；铁路运输；汽车运输；航空运输；邮件运输和其他运输（驮畜、输油管道、电网）。

2）无实际进出境运输方式，包括：非保税区运入保税区和保税区退区；境内存入

保税仓库和出口监管仓库退库；保税区运往非保税区；保税仓库转内销；从中心外运入保税物流中心或从保税物流中心运往中心外和出口加工区运往区外和区外运入出口加工区。

3. 填报要求

1）“运输方式”栏应根据实际运输方式按海关规定的《运输方式代码表》选择填报相应的运输方式名称或代码。

2）进境货物的运输方式，按货物运抵我国关境第一口岸时的运输方式填报；出境货物的运输方式，按货物运离我国关境最后一个口岸时的运输方式填报，如表 10.4 所示。

表 10.4　运输方式代码

运输方式代码	运输方式名称简称	运输方式名称全称
0	非保税区	非保税区运入保税区和保税区退区
1	监管仓库	境内存入保税仓库和出口监管仓库退库
2	江海运输	江海运输
3	铁路运输	铁路运输
4	汽车运输	汽车运输
5	航空运输	航空运输
6	邮件运输	邮件运输
7	保税区	保税区运往非保税区
8	保税仓库	保税仓库转内销
9	其他	其他运输（驮畜、输油管道、电网）
W	物流中心	从中心外运入保税物流中心或从保税物流中心运往中心外
X	物流园区	从境内（指国境内特殊监管区域之外）运入或从保税物流园区运往境内
Y	保税港区	保税港区运往区外和区外运入保税港区的货物
Z	出口加工区	出口加工区运往区外和区外运入出口加工区

3）特殊情况下运输方式的填报要求：

① 非邮政方式进出口的快件，按实际进出境运输方式填报。

② 进出境旅客随身携带的货物，按旅客实际进出境时所乘运输工具填报。

③ 进口转关运输货物，按载运货物抵达进境地的运输工具填报，出口转关运输货物，按载运货物驶离出境地的运输工具填报。

④ 出口加工区与区外之间进出的货物，填报“Z”。

⑤ 其他无实际进出境的，根据表 10.2 的要求填报。

七、 运输工具名称

1. 含义

运输工具名称是指载运货物进出境所使用的运输工具的名称或运输工具编号。

2. 运输工具的填报要求

1） 一份报关单只允许填报一个运输工具名称。

2） 直接在进出境地办理报关手续的报关单具体填报要求。

H2000 通关系统，“运输工具名称”栏应填报为：

① 江海运输填报船舶呼号（来往港澳小型船舶为监管簿编号）或者船舶英文名称。

② 汽车运输填报该跨境运输车辆的国内行驶车牌号，深圳提前报关模式填报国内行驶车牌号＋“/”＋“提前报关”（4 个汉字）。

③ 铁路运输填报车厢编号或交接单号。

④ 航空运输填报航班号。

⑤ 邮政运输填报邮政包裹单号。

⑥ 其他运输填报具体运输方式名称，例如管道、驮畜等。

⑦ 对于“清单放行，集中报关”的货物填报“集中报关”（4 个汉字）。

3） 转关运输货物报关单按规范要求填报。

3. 航次号的填报要求

航次号指载运货物进出境的运输工具的航次编号。本栏目仅限 H2000 通关系统填报，使用 H883/EDI 通关系统的，本栏目内容与运输工具名称合并填报。

具体填报要求如下：

（1） 直接在进出境地办理报关手续的报关单

1） 江海运输：填报船舶的航次号。

2） 汽车运输：填报该跨境运输车辆的进出境日期［8 位数字，顺序为年（4 位）、月（2 位）、日（2 位），下同］。

3） 铁路运输：填报进出境日期。

4） 航空运输：免予填报。

5） 邮政运输：填报进出境日期。

6） 其他各类运输方式：免予填报。

（2） 转关运输货物报关单按规范要求填报

4. 本栏目纸质报关单填报格式要求

1）江海运输填报船名或船舶呼号（来往港澳小型船舶为监管簿编号）＋“/”＋航次号。

2）汽车运输填报该跨境运输车辆的国内行驶车牌号＋“/”＋进出境日期［8位数字，顺序为年（4位）、月（2位）、日（2位），下同］。

3）铁路运输填报车次（或车厢号）＋“/”＋进出境日期。

4）航空运输填报航班号＋进出境日期＋“/”＋总运单号。

5）邮政运输填报邮政包裹单号＋“/”＋进出境日期。

6）其他运输填报具体运输方式名称，例如管道、驮畜等。

八、 提运单号

1. 含义

提运单号是指进出口货物提单或运单的编号，该编号必须与运输部门向海关申报的载货清单所列相应内容一致（包括数码、英文大小写、符号、空格等）。进出口货物报关单所列的“提运单号”栏，主要是填报这些运输单证的编号。

2. 种类

（1）海运提单号（B/L No.）

提单号一般在提单的右上角。

（2）运单号

1）铁路运单号。铁路运单号是指铁路运输承运人在运单上编排的号码。

2）航空运单号（Airway Bill，AWB）。航空运单分为两种：一种是航空公司的运单，称为总运单（Master Airway Bill，MAWB）；另一种是航空货运代理公司的运单，称为分运单（House Airway Bill，HAWB）。

（3）海运单号（Sea Way Bill，Ocean Way Bill）

海运提单号是指海运单的承运人编排的号码。

3. 填报要求

1）一份报关单只允许填写一个提运单号，一票货物对应多个提运单时，应分单填报。

2）实际进出境的不同运输方式的填报要求：

① 江海运输：填报进出口提运单号。如有分提运单的，填报进出口提运单号＋

“*”+分提运单号。

② 汽车运输：免予填报。

③ 铁路运输：填报运单号。

④ 航空运输：填报总运单号+“—”(下划线)+分运单号，无分运单的填报总运单号。

⑤ 邮政运输填报邮运包裹单号。

3）进出境转关运输货物不同运输方式根据规范要求填报。

4）无实际进出境的，本栏目免予填报。

九、收、发货单位

1. 收、发货单位的含义

收货单位是指自行从境外进口货物的单位和委托有外贸进出口经营权的企业进口货物的单位；发货单位是指自行出口货物的单位和委托有外贸进出口经营权的企业出口货物的单位。

2. 填报要求

1）备有海关注册编码或加工生产企业编号的收、发货单位，进口货物报关单的“收货单位”栏和出口货物报关单的“发货单位”栏必须填报其经营单位编码或加工生产企业编号；否则填报其中文名称。

2）加工贸易报关单的收、发货单位应与加工贸易手册的货主单位一致。

3）减免税货物报关单的收、发货单位应与征免税证明的申请单位一致。

想一想

A 企业进口一批料件委托 B 企业加工成成品返销出口，问收货人栏应如何填制？

十、贸易方式（海关监管方式）

1. 含义

进（出）口货物报关单上所列的贸易方式是专指以国际贸易中进出口货物的交易方式为基础，结合海关对进出口货物监督管理综合需要设定的对进出口货物的管理方式。

2. 主要贸易（监管）方式、代码及其适用范围

由于海关对不同监管方式下进出口货物的监管、征税、统计作业的要求不尽相同，

因此海关监管方式代码采用四位数字结构，其中前两位是按海关监管要求和计算机管理需要划分的分类代码，后两位为海关统计代码。

目前我国海关确定的贸易（监管）方式有 91 种，下面就常见的贸易（监管）方式（见表 10.5）作简单介绍。

表 10.5 常见的贸易（监管）方式代码表

监管方式代码	监管方式简称	监管方式全称
0110 *	一般贸易 *	一般贸易
0214 *	来料加工 *	来料加工装配贸易进口料件及加工出口货物
0420 *	加工贸易设备 *	加工贸易项下外商提供的进口设备
0615 *	进料对口 *	进料加工
2025 *	合资合作设备 *	合资合作企业作为投资进口设备物品
2225 *	外资设备物品 *	外资企业作为投资进口的设备物品
3010 *	货样广告品 A *	有经营权单位进出口的货样广告品
3100 *	无代价抵偿 *	无代价抵偿货物

（1）一般贸易

1）定义域代码。一般贸易是指我国境内有进出口经营权的企业单边进口或单边出口的贸易，监管方式代码为 0110。

2）适用范围：

① 以正常交易方式成交的进出口货物。

② 来料养殖、来料种植进出口货物。

③ 个体工商业者委托进口的小型生产工具。

④ 旅游旅馆、酒店进口营业用的食品和餐佐料等。

⑤ 外商投资企业进口供加工内销产品的料件。

⑥ 贷款援助的进出口货物（包括我方利用贷款款项自行采购进口的物资）。

⑦ 外商投资企业用国产原材料加工产品出口或经批准自行收购国内产品出口的货物。

⑧ 国内经营租赁业务的企业进口自用的设备、办公用品和购进供出租用的货物。

⑨ 经营保税仓库业务的企业购进供自用的货物（包括货架、办公用品、管理用具、运输车辆、搬运、起重和包装设备以及改装用的机器等）。

⑩ 经营免税品和免税外汇商品的企业购进自用的手推车、货架等货物。

⑪ 外籍船舶、飞机在我国境内添加的国产燃料。

⑫ 对台间接贸易进出口货物。

（2）来料加工装配贸易进口料件及加工出口货物

1）定义与代码。来料加工装配贸易进口料件及加工出口货物是指进口料件由境

外企业提供，经营企业不需要付汇进口，按照境外企业的要求进行加工或装配，只收取加工费，制成品由境外企业销售的经营活动，监管方式代码为0214，简称来料加工。

2）相关监管方式及代码，见表10.6。

表10.6　相关监管方式代码

代　码	简　称	全　称
0245	来料料件内销	来料加工料件转内销
0845	来料边角料内销	来料加工项下边角料内销
0345	来料成品减免	来料加工成品凭征免税证明转减免税
0265	来料料件复出	来料加工复运出境的进口料件
0258	来料余料结转	来料余料结转
0255	来料深加工	来料深加工结转货物
0300	来料料件退换	来料加工料件退换
4400	来料成品退换	来料加工成品退换
0865	来料边角料复出	来料加工项下边角料复出
0314	加工专用油	国有贸易企业代理来料加工企业进口柴油
0445	保区来料成品	保税区来料加工成品转内销（按成品征税）
0545	保区来料料件	保税区来料加工成品转内销（应按料件征税）
0200	料件放弃	主动放弃交由海关处理的来料加工料件
0400	成品放弃	主动放弃交由海关处理的来料加工成品

（3）加工贸易项下外商提供的进口设备和不作价设备

1）定义与代码。加工贸易项下外商提供的进口设备指加工贸易项下外商作价提供进口的设备和虽不作价但在《外商投资项目不予免税的商品目录》中列明的设备。监管方式代码为0420，简称简称加工贸易设备。

2）相关监管方式及代码。

① 与加工贸易经营单位开展加工贸易（包括来料加工、进料加工及外商投资企业从事的加工贸易）的外商，以免费即不需经营单位付汇进口、也不需用加工费或差价偿还方式，向经营单位提供的加工生产所需设备（《外商投资项目不予免税的商品目录》所列商品除外），简称：不作价设备，代码为：0320。

② 海关监管期内的加工贸易免税进口设备经批准转售给境内非加工企业，简称：加工设备内销，代码为：0446。

③ 海关监管期内的加工贸易免税进口设备经批准转入另一加工企业，或从一本登记手册结转入另一本登记手册，简称：加工设备结转，代码为：0456。

④ 加工贸易免税进口设备退运出境，简称：加工设备退运，代码为：0466。

（4）进料对口

1）定义与代码。进料对口是指进口料件由经营企业付汇进口，制成品由经营企业外销出口的经营活动。监管方式代码为0615。

2）适用范围。

① 进料加工合同项下进口的料件和加工出口的产品。

② 进料加工贸易中外商免费提供进口的主辅料和零部件。

3）相关监管方式及代码（见表10.7）。

表10.7　相关监管方式及代码

代　　码	简　　称	全　　称
0644	进料料件内销	进料加工料件转内销
0844	进料边角料内销	进料加工项下边角料转内销
0642	进料以产顶进	进料加工成品以产顶进
0744	进料成品减免	进料加工成品凭征免税证明转减免税
0664	进料料件复出	进料加工复运出境的原进口料件
0657	进料余料结转	进料加工余料结转
0654	进料深加工	进料深加工结转货物
0700	进料料件退换	进料加工料件退换
4600	进料成品退换	进料加工成品退换
0864	进料边角料复出	进料加工项下边角料复出口
0444	保区进料成品	保税区进料加工成品转内销（按成品征税）
0544	保区进料料件	保税区进料加工成品转内销（按料件征税）
0200	料件放弃	主动放弃交海关处理的进料加工料件
0400	成品放弃	主动放弃交海关处理的进料加工成品

（5）合资合作企业作为投资进口设备物品

合资合作企业作为投资进口的设备、物品，是指中外合资、合作企业在投资总额内进口的机器设备、零部件和其他物料，以及根据国家规定进口本企业自用合理数量的交通工具、生产用车辆、办公用品和设备，监管方式代码为2025，简称合资合作设备。

合资合作企业在投资总额以外用自有资金进口的自用机器设备，则应填写“一般贸易”。

（6）外资企业作为投资进口的设备物品

外资企业作为投资进口的设备物品是指外商独资企业作为投资进口的设备物品，但不不可不扣减投资总额的加工贸易设备，监管方式代码为2225，简称外资设备物品。

（7）有经营权单位进出口的货样广告品

1）定义与代码。有经营权单位进出口的货样广告品是指专供订货参考的进出口货

物样品；广告品是指用以宣传有关商品内容的进出口广告宣传品，监管方式代码为3010，简称货样广告品A。

2）相关监管方式及代码。没有进出口经营权的企业（单位）进出口及国外免费提供进口的货样广告品，包括寄售代销贸易中外商免费提供的货样广告品，监管方式代码为3039，简称货样广告品B。

3）适用范围。本监管方式除以上定义所述范围的商品外，还包括寄售代销贸易中外商免费提供的货样广告品。

（8）无代价抵偿货物

无代价抵偿进出口货物是指进出口货物经海关征税放行后，发现货物残损、缺少或品质不良，而由承运人、发货人或保险公司免费补偿或更换的同类货物。监管方式代码为3100，简称无代价抵偿。

3. 填报要求

1）一份报关单只允许填报一种贸易方式（监管方式）。

2）根据实际情况，按海关规定的《监管方式代码表》选择填报相应的贸易方式（监管方式）简称或代码。

3）出口加工区内企业填制的“出口加工区进（出）境货物备案清单”应选择填报适用于出口加工区货物的贸易方式（监管方式）简称或代码。

4）加工贸易特殊情况下填报要求如下：

① 少量低值辅料（5000美元以下，78种以内）按规定不使用登记手册的，辅料进口报关单填报“低值辅料”。使用登记手册的，按登记手册上的贸易方式填报。

② 三资企业按内外销比例为加工内销产品而进口的料件或进口供加工内销产品的料件，进口报关单填报“一般贸易”。三资企业为加工出口产品全部使用国内料件或使用国内料件占成品总值的80%以上的出口合同，成品出口报关单填报“一般贸易”。

③ 加工贸易料件结转或深加工结转货物，按批准的贸易方式填报，如进料深加工结转（0654），来料深加工结转（0255），进料余料结转（0657），来料余料结转（0258）。

④ 加工贸易料件转内销货物（及按料件补办进口手续的转内销成品）应填制进口报关单，本栏目填报“（来料或进料）料件内销”，如保区进料料件内销（0544，按料件征税），保区来料料件内销（0545，按料件征税）；进料料件内销（0644），来料料件内销（0245）；进料边角料内销（0844），来料边角料内销（0845）。”加工贸易成品凭征免税证明转为享受减免税进口货物的，进口报关单按征免税证明所列贸易方式填报，出口报关单应分别填报“（来料或进料）成品减免”，如进料成品减免（0744），来料成品减免（0345）；保区进料成品（0444，按成品征税），保区来料成品（0445，按成品征税）。

5）加工贸易出口成品因故退运进口或复出口，以及复运出境的原进口料件退换后

复运进口的，填写与登记手册备案相应的退运（复出）的贸易方式简称或代码，如进料成品退换（4600）、来料成品退换（4400）、进料料件退换（0700），来料料件退换（0300）。

6）备料登记手册中的料件结转入加工出口登记手册的，进出口报关单均填报“进料余料结转”。

7）保税工厂加工贸易进出口货物，根据登记手册填报相应的来料或进料加工贸易方式。

十一、 征免性质

1. 含义

征免性质是指海关根据《海关法》、《关税条例》及国家有关政策对进出口货物实施的征、减、免税管理的性质类别。

2. 种类

征免性质类别共有39种。以代码首位作为标记，征免性质分为法定征税、法定减免税、特定减免税、其他减免税和暂定税率五部分。其中特定减免税又分按地区和用途、贸易性质、企业性质、资金来源实施的税收政策四类。

3. 常见的征免性质及其适用范围

常见的征免性质有：一般征税（101）、加工设备（501）、来料加工（502）、进料加工（503）、中外合资（601）、中外合作（601）、外资企业（603）等。

具体“征免性质”详见表10.8。

表10.8　主要征免性质代码表

代　码	简　称	全　称
征免性质代码	征免性质简称	征免性质全称
101	一般征税	一般征税进出口货物
201	无偿援助	无偿援助进出口物资
299	其他法定	其他法定减免税进出口货物
301	特定区域	特定区域进口自用物资及出口货物
307	保税区	保税区进口自用物资
399	其他地区	其他执行特殊政策地区出口货物
401	科教用品	大专院校及科研机构进口科教用品
403	技术改造	企业技术改造进口货物

续表

代　　码	简　　称	全　　称
406	重大项目	国家重大项目进口货物
412	基础设施	通信、港口、铁路、公路、机场建设进口设备
413	残疾人	残疾人组织和企业进出口货物
501	加工设备	加工贸易外商提供的不作价进口设备
502	来料加工	来料加工装配和补偿贸易进口料件及出口成品
503	进料加工	进料加工贸易进口料件及出口成品
506	边境小额	边境小额贸易进口货物
601	中外合资	中外合资经营企业进出口货物
602	中外合作	中外合作经营企业进出口货物
603	外资企业	外商独资企业进出口货物
609	贷款项目	利用贷款进口货物
611	贷款中标	国际金融组织贷款、外国政府贷款中标机电设备零部件
789	鼓励项目	国家鼓励发展的内外资项目进口设备
799	自有资金	外商投资额度外利用自有资金进口设备、备件、配件

4. 填报要求

1）一份报关单只允许填报一种征免性质。

2）按照海关核发的征免税证明中批注的征免性质填报，或根据进出口货物的实际情况，参照《征免性质代码表》选择填报相应的征免性质简称或代码。

3）加工贸易货物应按海关核发的登记手册中批注的征免性质填报相应的征免性质简称或代码。

4）特殊情况填报要求如下：

① 三资企业按内外销比例为加工内销产品而进口料件，填报“一般征税”。

② 加工贸易转内销货物，按实际应享受的征免性质填报（如“一般征税”、“科教用品”、“其他法定等”）。

③ 料件退运出口、成品退运进口的货物填报“其他法定”。

④ 加工贸易结转货物，本栏目为空。

十二、 征税比例/结汇方式

1. 含义

1）征税比例用于原“进料非对口”（0715）贸易方式下进口料件的进口报关单。

现“征税比例”栏不再填报。

2）结汇方式是指出口货物的发货人或其代理人收结外汇的方式。

2.“结汇方式”栏的填报要求

出口报关单“结汇方式”栏，按照海关规定的《结汇方式代码表》选择填报相应的结汇方式名称或缩写或代码（表10.9）。

表10.9　结汇方式代码表

结汇方式代码	结汇方式名称	缩　写	英文名称
1	信汇	M/T	Mail/Transfer
2	电汇	T/T	Telegraphic/Transfer
3	票汇	D/D	Remittance by Banker's Demand/Draft
4	付款交单	D/P	Documents Against/Payment
5	承兑交单	D/A	Documents Against/Acceptance
6	信用证	L/C	Letter/Credit
7	先出后结		
8	先结后出		
9	其他		

十三、许可证号

1. 含义

许可证号特指国务院商务主管部门及其授权发证机关签发的进出口货物许可证的编号。

2. 许可证号的组成

许可证号的组成为××-××-××××××，第一、二位代表年份，第三、四位代表发证机关（AA代表部级发证，AB、AC等代表特派办发证，01、02等代表地方发证），后6位为顺序号。例如：06－AA－101888。

3. 填报要求

1）一份报关单只允许填报一个许可证号。

2）填报进出口货物许可证（不包括自动进出口许可证）的编号，长度为10位字符，不得为空。

十四、国别（地区）

1. 相关概念

起运国（地区）是指在未与任何中间国发生任何商业性交易或其他改变货物法律地位的活动的情况下，把货物发出并运往进口国（地区）的国家或地区。如果货物在运抵进口国（地区）之前在第三国发生中转，并且发生某种商业性交易或活动，则应把第三国作为起运国（地区）。

运抵国（地区）是指在未发生任何商业性交易或其他改变货物法律地位的活动的情况下，货物被出口国（地区）所发往的或最后运抵的国家或地区。如果货物在运抵进口国之前在第三国发生中转，并且发生某种商业性交易或活动，则应把第三国作为运抵国（地区）。

原产国（地区）是指进口货物的生产、开采或加工制造的国家或地区。对经过几个国家或地区加工制造的进口货物，以最后一个对货物进行经济上可以视为实质性加工的国家或地区作为该货物的原产国（地区）。

最终目的国（地区）是指已知的出口货物最后交付的国家或地区，也即最终实际消费、使用或作进一步加工制造的国家或地区。

2. 填报要求

（1）应按海关规定的《国别（地区）代码表》选择填报相应国别（地区）的中文名称或代码。

（2）直运货物（未经转运）

1）没有中间商。

例1：上海出口货物至日本东京，运抵国及最终目的国均为日本。

例2：中国广州从美国进口小麦，起运国为美国，原产国（地区）根据具体情况而定。

2）有中间商。

例1：上海出口货物至日本东京（介入香港中间商），运抵国及最终目的国均为日本。

例2：中国广州从美国进口小麦（介入香港中间商），起运国为美国，原产国（地区）根据具体情况而定。

（3）中转货物

VIA的含义是“经由”（有可能不转换运输工具，即经停）；IN TRANSIT TO的含义是“（陆路）转运至……”；WITH TRANSHIPMENT AT的含义是“在……转

船”。

1）在中转地未发生买卖关系。

例 1：上海经香港出口货物至日本东京（没有介入香港中间商），运抵国及最终目的国均为日本。

例 2：中国广州经香港从美国进口小麦（没有介入香港中间商），起运国为美国，原产国（地区）根据具体情况而定。

2）在中转地发生买卖关系。

例 1：上海经香港出口货物至日本东京（介入香港中间商），运抵国（地区）为香港，最终目的国均为日本。

例 2：中国广州经香港从美国进口小麦（介入香港中间商），起运国（地区）为香港，原产国（地区）根据具体情况而定。

3）发生中转和介入中间商（中间商在中转地以外）。

例 1：上海经香港出口货物至日本东京（介入韩国中间商），运抵国及最终目的国均为日本。

例 2：中国广州经香港从美国进口小麦（介入韩国中间商），起运国为美国，原产国（地区）根据具体情况而定。

（4）无实际进出境的货物

1）起运国（地区）和运抵国（地区）。

运输方式代码为：0、1、7、8、Z 时，起运国（地区）或运抵国（地区）应为中国。

贸易（监管）方式代码后两位为 42－46、54－58 的，起运国（地区）或运抵国（地区）必须为中国。

保税物流中心（A、B 型）、保税区、出口加工区、保税物流园区、保税仓库、出口监管仓库等海关保税场所及保税区域之间往来的货物（监管方式代码为：1200），起运国（地区）或运抵国（地区）应为中国。

2）原产国（地区）和最终目的国（地区）。

加工贸易料件结转，原产国（地区）为原进口料件生产国（地区），最终目的国（地区）填报中国。

加工贸易深加工结转货物和以产顶进货物，原产国（地区）和最终目的国（地区）都为中国。

加工贸易料件复运出境，填报实际最终目的国（地区），加工出口成品因故退运境内的，原产国（地区）填报中国。

出口加工区运往区外的货物，原产国（地区）按实际填报，即对于未经加工的进口货物，填报货物原进口时的原产国（地区）；对于经加工的成品或半成品，按现行原产地规则确定原产国（地区）；区外运入出口加工区的货物，最终目的国为

中国。

3）进口货物的原产国（地区）无法确定时，报关单“原产国（地区）”栏应填报为“国别不详”或“701”。

4）一份原产地证书只能对应一份报关单。在一票进口货物中，对于实行原产地证书联网管理的，如涉及多份原产地证书或含非原产地证书商品，应分单填报。

主要国别（地区）代码见表10.10。

表10.10　主要国别（地区）代码

国别（地区）代码	中文名（简称）	国别（地区）代码	中文名（简称）
110	中国香港（HONGKONG）	307	意大利（ITALY）
116	日本（JAPAN）	331	瑞士（SWITZERLAND）
121	中国澳门（MACAO）	344	俄罗斯联邦（RUSSIA）
132	新加坡（SINGAPORE）	501	加拿大（CANADA）
133	韩国（KOREA）	502	美国（USA）
142	中国（CHINA）	601	澳大利亚（AUSTRALIA）
143	台澎金马关税区	609	新西兰（NEW ZEALAND）
303	英国（UK）	701	国（地）别不祥
304	德国（GERMANY）	702	联合国及机构和国际组织
305	法国（FRANCE）	999	

十五、装货港（进口）及指运港（出口）

1. 装货港及指运港的含义

装货港（Loading Port/Port of Loading）也称装运港（Port of Shipment），是指进口货物在运抵我国关境前的最后一个境外装运港。

指运港（Port of Destination）是指出口货物运往境外的最终目的港。

2. 填报要求

（1）直运货物（未经转运）

货物实际装货的港口为装货港，货物直接运抵的港口为指运港。

例1：上海出口货物至日本东京，指运港为日本东京。

例2：中国广州从美国新奥尔良进口小麦，为装货港美国新奥尔良。

（2）中转货物

1）指运港为最终目的港

例：上海经香港出口货物至日本东京（没有介入香港中间商），指运港为日本东京。

2）装货港为中转港。当中间商不在中转地时，装货港与起运国脱节。

例：中国广州从美国新奥尔良进口小麦（介入新加坡中间商），货物从新奥尔良经香港运至广州。起运国为美国，装货港为香港。

（3）无实际进出境货物，“装货港”或“指运港”填报“中国境内”。

案例分析 10-1

案情简介

我国某公司对新加坡出口一批货物，出口发票中的唛头显示如下：

SINGAPORE

FOR TRANSSIPMENT TO

CHITTAGONG, BANGLADESH

问题

该出口货物报关单上的运抵国（地区）、指运港和最终目的国（地区）分别应如何填报？

要点提示

该出口货物报关单上的运抵国（地区）应填报新加坡；指运港应填报新加坡；最终目的国（地区）应填报孟加拉国。

十六、境内目的地（进口）、货源地

1. 含义

境内目的地是指已知的进口货物在境内的消费、使用地区或最终运抵的地点。

境内货源地是指出口货物在境内的生产地或原始发货地（包括供货地点）。

2. 填报要求

1）“境内目的地”栏和“境内货源地”栏均按《国内地区代码表》选择填报国内地区名称或代码填报，代码含义与经营单位代码前5位的定义相同。

2）境内目的地以进口货物在境内的消费、使用地或最终运抵地为准。一般有以下几种情况：

① 直接接受有外贸进出口经营权的企业调拨物资的境内消费、使用单位所在地。

② 委托有外贸进出口经营权的企业进口货物的单位所在地。

③ 自行从境外进口货物的单位所在地。

④ 如难以确定进口货物的消费、使用单位，应以预知的进口货物最终运抵地区为准。

3）境内货源地以出口货物的生产地为准。如出口货物在境内多次周转，不能确定生产地的，应以最早的起运地为准。

十七、 批准文号

1. 含义

批准文号是指出口收汇核销单编号。

2. 填报要求

出口报关单填报出口收汇核销单编号；进口报关单免予填报。

十八、 成交方式

1. 含义

成交方式是指在进出口贸易中进出口商品的价格构成和买卖双方各自应承担的责任、费用和风险，以及货物所有权转移的界限。成交方式在国际贸易中称贸易术语，又称价格术语。国际贸易中常见的成交方式有 CIF、CFR、FOB 三种。

2. 填报要求

1）“成交方式”栏应根据实际成交价格条款，按海关规定的《成交方式代码表》（见表 10.11）选择填报相应的成交方式名称或代码。

表 10.11　成交方式代码

成交方式代码	成交方式名称
1	CIF
2	CFR/C&F
3	FOB
4	C&I
5	市场价
6	垫仓

2）无实际进出境的货物，进口成交方式为 CIF 或其他代码，出口成交方式为 FOB 或其他代码。

3）以 FCA、CPT、CIP 贸易术语成交的，分别填报 FOB、CFR、CIF。

十九、 运费

1. 含义

运费（Freight）是指进出口货物从始发地至目的地的国际运输所需要的各种费用。

2. 填报要求

1）“运费”栏用于填报该份报关单所含全部货物的国际运输费用，包括成交价格中不包含运费的进口货物的运费和成交价格中含有运费的出口货物的运费，即进口成交方式为FOB或出口成交方式为CIF、CFR的，应在本栏填报运费。

2）本栏应根据具体情况选择运费单价、运费总价或运费率三种方式之一填报，同时注明运费标记（运费率标记免填），并按海关规定的《货币代码表》选择填报相应的币种代码。

运费标记“1”表示运费率，“2”表示每吨货物的运费单价，“3”表示运费总价。

H2000通关系统规定的“运费”栏的填报方式如下：

第一，运费标记填写在运费标记处。

第二，运费价格填写在运费价格处。

第三，运费币制填写在运费币制处。

但在手工填制纸质报关单时，本栏仍应选择下述三种方式之一填报：

第一，直接填报运费率的数值，如5%的运费率填报为“5”。

第二，填报“币制代码”＋“/”＋“运费单价的数值”＋“/”＋“运费单价标记”，如：24美元的运费单价填报为：“502/24/2”。

第三，填报“币制代码”＋“/”＋“运费总价的数值”＋“/”＋“运费总价标记”，如7000美元的运费总价填报为“502/7000/3”。

3）运保费合并计算的，运保费填报在“运费”栏中。

二十、 保险费

1. 含义

保险费（Insurance）是指被保险人允予承保某种损失、风险而支付给保险人的对价或报酬。进出口货物报关单所列的保险费专指进出口货物在国际运输过程中，由被保险人付给保险人的保险费用。

2. 填报要求

1）“保费”栏用于填报进出口货物的全部国际运输的保险费用，包括成交价格中

不包含保险费的进口货物的保险费和成交价格中含有保险费的出口货物的保险费，即进口成交方式为 FOB、CFR 或出口成交方式为 CIF 的，应在本栏填报保险费。

2）本栏应根据具体情况选择保险费总价或保险费率两种方式之一填报，同时注明保险费标记（保险费率标记免填），并按海关规定的《货币代码表》选择填报相应的币种代码。

保险费标记“1”表示保险费率，“3”表示保险费总价。

H2000 通关系统规定的“保费”栏的填报方式如下：

第一，保费标记填写在保费标记处。

第二，保费总价填写在保费总价处。

第三，保费币制填写在保费币制处。

但在手工填制纸质报关单时，本栏仍应选择下述两种方式之一填报：

第一，直接填报保费率的数值，如 3‰的保险费率填报为“0.3”。

第二，填报“币制代码”＋“/”＋“保费总价的数值”＋“/”＋“保费总价标记”，如 10000 港元保险费总价填报为“110/10000/3”。

3）运保费合并计算的，运保费填报在“运费”栏目中。

二十一、杂费

1. 含义

杂费是指成交价格以外的、应计入货物价格或应从货物价格中扣除的费用，如手续费、佣金、折扣等。

2. 填报要求

1）“杂费”栏目用于填报成交价格以外的、应计入完税价格或应从完税价格中扣除的费用，如手续费、佣金、折扣等费用。

2）本栏应根据具体情况选择杂费总价或杂费率两种方式之一填报，同时注明杂费标记（杂费率标记免填），并按海关规定的《货币代码表》选择填报相应的币种代码。

杂费标记“1”表示杂费率，“3”表示杂费总价。

3）应计入完税价格的杂费填报为正值或正率，应从完税价格中扣除的杂费填报为负值或负率。

H2000 通关系统规定的“杂费”栏的填报方式如下：

第一，杂费标记填写在杂费标记处。

第二，杂费总价填写在杂费总价处。

第三，杂费币制填写在杂费币制处。

但在手工填制纸质报关单时，本栏仍应选择下述两种方式之一填报：

第一，直接填报杂费率的数值，如：应计入完税价格的1.5%的杂费率填报为“1.5”；应从完税价格中扣除的1%的回扣率填报为“－1”。

第二，填报杂费币值代码十“/”＋杂费总价的数值＋“/”＋杂费总价标记，如：应计入完税价格的500英镑杂费总价填报为“303/500/3”。

4）无杂费时，本栏免填。

运费、保费、杂费的正确填报格式见表10.12。

表10.12 运费、保费、杂费填写例

费　用	率　1	单　价　2	总　价　3
运费	5%→5	USD50t→502/50/2	HKD5000→110/5000/3
保费	0.27%→0.27	～	EUR5000→300/5000/3
杂费1	1%→1	～	GBP5000→303/5000/3
杂费2	1%→－1	～	JPY5000→116/－5000/3

二十二、合同（协议）号

1. 含义

合同（协议）号是指在进出口贸易中，买卖双方或数方当事人根据国际贸易惯例或国家的法律、法规，自愿按照一定的条件买卖某种商品所签署的合同协议的编号。

2. 填报要求

填报进出口货物合同（协议）的全部字头和号码。

二十三、件数

1. 含义

件数（Number of Packages）是指有外包装的单件进出口货物的实际件数，即货物可以单独计数的一个包装称为一件，件是可数货物的一个计量单位。

2. 填报要求

1）“件数”栏填报有外包装的进出口货物的实际件数。

2）裸装、散装货物，“件数”栏填报为“1”；“包装种类”栏填报为“裸装”或“散装”。

3）有关单据仅列明托盘件数，或者既列明托盘件数，又列明单件包装件数的，本

栏填报托盘件数。例如："2 PALLETS 100 CTNS"，件数应填报为2。

4）有关单据既列明集装箱个数，又列明托盘件数、单件包装件数的，按以上要求填报；仅列明集装箱个数，未列明托盘或者单件包装件数的，填报集装箱个数。

二十四、包装种类

1. 含义

商品的包装是指包裹和捆扎货物用的内部或外部包装和捆扎物的总称，包括：裸装、散装和件货。

进出口货物报关单所列的"包装种类"（Kind of Packages）栏是指进出口货物在运输过程中外表所呈现的状态。

包装种类代码见表10.13。

表10.13　包装种类代码表

包装种类代码	中文名称	英文名称
1	木箱	（Wooden）Case
2	纸箱	Carton，CTNS=Cartons
3	桶装	Drum/Barrel
4	散装	Bulk
5	托盘	Pallet
6	包	Bale，BLS=Bales
7	其他	

2. 填报要求

本栏目应填报进出口货物实际外包装的名称，还应同时说明包装物的材质，如木箱、纸箱。

例1："PACKED IN 22CTNS"，表明共有22个纸箱，件数为"22"，包装种类填报为"纸箱"。

例2："2 UINT & 4 CARTONS"，表明共有2个计件单位和4个纸箱，件数合计为6；由于有两种不同的包装出现，件数填报为"6"，包装种类统填报为"其他"。

二十五、重量

1. 含义

重量是指进、出口货物的毛重和净重。法定重量是指商品重量加上直接接触商品

的包装物料，如销售包装等的重量，而除去这部分重量所表示出来的纯商品的重量，则称为实物净重。在进出口商品中，大多数商品是按重量来计量的。

2. 填报要求

1）“毛重”栏填报进出口货物实际毛重，以千克计，不足1千克的填报为1。例如：毛重为0.9千克，“毛重”栏的正确填报应为：1。

2）“净重”栏填报进出口货物实际净重，以千克计，不足1千克的填报为1。

3）如货物的重量在1千克以上且非整数，其小数点后保留4位，第五位及以后略去。例如：毛重为4.56789千克，“毛重”栏的正确填报应为：4.5678千克。

二十六、集装箱号

1. 集装箱号的含义

集装箱号是在每个集装箱箱体两侧标示的全球唯一的编号。其组成规则是：箱主代号（3位字母）+设备识别号“U”+顺序号（6位数字）+校验码（1位数字），例如EASU9809490。集装箱的规格主要有20英尺集装箱；40英尺集装箱；45英尺集装箱和其他集装箱（包括运输液体的集装箱）。

2. 填报要求

1）在H2000通关系统中，集装箱号填报在集装箱表中，一个集装箱填一条记录，分别填报集装箱号、规格和自重。

2）在手工填制纸质报关单时，集装箱号以“集装箱号”+“/”+“规格”+“/”+“自重”的方式填报。多个集装箱的，第一个集装箱号填报在“集装箱号”栏中，其余的依次填报在“标记唛码及备注”栏中。

3）非集装箱货物，填报为“0”。

二十七、随附单据

1. 含义

随附单据是指随进出口货物报关单一并向海关递交的单证，包括发票、装箱单、提单、运单、装运单等基本单证，监管证件、登记手册、征免税证明、外汇核销单等特殊单证和合同、信用证等预备单证。

2. 填报要求

1）合同、发票、装箱单、许可证等必备的单证不在“随附单据”栏填报。

2）本栏目分为随附单据代码和随附单据编号两项，其中“代码”栏应按海关规定的《监管证件名称代码表》选择填报相应证件的代码填报；“编号”栏应填报许可证件编号。

在手工填制纸质报关单时，随附单据代码和随附单据编号两项内容一并填报在“随附单据”栏中，多于一个监管证件的，其余的监管证件代码和编号填报在“标记唛码及备注”栏中，填报的方式为“监管证件代码”＋“：”＋“监管证件编号”。

3）原产地证书相关内容的填报：

第一，实行原产地证书联网管理的，填报“Y”＋“：”＋“＜优惠贸易协定代码＞”。

第二，未实行原产地证书联网管理的，填报“Y”＋“：”＋“＜优惠贸易协定代码：需证商品序号＞”。

例如，《亚太贸易协定》项下进口报关单中第1到第3项和第5项为优惠贸易协定项下商品，应填报为“＜01：1－3，5＞”。

进口货物优惠贸易协定代码和监督证件代码见表10.14和表10.15。

表10.14　进口货物优惠贸易协定代码表

代　码	优惠贸易协定
01	“亚太贸易协定”项下的进口货物
02	“中国—东盟自贸区”项下的进口货物
03	“内地与香港紧密经贸关系安排”（香港CEPA）项下的进口货物
04	“内地与澳门紧密经贸关系安排”（澳门CEPA）项下的进口货物
05	“对非洲特惠待遇”项下的进口货物
06	“台湾水果零关税措施”项下的进口货物
07	“中巴自贸区”项下的进口货物
08	“中智自贸区”项下的进口货物
09	“对也门等国特惠待遇”（阿富汗、马尔代夫、也门、萨摩亚、瓦努阿图）

表10.15　监管证件代码

监管证件代码	监管证件名称
1	进口许可证
3	敏感物项许可证
4	出口许可证
5	纺织品出口自动许可证
6	旧机电产品禁止进口
7	自动进口许可证
8	禁止出口商品
9	禁止进口商品

续表

监管证件代码	监管证件名称
A	入境货物通关单
B	出境货物通关单
D	出/入境货物通关单（毛坯钻石用）
E	濒危物种出口允许证
F	濒危物种进口允许证
I	精神药物进（出）口准许证
J	金产品出口证或人总行进口批件
O	自动进口许可证（新旧机电产品）
P	进口废物批准证书
Q	进口药品通关单
S	进出口农药登记证明
T	银行调运外币现钞进出境许可证
W	麻醉药品进出口准许证
X	有毒化学品环境管理放行通知单
Y	原产地证明
Z	音像制品发行许可证或样带提取单
E	关税配额外优惠税率进口棉花配额证
S	适用ITA税率的商品用途认定证明
t	关税配额证明
V	自动进口许可证（加工贸易）
X	出口许可证（加工贸易）
Y	出口许可证（边境小额贸易）

二十八、用途/生产厂家

1. 含义

用途是指进口货物在境内应用的范围。生产厂家是指出口货物的境内生产企业的名称。

2. 填报要求

1）“用途”栏应根据进口货物的实际用途按海关规定的《用途代码表》（表 10.16）选择填报相应的用途或代码。

2）“生产厂家”栏仅供必要时填报。

表 10.16　用途代码表

用途代码	用途名称	用途代码	用途名称
01	外贸自营内销	07	收保证金
02	特区内销	08	免费提供
03	其他内销	09	作价提供
04	企业自用	10	货样广告品
05	加工返销	11	其他
06	借用	13	以产顶进

二十九、标记唛码及备注

1. 含义

标记唛码是运输标志的俗称。它通常是由一个简单的几何图形和一些字母、数字及简单的文字组成，一般分列为收货人代号、合同号和发票号、目的地［包括最终目的国（地区）或原产国（地区）、目的港或中转港］和件数号码等项目。标记唛码英文表示为 Marks、Marking、MKS、Marks & No、Shipping Marks 等。

2. 填报要求

备注是指填制报关单时需要备注的事项，包括如下几项：

1）货物标记唛码中除图形以外的，所有文字和数字。

2）受外商投资企业委托代理其进口投资设备、物品的进出口企业名称。

3）关联备案号。关联备案号是指与本报关单有关联关系的，同时在海关业务管理规范方面又要求填报的备案号，如加工贸易结转货物及凭征免税证明转内销货物，其对应的备案号应填报在此栏，格式为“转至（自）××××××××××××手册”。

4）关联报关单号。关联报关单号是指与本报关单有关联关系的，同时在海关业务管理规范方面又要求填报的报关单号，应填报在此栏。

5）在纸质报关单下，所申报货物涉及多个集装箱的，除第一个集装箱号以外的其余的集装箱号。其格式为：“集装箱号”＋“/”＋“规格”＋“自重”。

6）在纸质报关单下，所申报货物涉及多个监管证件的，除第一个监管证件以外的其余监管证件和代码。其格式为：监管证件代码＋“:”＋监管证件编号。

7）其他申报时必须说明的事项。

三十、项号

1. 含义

项号是指同一货物在报关单中的商品排列序号和在登记手册上的商品序号。

一张纸质报关单最多可打印5项商品，纸质报关单表体共有5栏，可另外附带3张纸质报关单，合计一份纸质报关单（即一个报关单号）最多打印20项商品，一张纸质报关单表体共有20栏。

2. 填报要求

“项号”栏分两行填报。

第一行填报货物在报关单中的商品排列序号。

第二行专用于加工贸易和实行原产地证书联网管理等已备案的货物，填报该项货物在登记手册中的项号或对应的原产地证书上的商品项号。

加工贸易合同项下进出口货物，必须填报与登记手册一致的商品项号，所填报项号用于核销对应项号下的料件或成品数量。

如一张加工贸易料件进口报关单上某项商品的项号是上“01”、下“05”，说明其列此报关单申报商品的第1项，且对应加工贸易手册备案料件的第5项。

三十一、商品编号

1. 含义

商品编号亦称商品编码，是指按商品分类编码规则确定的进出口货物的编号。

2. 填报要求

1）“商品编码”栏分为“商品编号”和“附加编号”两栏，其中“商品编号”栏应填报税则8位税则号列，“附加编号”栏应填报商品编号附加的第9、10位附加编号。

2）加工贸易登记手册中商品编号与实际商品编号不符的，应按实际商品编号填报。

三十二、商品名称、规格型号

1. 含义

商品名称（Name of Commodity），即商品品名，是指缔约双方同意买卖的商品的名称。报关单中的商品名称，是指进出口货物规范的中文名称。

商品的规格型号是指反映商品性能、品质和规格的一系列指标，如品牌、等级、成分、含量、纯度、大小、长短、粗细等。

2. 填报要求

1）“商品名称及规格型号”栏分两行填报。

第一行填报进出口货物规范的中文商品名称，必要时可加注原文。

第二行填报规格型号，亦可填报原文。

例如：

商品名称及规格型号	填写内容
氨纶弹力丝 ELASTANE	（第一行：规范的中文名称＋原文）
40 DENIER TYPE 149B MERGE 17124 5KG TUBE	[第二行：规格型号（原文）]

2）商品名称应当规范，规格型号应足够详细，以能满足海关归类、审价及许可证件管理的要求为准。根据商品属性，本栏目填报内容包括品名、牌名、规格、型号、成分、含量、等级、用途、功能等。

3）加工贸易等已备案的进出口货物，本栏目填报的内容必须与已在海关备案登记的货物的名称与规格型号一致。

4）同一收货人使用同一运输工具同时运抵的进口货物应同时申报，视为同一报验状态，据此确定其归类。成套设备、减免税货物如需分批进口，货物实际进口时，应按照实际报验状态确定归类。

5）加工贸易边角料和副产品内销，边角料复出口，本栏目填报其报验状态的名称和规格型号。属边角料、副产品、残次品、受灾保税货物且按规定需加以说明的，应在本栏目中填注规定的字样。

6）对需要海关签发“货物进口证明书”的车辆，本栏目应填报：“车辆品牌”＋“排气量（注明CC）”＋“车型（如越野车、小轿车等）”，但对进口汽车底盘可不填报排气量。车辆品牌应按照《进口机动车辆制造厂名称和车辆品牌中英文对照表》中“签注名称”栏的要求填报。规格型号栏可填报“汽油型”等。

7）一份报关单最多允许填报20项商品。

三十三、数（重）量及单位

1. 含义

（1）数量

进出口货物报关单上的数量是指进出口商品的实际数量。

(2) 计量单位

计量单位分为成交计量单位和海关法定计量单位。

成交计量单位是指买卖双方在交易过程中所确定的计量单位。

海关法定计量单位是指海关按照《中华人民共和国计量法》的规定所采用的计量单位，我国海关采用的是国际单位制的计量单位。

海关法定计量单位又分为海关法定第一计量单位和海关法定第二计量单位，以《海关统计商品目录》中规定的计量单位为准。

2. 填报要求

1) 进出口货物必须按海关法定计量单位和成交计量单位填报。

2)“数量及计量单位”栏分三行填报。

① 法定第一计量单位及数量应填报在本栏目第一行，例如：

商品名称、规格型号	数量及单位
氨纶弹力丝	10 332 千克（第一行，法定第一计量单位及数量）
40 DENIER TYPE 149B MERGE 17124 5KG TUBE	

② 凡列明海关第二法定计量单位的，必须填报第一及第二法定计量单位及数量，第二法定计量单位填报在本栏目第二行。无第二法定计量单位的，本栏目第二行为空，例如：

商品名称、规格型号	数量及单位
直流发电机	1 台（第一行，法定第一计量单位及数量）
	400 千瓦/时（第二行，法定第二计量单位及数量）

③ 以成交计量单位申报的，须填报与海关法定计量单位转换后的数量，同时还需将成交计量单位及数量填报在本栏第三行。如成交计量单位与海关法定计量单位一致时，本栏目第三行为空，例如：

商品名称、规格型号	数量及单位
全棉男式内裤	122 640 件（第一行，法定第一计量单位及数量）
100PC Cotton Woven	1042 千克（第二行，法定第二计量单位及数量）
	10 220 打（第三行，成交计量单位及数量）

3) 法定计量单位为“千克”的数量填报，特殊情况下填报要求如下：

装入可重复使用的包装容器的货物，按货物的净重填报，如罐装同位素、罐装氧气及类似品等，应扣除其包装容器的重量。

使用不可分割包装材料和包装容器的货物，按货物的净重填报（即包括内层直接包装的净重重量），如采用供零售包装的酒、罐头、化妆品及类似品等。

按照商业惯例以公量重计价的商品，应按公量重填报，如未脱脂羊毛、羊毛条等。

采用以毛重作为净重计价的货物，可按毛重填报，如粮食、饲料等价格较低的农副产品。

成套设备、减免税货物如需分批进口，货物实际进口时，应按照实际报验状态确定数量。

根据 H. S. 归类规则，零部件按整机归类的，法定第一数量填报“0.1”，有法定第二数量的，按照货物实际净重申报。

具有完整品或制成品基本特征的不完整品、未制成品，按照 HS 归类规则应按完整品归类的，申报数量按照构成完整品的实际数量申报。

4）加工贸易等已备案的货物，成交计量单位必须与备案登记中同项号下货物的计量单位一致，不一致时必须修改备案或转换一致后填报。

常用度量衡英文名称和简写见表 10.17。

表 10.17　常用度量衡英文名称和简写

名　　称	英文名称	简　　写
克	gram	g
公斤	kilogram	kg
公担	quintal	q
长吨	long ton	l. t
短吨	short ton	sh. t
英担	hundredweight	cwt
美担	hundredweight	cwt
磅	pound	lb
两（常衡）	ounce	oz
两（金衡）	ounce	oz. t
司马担	picul	
米	metre	m
公里	kilometre	km
厘米	centimetre	cm
毫米	milimetre	mm
码	yard	yd
英尺	foot	ft
英寸	inch	in

续表

名　称	英文名称	简　写
平方米	square metre	sq. m
平方英尺	square foot	sq. ft
平方码	square yard	sq. yd
立方米	cubic metre	cu. m
立方英尺	cubic foot	cu. ft
升	litre	l
加仑	gallon	gal
蒲式耳	bushel	bu
克拉	carat	c

三十四、单价、总价、币制

1. 含义

单价（Unit Price）是指商品的一个计量单位以某一种货币表示的价格。商品的单价一般应包括：单位商品价值金额、计量单位、计价货币和价格术语等四个部分，若有佣金和折扣的，佣金、折扣的大小也应在价格术语中注明。

总价（Total Value/Amount）是指进出口货物实际成交的商品总价。

币制（Currency）是指进出口货物实际成交价格的计价货币。

2. 填报要求

(1)"单价"栏

1）填报同一项号下进出口货物实际成交的商品单位价格（发票单价）的金额。单价填报到小数点后4位，第5位及以后略去。

2）无实际成交价格的，填报货值。

(2)"总价"栏

1）填报同一项号下进出口货物实际成交的商品总价。总价填报到小数点后第4位，第5位及以后略去。

2）无实际成交价格的，填报货值。

(3)"币制"栏根据实际成交情况按海关规定的《币制代码表》选择填报相应的币制名称或代码。如《币制代码表》中无实际成交币制，需转换后填报（表10.18）。

表 10.18　常用币制代码

货币代码	货币符号	货币名称	货币代码	货币符号	货币名称
110	HKD	港币	116	JPY	日本元
121	MOP	澳门元	142	CNY	人民币
143	TWD	台币	300	EUR	欧元
302	DKK	丹麦克朗	303	GBP	英镑
326	NOK	挪威克朗	330	SEK	瑞典克朗
331	CHF	瑞士法郎	344	SUR	俄罗斯卢布
501	CAD	加拿大元	502	USD	美元
601	AUD	澳大利亚元	609	NZD	新西兰元

案例分析 10-2

案情简介

大连某公司以 CFR DALIAN 从英国进口一批货物，发票显示：AMOUNT USD100，000，LESS PREPAYMENT 10%，LESS DISCOUNT 5%，已知保险费率为 3‰。

问题

1）进口货物报关单上的运费栏是否需要填报？若需要，该如何填报？

2）进口货物报关单上的保险费栏是否需要填报？若需要，该如何填报？

3）进口货物报关单上的杂费栏是否需要填报？若需要，该如何填报？

4）进口货物报关单上的总价栏该如何填报？

要点提示

1）进口货物报关单上的运费栏无需填报，因为成交价格中已包含了运费。

2）进口货物报关单上的保险费栏需要填报，应填 0.3。

3）进口货物报关单上的杂费栏需要填报，应填—502/10000/3。

4）进口货物报关单上的总价栏应填 100000。

三十五、 征免

1. 含义

征免方式是指海关依照《海关法》、《关税条例》及其他法律、法规，对进出口货物进行征税、减税、免税或特案处理的实际操作方式。

2. 种类

(1) 照章征税

照章征税指对进出口货物依照法定税率计征各类税、费。

(2) 折半征税

折半征税指依照主管海关签发的征免税证明或海关总署的通知，对进出口货物依照法定税率折半计征关税和增值税，但照章征收消费税。

(3) 全免

全免指依照主管海关签发的征免税证明或加工贸易手册等，对进出口货物免征关税和增值税，但消费税不予免征。

(4) 特案减免

特案减免指依照主管海关签发的征免税证明或海关总署通知规定的税率计征各类税、费。

(5) 征免性质（即随征免性质）

随征免性质指对某些监管方式下进出口的货物按照征免性质规定的特殊计税公式或税率计征税、费。

(6) 保证金

保证金指经海关批准具保放行的货物，由担保人向海关缴纳现金的一种担保形式。

(7) 保证函

保证函指担保人根据海关的要求，向海关提交的订有明确权利义务的一种担保形式。

(8) 折半补税

(9) 全额退税

3. 填报要求

1) 根据海关核发的征免税证明或有关政策规定，对报关单所列每项商品选择填报海关规定的《征减免税方式代码表》中相应的征减免税方式的名称，见表10.19。

表10.19 主要征减免税方式代码

征减免税方式代码	征减免税方式名称
1	照章征税
2	折半征税
3	全免
6	保证金
7	保函
8	折半补税
9	全额退税

2）加工贸易报关单应根据加工贸易手册中备案的征免规定填报。加工贸易手册中备案的征免规定为“保金”或“保函”的，不能按备案的征免规定填报，而应填报“全免”。

第四节　进出口货物报关单的其他内容

一、税费征收情况

本栏目供海关批注进出口货物税费征收及减免情况。

二、录入员

本栏日用于记录预录入操作人员的姓名并打印。

三、录入单位

本栏目用于记录并打印电子数据报关单的录入单位名称。

四、报关员

由向海关申报的报关员签名。

五、单位地址、邮编、电话

报关单位地址、邮编和电话分项目，由申报单位的报关员填报。

六、填制日期

填制日期是指报关员填制报关单的日期。电子数据报关单的填制日期由计算机自动打印。

七、海关审单批注

本栏目指供海关内部作业时签注的总栏目，由海关关员手工填写在预录入报关单上。其中“放行”栏填写海关对接受申报的进出口货物作出放行决定的日期。

本章学习路径

- 进出口货物报关单的分类
  - 按进出口状态
    - 进口货物报关单
    - 出口货物报关单
  - 按表现形式
    - 纸质报关单
    - 电子数据报关单
  - 按海关监管方式
    - 进料加工进（出）口货物报关单
    - 来料加工及补偿贸易进（出）口货物报关单
    - 一般贸易及其他贸易进（出）口货物报关单
- 进出口货物报关单各联
  - 海关作业联
  - 海关留存联
  - 收汇证明联（进口）
  - 付汇证明联（出口）
  - 加工贸易核销联
- 进出口货物报关单填制规范
  - 纸质报关单填制规范
  - 电子数据报关单填制规范

复习与思考

一、名词解释

1. 进出口货物报关单
2. 经营单位
3. 贸易方式
4. 征免性质
5. 成交方式

二、问答题

1. 纸质进口货物报关单和纸质出口货物报关单各有哪些联？
2. 简述进出口货物报关单的法律效力。
3. 简述海关对进出口货物报关单的一般要求。
4. 进出口货物报关单上没有实际进出境货物的运输方式有哪些？
5. “贸易方式”中的“一般贸易”的范围包括哪些？

知识扩充

（一）报关单填制实例

广州振强汽车贸易有限责任公司（440129××××）以FOB汉堡价格条件从德国进口一批排气量为2232毫升的大众小轿车（单位：辆），货物经香港转运进境，支付方式为L/C，贸易方式为一般贸易，属法定检验、自动进口许可证管理商品。运载该货的运输工具于2007年3月18日申报进境，该公司于3月25日采用EDI电子申报方式向口岸海关报关，3月28日向口岸海关提交纸质报关单（见下表）。

COMMERCIAL　　INVOICE

<table>
<tr><td rowspan="3">Seller
B Co. Ltd
Hamburg，Germany</td><td>Invoice no.
Ham005</td><td>Invoice Date
2007－2－10</td></tr>
<tr><td>L/C no.
Ham2007006</td><td>Date
2007－1－10</td></tr>
<tr><td colspan="2">Issued by
Bank of China，Hamburg branch</td></tr>
<tr><td rowspan="3">Buyer
A Co. Ltd
Shenzhen，China</td><td>Contract no.
SC005</td><td>Date
2006－12－10</td></tr>
<tr><td>From
Hamburg</td><td>To
Huangpu，W/T at Hong Kong</td></tr>
<tr><td>Shipped per Voy No. B/L No.
HJ005 10005000 HJ20500</td><td>Price Terms
FOB Hamburg</td></tr>
</table>

Marks	Description of Goods	QTY. (set)	(set) FOB	Unit Price (USD)	Amount
N/M	Cars				
	Engine type：6cyl. in-line	8	50，000	400，000	
	Max. power：90hp				
	Max. speed：130km/h		Freight：USD50，000		
	Fuel consumption：100/12/（km/h/L）		Insurance：USD5，000		
	Packing：in containers				
	Net Weight：1800KGS/set 8 sets to one 20FCL container				
	Country of Origin：Federal Republic of Germany				

入境货物通关单号：4403200703021000

自动进口许可证号：2200－2007－WZ－00505

集装箱号码：HJGP20070105 集装箱自重：2080KGS

中华人民共和国海关进口货物报关单

预录入编号：　　　　　　　　　　　　　　　　　　海关编号：

进口口岸 广州黄埔海关	备案号	进口日期 2007.03.18	申报日期 2007.03.25
经营单位 广州振强汽车贸易有限责任公司 440129××××	运输方式 江海运输	运输工具名称 HJ005/10005000	提运单号 HJ20500
收货单位 440129××××	贸易方式 一般贸易	征免性质 一般征税	征税比例

许可证号	起运国（地区） 德国	装货港 汉堡	境内目的地 广州其他

批准文号	成交方式 FOB	运费 502/50000/3	保费 502/5000/3	杂费
合同协议号 SC005	件数 1	包装种类 其他	毛重（公斤） 14400	净重（公斤） 14400

集装箱号 HJGP20070105/40/2080	随附单据 2200－2007－WZ－00505	用途 外贸自营内销

标记唛码及备注

4403200703021000

项号	商品编号	商品名称、规格型号	数量及单位	原产国（地区）	单价	总价	币制	征免
01	87032314.19	大众 2322CC 小轿车 汽油型	8 辆	德国	50 000	400 000	美元	照章

税费征收情况

录入人　　录入单位	兹声明以上申报无讹并承担法律责任	海关审单批注及放行日期（签章）
报关员 申报单位（签章）		审单　　审价
单位地址 邮编　　电话　　填制日期		征税　　统计
		查验　　放行

(二) 报关单相关栏目的逻辑对应关系（表10.20～表10.24）

表10.20　“贸易方式”、“征免性质”“用途”、“征免”及“备案号”（首位）之间的逻辑关系

贸易方式	征免性质	用　　途	征　　免	备案号首位
一般贸易（0110）	一般征税	外贸自营内销	照章征税	
	科教用品	其他内销	全免	Z
	鼓励项目（内）	企业自用		
	自有资金			
来料加工（0214）	来料加工	加工返销	全免	B
进料加工（0615）	进料加工			C
合资合作设备（2025）	中外合资	企业自用	全免	Z
	中外合作			
	鼓励项目			
	一般征税		照章征税	
外资设备物品（2225）	外资企业	企业自用	全免	Z
	鼓励项目			
	一般征税		照章征税	
不作价设备（0320）	加工设备	企业自用	全免	Z
加工贸易设备（0420）			照章征税	

表10.21　“成交方式”、“运费”、“保费”各栏目间的逻辑关系

	成交方式	运　　费	保　　费
进口	CIF	不填	不填
	CFR	不填	填
	FOB	填	填
出口	FOB	不填	不填
	CFR	填	不填
	CIF	填	填

表10.22　“经营单位”与“收、发货单位”之间的逻辑关系

进出口状况	经营单位	收、发货单位	备　　注
外贸代理进出口	受委托外贸企业	委托单位	不包括外商投资企业在投资总额内委托进出口
外贸自营进出口	外贸企业	外贸企业	
外商投资企业自营进出口	外商投资企业	外商投资企业	

续表

进出口状况	经营单位	收、发货单位	备注
外商投资企业在投资总额内委托进出口	外商投资企业	外商投资企业	实际经营单位应在备注栏说明
签约与执行合同分离	执行合同的外贸企业	执行合同的外贸企业或者委托进出口的单位	
直接接受进出口	直接接受货物的国内单位	直接接受货物的国内单位	该批货物进出口须经批准

表 10.23 “实际成交计量单位”与“法定计量单位”之间的逻辑关系

计量单位状态	填制要求		
	第一行	第二行	第三行
成交与法定一致	法定计量单位及数量	空	空
成交与法定一致，并有第二计量单位	法定第一计量单位及数量	法定第二计量单位及数量	空
成交与法定不一致	法定计量单位及数量	空	成交计量单位及数量
成交与法定不一致，并有第二计量单位	法定第一计量单位及数量	法定第二计量单位及数量	成交计量单位及数量

表 10.24 进口货物报关单“装货港”与“起运国（地区）”之间的逻辑关系

装运状况	交易状况	装货港	起运国
货物启运后直接运抵进口港	与起运国贸易商交易	货物起运的港口为装货港	货物起运港口的所在国（地区）为起运国
	与非起运国贸易商交易		
货物启运后途经某港口再运抵进口港	与途经港以外其他国家的贸易商交易	货物起运的港口为装货港	货物起运港口的所在国（地区）为起运国
	与货物途经港所在国的贸易商交易		
货物启运后在途经港换装运输工具后再运抵进口港	与途经港以外其他国家的贸易商交易	货物换装运输工具的途经港口为装货港	货物起运港口的所在国（地区）为起运国
	与货物换装运输工具的途经港所在国的贸易商交易		货物交易及中途换装运输工具港口的所在国（地区）为起运国

参考文献

陈国武. 2004. 新编进出口出业务300题. 北京：中国商务出版社

费景明等. 2002. 进出口贸易实务. 北京：高等教育出版社

冯毅，郭清山主编. 2002. 进出口商品检验实务. 北京：中国对外经济贸易出版社

国家质量监督检验检疫总局，检验检疫工作手册.

海关总署报关员资格考试教材编委会. 2006. 报关员资格全国统一考试教材. 北京：中国海关出版社

姜维，陈柯妮编著. 2005. 报关业务实战教程. 上海：立信会计出版社

姜维，陈柯妮编著. 2005. 报关业务实战教程. 上海：立信会计出版社

兰影主编. 出入境检验检验报检与检务. 北京：中国对外翻译出版公司

李小可. 2005. 国际贸易实务. 上海：华东师范大学出版社

柳博. 2003. 进出口业务知识. 广州：华南理工大学出版社

全国国际商务单证培训认证考试办公室. 2005. 国际商务单证理论与实务. 北京：中国商务出版社

宋大涵，葛志荣，蒲长城主编. 中华人民共和国进出口商品检验法实施条例释义. 北京：法律出版社

王斌义，顾永才. 2006. 报检报关操作实务. 北京：首都经济贸易大学出版社

王斌义主编. 2005. 报检员业务操作指引. 北京：对外贸易大学出版社

温耀庆，鲁丹萍. 2007. 商检与报关实务. 北京：清华大学出版社

吴百福. 1999. 进出口贸易实务教程. 上海：上海人民出版社

叶梅. 2002. 外贸商品学教程. 北京：中国对外经济贸易出版社

周臣等. 2006. 出入境检验检疫报检员手册. 北京：企业管理出版社

● 中等职业教育“十二五”规划教材

中职中专国际商务类教材系列

报检与报关实务习题集

陈启琛　　主　编
沈　生　　副主编
丛凤英　　主　审

科学出版社
北　京

说　　明

1. 本习题集与陈启琛主编的《报检与报关实务》配套使用。为便于教学，习题集的编写顺序与教材一致。

2. 本习题集由陈启琛任主编，沈生任副主编。参加编写工作的有：陈启琛、沈生、刘福英、张晓晨、黄玮、高一楠。丛凤英审核全书。

本习题集的编写得到了许多老师的帮助和支持，谨此表示谢意。限于我们的业务水平和教学经验，不妥之处恳切希望使用本习题集的读者提出批评指正。

目　　录

第一章 进出口商品检验概述

一、填空题（请在各小题的画线处填上适当的词句）

1. 对外贸易是指一个国家或地区与别的国家或地区之间进行的______________的交换活动。对外贸易包括________和________两部分。

2. 按照我国《商检法》的有关规定，进口商品未经检验，不准______________；出口商品未经检验合格的，不准________。

3. 通过商检和监管以确定出口商品的________、________、________、________等内容与________规定是否相符。

4. 各有关法律都承认和规定除双方另有协议外，________有权对自己所买的货物进行检验。但须提出________对货物的检验权________强制性的，________接受货物的前提条件。若买方没有利用合理机会检验货物，即表示________，从而________的权利。

5. 检验证书是买卖双方________货物、________货款、________索赔和理赔的重要单据之一。

6. 我国实施进口商品检验的范围包括______________________规定的商品的检验；______________________规定的商品的检验；______________的检验；______________________检验等。

7. 根据《中华人民共和国进出口商品检验法实施条例》规定，生产出口危险品包装容器的企业，必须向商检机构申请包装容器的________鉴定，而生产出口危险品的企业，则必须申请包装容器的________鉴定。

8. 按《商检法》的规定，对船舶和集装箱实施________性检验。

9. 合同中的检验条款主要包括检验的______________、检验________、检验________、检验________与检验________及商品的________等。

10. 国际贸易中最常使用的检验时间和地点为________。

11. “离岸重量，到岸品质”是指重量检验的依据为________的重量证书，而品质检验的最后依据为________的品质证书。

12. 商检机构依法对进出口商品实施检验与管理，具有两个主要作用：一是________，二是________。

二、单项选择题（在下列每小题中，请选出一个最适合的答案）

1. 发展对外贸易，通过国际交换，有计划地出口我国具有优势的产品，换回我国劣势的产品。这样做是为了（　　）。

A. 实现外贸平衡　　B. 扩大出口，减少进口

C. 提高经济效益　　D. 增强我国出口创汇能力

2. 我国某公司与新加坡一家公司以 CIF 新加坡的条件出口一批土产品，订约时，我国公司已知道该批货物要转销美国。该货物到新加坡后，立即转运美国。其后新加坡的买主凭美国商检机构签发的在美国检验的证明书，向我提出索赔。问，美国的检验证书（　　）。

A. 有效

B. 无效，应要求新加坡商检机构出具证明

C. 无效，应由合理第三国商检机构出具证明

D. 其他

3. “离岸重量、到岸品质”是指（　　）。

A. 装运港检验　　B. 目的港检验

C. 出口国检验、进口国复验　　D. 装运港检验质量、目的港检验品质

4. 对于进出口商品的复检，表述正确的是（　　）。

A. 进出口商品的报检人对商检机构作出的检验结果有异议的，可以在收到检验结果之日起 20 日内向作出检验结果的商检机构申请复检

B. 报验人对复检结论仍有异议的，可以自收到复检结论之日起 15 日内向国家商检局申请复检

C. 国家商检局应当在 45 日内作出复检结论

D. 国家商检局的复检结论可再申请复检

5. 国家对涉及人类健康、动植物生命和健康，以及环境保护和公共安全的产品实行册（　　）制度。

A. 强制性认证　　B. 贸易壁垒　　C. 注册　　D. 监管

6. 出入境检验检疫机构是（　　）等法律的行政执法机构。

A.《中华人民共和国进出口商品检验法》

B.《中华人民共和国进出境动植物检疫法》

C.《中华人民共和国国境卫生检疫法》

D.《中华人民共和国食品卫生法》

7. 检验检疫机构对〈商检法〉规定必须经商检机构检验的进出口商品以外的进出口商品，根据国家规定实施（　　）。

A. 抽查检验　　B. 批批检验

C. 申请检验　　D. 委托检验

8. 商品必须获得国家质检总局签发的（　　）并加贴国家质检总局批准使用的“CIQ”安全标志，方准进口。

A.《卫生证书》　　B.《进口商品安全质量许可证书》

C.《进出口食品标签审核证书》　　D.《检验证书》

9.（　　）凭施检部门的检验检疫、鉴定证稿（结果报告单）签发证单。

A. 检验人员　　B. 检务部门　　C. 检验检疫部门

10. 出口不需经检验检疫局检验的纺织品有（　　）。

A. 毛织物　　B. 麻织物　　C. 抽纱品

11. 凡列入《出入境检疫机构实施检疫的进出境商品目录》的入境商品，须向入境口岸检疫机构（　　）。

A. 申报　　B. 检验检疫　　C. 报检　　D. 申请

12. 法定检验的进口商品到货后，（　　）必须向卸货口岸或者到达站的检疫机构办理报检。

A. 用货人　　B. 收货人或其人　　C. 发货人　　D. 其他关系人

13. 进口商品在口岸卸货时发现残损或者数量、重量短缺需要的，（　　）应当及时向口岸检疫机构申请出证。

A. 承运人　　B. 收货人　　C. 卸货单位　　D. 发货人

14. 对出口危险货物包装容器实行危包出口质量（　　）制度，危险货物包装容器须经检验检疫机构进行性能鉴定和使用鉴定后，方能生产和使用。

A. 许可　　B. 登记　　C. 卫生注册　　D. 卫生登记

15. 一般出境货物最迟应在出口报关或装运前（　　）报检。

A. 10 天　　B. 7 天　　C. 5 天　　D. 3 天

三、多项选择题（下列各小题中正确答案不少于两个，请准确选出全部正确答案）

1. 对外贸易包括进口和出口两个方面，其中（　　）。

A. 出口是进口的基础，只有扩大出口，进口才有保证

B. 要尽量多出口，少进口，多创外汇

C. 如果出口总额大于进口总额称为贸易顺差

D. 进口是出口的关键，只有不断进口才能保证出口

2. 商检是指（　　）。

A. 对买卖双方成交的商品的质量、数量、重量、包装、安全、卫生等项目进行检验或检疫、鉴定管理并出具证书。

B. 对装运技术条件或货物在装卸运输过程中发生的缺损、短缺进行检验或鉴定，以明确事故的起因和责任的归属。

C. 包括对某些进出口货物或有关事项进行质量、数量、包装、卫生、安全等方面的强制性检验（Inspection）或检疫。

D. 进口商品检验。

3. 下列进出口商品，检验检疫机构不予受理免验申请的有（　　）。

A. 食品　　B. 动植物及其产品

C. 散装运输的商品　　D. 危险品包装

4. 下列表述正确的是（　　）。

A. 所有进境集装箱应实施动植物检疫　　B. 所有进境集装箱应实施卫生检疫

C. 所有出境集装箱应实施卫生检疫　　D. 所有出境集装箱应实施适载检疫

5. 出入境检验检疫机构是（　　）等法律的行政执法机构。

A.《中华人民共和国进出口商品检验法》

B.《中华人民共和国进出境动植物检疫法》

C.《中华人民共和国国境卫生检疫法》

D.《中华人民共和国食品卫生法》

6. 法定检验检疫的入境货物到货后，收货人应向卸货口岸或到达站的检验检疫机构办理报检。未报经检验检疫的（　　）。

A. 不准销售　　B. 不准使用

C. 可以使用，但不准销售　　D. 既可使用，也可销售

7. 下列关于申请复验说法正确的是（　　）。

A. 报检人可以向作出检验结果的检验检疫机构或者其上级检验检疫机构申请复验，也可以向国家质检总局申请复验

B. 受理复验的检验检疫机构或者国家质检总局负责组织实施复验

C. 受理复验的检验检疫机构或者国家质检总局对同一检验结果只进行一次复验

D. 对复验结论不服的，可以依法申请行政复议，也可以向任命法院提起行政诉讼

8. 某公司从比利时进口一批罐头，报检时提供的单据包括（　　）。

A. 卫生证书　　B. 进口食品标签审核证书

C. 原产地证书　　D. 合同、发票、装箱单

9. 下列属于旧机电产品的有（　　）。

A. 旧打印机　　B. 旧电饭锅　　C. 旧钢轨　　D. 旧船用桌椅

10. 下列表述正确的是（　　）。

A. 办理入境货物报检，来自疫区或可能传播传染病的货物，未经检疫不得入境。

B. 对输入的动植物、动植物产品及其他检疫物，未经检验检疫机构检疫同意，可以卸离运输工具。

C. 法定检验检疫的入境货物，在报关时必须提供报关地出入境检验检疫机构签发的《入境货物通关单》，海关凭出入境检验检疫机构签发的《入境货物通关单》验放。

D. 进境“一般报检”，《入境货物通关单》的签发和对货物的检验检疫都由口岸检验检疫机构完成。

11.《中华人民共和国进出境动植物检疫法》规定的“动物产品”包括（　　）等。

A. 脏器　　B. 皮革　　C. 奶制品　　D. 骨、蹄、角

12. 我国商检机构依法对进出口商品实施检验与管理，具有（　　）主要作用。

A. 把关　　B. 监督　　C. 收费　　D. 服务

13. 我国进出口商品检验检疫的主要行政法规有（　　）。

A.《商检法实施条例》

B.《商检法》

C.《中华人民共和国进出境动植物检疫法实施条例》

D.《中华人民共和国国境卫生检疫法实施细则》

14. 检验检疫机构检验检疫的依据有（　　）。

A. 国际条约　　B. 国际惯例　　C. 贸易合同

D. 地方性法规　　E. 行政法规

15. 商检机构依据（　　）实施检验。

A. 法律行政法规规定的检验标准

B. 对外贸易合同约定的检验标准

C. 样品

D. 生产国标准、有关国际标准或者国家检验检疫局指定的标准

四、判断题（判断下列各题是否正确，正确的在题后括号内打“√”，错误的打“×”）

（　　）1. 中华人民共和国质量监督检验检疫总局及其分支机构是唯一可以对法定检验的商品有权检验的机构。

（　　）2. 按照我国商检法规定，法定检验的商品仅指《商检机构实施检验的进出口商品种类表》中的商品。

（　　）3. 出口商品未经检验合格的，不准出口。

（　　）4. 规定进口商品应检验未检验的，不准销售，可以使用。

（　　）5. 中国检验检疫机构对进出口商品实施检验、提供的各种检验鉴定证明，就是为对外贸易。

（　　）6. 有关方履行贸易、运输、保险契约和处理索赔争议，提供具有公正权威的必要证件。

（　　）7.《进出口商品检验法》对防止检疫传染病的传播，保护人体健康是一个十分重要的屏障。

（　　）8. 签订外贸合同后，应及时办理检疫审批手续。

（　　）9. 输入植物种子、种苗及其他繁殖材料的检疫审批，由国家质检总局负责。

（　　）10.《进出口商品检验法》对防止检疫传染病的传播，保护人体健康是一个十分重要的屏障。

（　　）11. 出口烟花爆竹的检验和监督管理工作采取产地检验与口岸查验相结合的原则。

（　　）12. 留购的展览物品，报检人应重新办理有关检验检疫手续。

（　　）13. 办理进口化妆品报检，报检时必须提供《进出口化妆品标签审核证书》。

（　　）14. 进出口的样品、礼品、非销售展品和其他非贸易性物品，除国家另有规定或者对外贸易合同另有约定的，可以免予检验。

（　　）15. 对于《目录》内的出入境展品、礼品、非贸易性物品可实行免验放行，但对于涉及安全、卫生及有特殊要求的货物不属免验放行范围。

（　　）16.《中华人民共和国进出口商品检验法》第十五条规定：为出口危险货物生产包装容器的企业，必须申请检验检疫机构进行包装容器的使用鉴定。生产出口危险货物的企业，必须申请检验检疫机构进行包装容器

的性能鉴定。

(　　) 17. 进口烟草需要检疫审批。

(　　) 18. 国家对进口涂料实行登记备案和专项检测制度。

(　　) 19. 用户在国内购买进口汽车时必须取得检验检疫机构签发的“进口机动车辆随车检验单”和购车发票。在办理正式牌证前，到所在地检验检疫机构登检、换发“进口机动车辆检验证明”，作为到车辆管理机关办理正式牌证的依据。

(　　) 20. 当检疫机构签发的补充证书与原证书同时使用时只有原证书有效。

(　　) 21. 出口商品生产加工单位所申请的质量许可证的有效期一律为三年。

(　　) 22. 申请货物品质检验和鉴定的，一般应在索赔有效期前不少于30天内报检。

(　　) 23. 自理报检单位的报检员不得同时兼任两个或者两个以上代理单位的报检工作。

(　　) 24. 当检疫机构签发的补充证书与原证书同时使用时只有原证书有效。

(　　) 25. “出口国检验，进口国复验”是国际货物买卖中最常见的一种规定检验时间和地点的方法。

(　　) 26. 根据《联合国国际货物销售合同公约》的规定，若买方没有利用合理的机会检验货物，就是放弃了选择权，从而丧失了声称货物不符合同的权利。

五、案例分析

1. 我出口公司A向新加坡公司B以CIF新加坡条件出口一批土特产品，B公司又将该批货物转卖给马来西亚公司C。货到新加坡后，B公司发现货物的质量有问题，但B公司仍将原货转销至马来西亚。其后，B公司在合同规定的索赔期限内凭马来西亚商检机构签发的检验证书，向A公司提出退货要求。请问：A公司应如何处理？为什么？

2. 合同中的检验条款规定：“以装运地检验报告为准”。但货到目的地后，买方发现货物与合同规定不符，经当地商品检验机构出具检验证书后，买方可否向卖方索赔？为什么？

第二章　进出口商品检验机构

一、填空题（请在各小题的画线处填上适当的词句）

1. 商品检验检疫机构指的是接受委托进行＿＿＿＿＿＿＿＿和＿＿＿＿＿＿＿＿的专门机构。
2. 我国进出口商品检验主要由官方的＿＿＿＿＿＿＿＿及其＿＿＿＿＿＿＿＿承担，此外还有各种从事商品检验检疫服务的＿＿＿＿＿＿＿＿。
3. “法定检验”又称为＿＿＿＿＿＿＿＿或＿＿＿＿＿＿＿＿。
4. 中国商品检验公司，英语简称是＿＿＿＿，它的性质属于＿＿＿＿＿＿＿＿＿＿＿＿＿＿＿＿。
5. 我国进出口商品检验主要由官方的＿＿＿＿＿＿＿＿及其＿＿＿＿＿＿＿＿承担，此外还有各种从事动植物、食品、药品、船舶、计量器具等专业部门以及为进出口贸易提供检验检疫服务的＿＿＿＿＿＿＿＿。
6. 2001年国家质量技术监督局和国家出入境检验检疫局合并之后，“三个不变”指的是：＿＿＿＿＿＿＿＿、＿＿＿＿＿＿＿＿、＿＿＿＿＿＿＿＿。
7. 我国出入境商品的＿＿＿＿＿＿＿＿＿＿和＿＿＿＿＿＿＿＿＿＿工作由国家出入境检验检疫局及其设立在全国各地的分支机构负责；进出口药品的＿＿＿＿＿＿＿＿＿＿、计量器具的＿＿＿＿＿＿＿＿＿＿、船舶和集装箱的＿＿＿＿＿＿＿＿、飞机（包括飞机发动机、机载设备）的＿＿＿＿＿＿＿＿、锅炉和压力容器的＿＿＿＿＿＿＿＿、核承压设备的＿＿＿＿＿＿＿＿等，分别由国家各有关主管部门＿＿＿＿＿＿＿＿实施法定检验和监督管理。
8. 我国商检局的主要工作有＿＿＿＿＿＿＿＿＿＿、＿＿＿＿＿＿＿＿＿＿和＿＿＿＿＿＿＿＿等。
9. 国家出入境检验检局主要职责之一是＿＿＿＿管理出入境检验检疫机构。
10. 法定检验是＿＿＿＿性检验，公证鉴定是＿＿＿＿性检验。
11. 一般入境货物应在＿＿＿＿前或＿＿＿＿时向检验检疫机构报检；一般出境货物最迟应于报关或装运前＿＿＿＿天报检。
12. 出入境货物经检验检疫后，施检部门将报检单证及各类似出具的检验检疫证稿送达检务签证部门，检务签证部门在出境＿＿＿＿工作日，入境＿＿＿＿工作日内签发各类证单，特殊情况除外。
13. 《出境货物报检单》中的起运地是指＿＿＿＿＿＿＿＿＿＿＿＿。
14. 一个合格的报检员需要经过检验检疫机构的培训，参加质检总局主办的全国统一＿＿＿＿＿＿＿＿，取得＿＿＿＿＿＿＿＿，方可持证上岗。报检员资格证书有效期为＿＿＿＿。

15. 代理报检单位的报检员________同时兼任________或者________以上代理报检单位的报检工作。自理报检单位的报检员________同时兼任________或者________以上自理单位的报检工作。

二、单项选择题（在下列每小题中，请选出一个最适合的答案）

1. 对我国进出口商品实施法定检验检疫的机构是（　　）。

A. 中华人民共和国出入境商品检验检疫局分支机构

B. 中国进出口商品检验检疫总公司及分公司

C. 各有关单位自设的检验检疫机构

D. 各口岸检验检疫机构

2. 通过报检员资格考试合格的人员，取得《报检员资格证》后，（　　）内未从事报检业务的，《报检员资格证》自动失效。

A. 6 个月　　B. 10 个月　　C. 1 年　　D. 2 年

3. 报检单位应在（　　）检验检疫机构办理备案登记手续。

A. 报检地　　B. 报关地

C. 工商注册地　　D. A. B. C 都可以

4. 代理报检单位在办理代理报检业务时，应交验委托人的《报检委托书》，并（　　）。

A. 加盖委托人的公章　　B. 加盖代理报检单位的公章

C. 加盖双方公章　　D. 无须加盖公章

5. 检验检疫机构对自理报检单位实行（　　）。

A. 审核制度　　B. 批准制度

C. 注册登记制度　　D. 备案管理制度

6. 自理报检单位在按有关规定办理报检，并提供抽样、检验检疫的各种条件后，（　　）要求检验检疫机构在国家质检部门统一规定的检验检疫期限内完成检验检疫工作并出具证明文件。

A. 有权　　B. 无权　　C. 可以　　D. 不可以

7. 报检单位有权要求检验检疫机构在（　　）完成检验检疫工作并出具证明文件。

A. 国家质检总局统一规定的检验检疫期限内

B. 合理的时间内

C. 索赔期限内

D. 以上答案都不对

8. 报检员不再从事报检工作或被解聘、或离开本单位的，代理报检单位应当以（　　）通知检验检疫机构，办理收回和注销《报检员证》手续，否则因此而产生的法律责任由代理报检单位承担。

A. 书面形式　　B. 电话形式

C. 传真形式　　D. 电子邮件形式

9.《入境货物报检单》上的（　　）为货物若以集装箱运输应填写集装箱的规格，数量及号码。

A. 集装箱规格、数量及号码
B. 集装箱规格
C. 集装箱数量
D. 集装箱号码

10. 进出口商品的报检人对检验结果有异议的，可以向（　　）申请复验，有受理复验的商检机构或者国家商检部门及时作出结论。
A. 人民法院
B. 原商检机构的上级商检机构
C. 原商检机构
D. 原商检机构或者其他上级商检机构以及国家商检部门

11.《入境货物报检单》上的联系人是（　　），电话是报检人员的联系电话。
A. 报检人员姓名
B. 法人姓名
C. 部门负责人姓名
D. 制单人姓名

12.《入境货物报检单》的编号，由检验检疫机关报检受理人员填写，前 6 位为（　　），第 7 位为报检类代码，第 8、9 位为年代码，第 10 至 15 位为流水号。
A. 检验检疫局机关代码
B. 组织机构代码
C. 营业执照代码
D. 海关机关代码

13. 货物通关后，入境货物的货主或其代理人需在检验检疫机构规定的时间和地点到检验检疫机构联系对货物实施检验检疫。经检验检疫合格的入境货物在（　　）签发《入境货物检验检疫证明》，经检验检疫不合格的货物签发检验检疫证书。
A. 货物目的地
B. 货物起运地
C. 货物目的地或货物起运地
D. 货物目的地和货物起运地

14. 只有当检验检疫机构对货物实施了具体的检验、检疫，确认其符合有关（　　），货主才能获得相应的准许进口货物销售使用的合法凭证，完成进境货物的检验检疫工作。
A. 检验检疫要求及合同、信用证的规定
B. 检验检疫要求及合同、提运单的规定
C. 检验检疫要求及合同、发票的规定
D. 检验检疫要求及合同、装箱单的规定

15. 根据（　　）及其实施条例、（　　）及其实施条例、（　　）及其实施细则等有关法律、行政法规的规定，法定检验检疫的出口货物的货主或其代理人必须在检验检疫机构规定的时间和地点向检验检疫机构报检，出口商品未经检验合格的，不准出口。
A.《中华人民共和国进出口商品检验法》、《中华人民共和国进出口商品检验法》《中华人民共和国食品卫生法》
B.《中华人民共和国进出口商品检验法》、《中华人民共和国食品卫生法》、《中华人民共和国国境卫生检疫法》
C.《中华人民共和国食品卫生法》、《中华人民共和国进出境动植物检疫法》、《中华人民共和国国境卫生检疫法》

D.《中华人民共和国进出口商品检验法》、《中华人民共和国进出境动植物检疫法》《中华人民共和国国境卫生检疫法》

16.《入境货物报检单》上的检验检疫费由检验检疫机关计费人员（　　）后签发。

A. 定费用　　B. 计算费用　　C. 结算费用　　D. 审计费用

17. 出境货物的报检范围之一是对外贸易（　　）约定须凭检验检疫机构签发的证书进行结算的。

A. 合同　　B. 发票　　C. 装箱单　　D. 提货单

18.（　　）凭施检部门的检验检疫、鉴定证稿（结果报告单）签发证单。

A. 检验人员　　B. 检务部门

C. 检验检疫部门　　D. 验证机构

19. 需隔离检疫的出境动物，应在出境前（　　）预报，隔离前（　　）报检。

A. 60 天、10 天　　B. 60 天、7 天

C. 30 天、10 天　　D. 30 天、7 天

20. 为提高我国打火机、点火枪类商品的质量，促进贸易发展，保障运输及消费者人身安全，自 2001 年 6 月 1 日起，对出口打火机、点火枪类商品实行（　　）。

A. 抽查检验　　B. 凭货主申请检验

C. 法定检验　　D. 以上三者视情况不同而定

三、多项选择题（下列各小题中正确答案不少于两个，请准确选出全部正确答案）

1. 全国人大九届一次会议批准通过的国务院机构改革方案确定，（　　）合并组建国家出入境检验检疫局。

A. 国家进出口商品检验局　　B. 国家动植物检疫局

C. 国家卫生检疫局　　D. 国家质量技术监督局

2. 我国商检机构的基本任务是（　　）。

A. 实施法定检验　　B. 实施监督管理

C. 办理公证鉴定业务　　D. 进行对外索赔

3. 出入境检验检疫的报检范围有（　　）。

A. 国家法律法规规定必须由出入境检验检疫机构检验检疫的

B. 输入国家或地区规定必须凭检验检疫机构出具的证书方准入境的

C. 有些国际条约规定须经检验检疫的

D. 申请签发原产地证书及普惠制原产地证明书的。

4. 出入境动植物检疫对（　　）具有十分重要的意义。

A. 保护农林牧渔业生产安全　　B. 促进对外经济贸易的发展

C. 防止检疫传染病的传播　　D. 保护人体健康

5. 出境货物报检时，一般应提供（　　）等单证。

A. 外贸合同　　B. 厂检结果单　　C. 出口许可证

D. 发票　　E. 样品

6. 自理报检单位（　　）更改的，要重新颁发《自理报检单位备案登记证明书》。

A. 单位名称　　B. 报检员　　C. 地址　　D. 法人代表

7. 报检人对检验检疫机构的检验结果有异议需复验的，可以向（　　）申请。

A. 原检验检疫机构　　B. 当地法院

C. 上级检验检疫机构　　D. 当地仲裁委员会

8. 下列表述正确的是（　　）。

A.《报检员资格证》是经国家质检总局统一考试后对合格者颁发的证书，只有获得《报检员资格证》的人员，方可申请报检员的注册

B.《报检员资格证》是取得《报检员证》必备的条件

C. 报检员应该具有高中或中等专业学校毕业以上的学历

D.《报检员证》是表明报检人身份、办理报检业务的凭证

9. 代理报检单位在年审时，要提交的材料包括（　　）。

A.《代理报检单位年审报告书》

B.《代理报检单位注册登记申请表》

C.《出入境检验检疫代理报检单位注册登记证书》复印件（同时交验正本）

D.《工商营业执照》复印件（同时交验正本）

10. 下列表述正确的是：（　　）。

A. 进口商在签订进口动物、动物产品的外贸合同时，在签订外贸合同前应到检验检疫机构办理检疫审批手续，取得准许入境的《中华人民共和国进境动植物检疫许可证》后再签外贸合同

B. 进口商签订进口动物、动物产品的外贸合同，在合同或者协议中订明中国法定的检疫要求，并订明必须附有输出国家或者地区政府动植物检疫机关出具的检疫证书

C. 输入动物产品进行加工的货主或者代理人需申请办理注册登记。经出入境检验检疫机构检查考核其用于生产、加工、存放的场地，符合规定防疫条件的发给注册登记证

D. 输入动物、动物产品，经检验检疫机构实施现场检疫合格的，允许卸离运输工具，对运输工具、货物外包装、污染场地进行消毒处理并签发《入境货物通关单》，将货物运往指定存放地点

11. 入境废物在口岸办理报检时除按规定填写入境货物报检单外，还应按规定提供（　　）。

A. 企业废物利用风险报告书　　B.《进口废物批准证书》

C.《中国国家强制性产品认证证书》　　D. 合同、发票、提单、装箱单

E. 装运前检验证书

12. 下列表述正确的是：（　　）。

A. 所有进境集装箱应实施卫生检疫

B. 所有进境集装箱应实施动植物检疫

C. 所有进出境集装箱应实施动植物检疫

D. 所有出境集装箱应实施适载检疫

E. 所有出境集装箱应实施卫生检疫

13. 检验检疫机构检验检疫的依据有（　　）。

A. 国际条约　　B. 国际惯例　　C. 贸易合同　　D. 地方性法规

E. 行政法规

14. 报检程序为对来自（　　）的货物（不论是否列入《出入境检验检疫机构实施检验检疫的进出境商品目录》）和入境货物的木质包装，在入境口岸清关的，货主或其代理人凭入境口岸检验检疫机构签发的《入境货物通关单》向口岸海关办理通关手续。

A. 美国　　B. 日本　　C. 韩国　　D. 加拿大

E. 泰国

15. 出境的法定检验检疫货物，除活动物需由（　　）检验检疫机构检疫外，原则上应坚持产地检验检疫。

A. 口岸　　B. 报关地　　C. 产地　　D. 收购地

E. 进口国

四、判断题（判断下列各题是否正确，正确的在题后括号内打“√”，错误的打“×”）

（　　）1. 进口商品经检验不符合法律、行政法规规定的强制性标准或者其他必须执行的检验标准的，必须在商检机构的监督下进行技术处理，然后可销售或者使用。

（　　）2. 申请货物品质检验和鉴定的，一般应在索赔有效期前不少于 30 天内报检。

（　　）3. 商检机构可以接受对外贸易关系人的申请，依照有关法律、行政法规的规定签发普惠制原产地证、一般原产地证。

（　　）4. 出境前需经隔离检疫的动物，在海关指定的隔离场所检疫。

（　　）5. 集装箱内进出口货物的衬垫木也须检疫。

（　　）6. 国家对保护国家安全、保护人类健康或安全、保护动植物生命或健康、保护环境等重要工业产品实施生产许可证制度。

（　　）7. 国家质检总局对代理报检单位实行备案登记制度。

（　　）8. 报检员在从事报检业务中有违反报检规定的，代理报检单位应对报检员的报检行为承担法律责任，自理报检单位应由报检员自行承担法律责任。

（　　）9. 检验检疫机构对报检员日常的报检行为实施差错登记管理制度。

（　　）10. 出口货物报检后，变更输入国家或地区，应重新办理报检手续。

（　　）11. 根据检验工作的需要，通过考核，国家质检总局可以认可符合条件的国内外检验机构承担委托的进出口商品检验工作。

（　　）12. 所谓“法定检验检疫”，又称强制性检验检疫。

（　　）13. 填写“出/入境货物报检单”H.S 编码栏时，仅填写该商品前四位即可。

(　　) 14. 入境货物的检验检疫工作程序是报检后先检验检疫，再放行通关。

(　　) 15. 某公司一名员工取得了《报检员证》，该公司其他人也可持其《报检员证》到检验检疫机构办理报检业务。

(　　) 16. 报检员在保密情况下提供有关商业单据和运输单据时，有权要求检验检疫机构及其工作人员给予保密。

(　　) 17. 对出入境检验检疫机构的检验检疫工作人员滥用职权、徇私舞弊、伪造检验检疫结果的，报检员有权依法提出追究当事人的法律责任。

(　　) 18. 代理报检单位只能在规定的区域内从事代理报检业务。

(　　) 19. 报检员凭检验检疫机构核发的《报检员证》办理报检手续，报检员在从事报检业务中有违反报检规定的，自理报检单位应对报检员的报检行为承担法律责任，代理报检单位应由报检员自行承担法律责任。

(　　) 20.《报检员证》如有遗失，应办理登报声明作废手续。

(　　) 21. 检验检疫机构对代理报检单位实行年度审核制度。

(　　) 22. 自理报检单位的报检员可以兼任一个代理报检单位的报检工作，不得同时兼任两个或两个以上报检单位的报检工作。

(　　) 23. 获得《报检员资格证》的人员，必须由在检验检疫机构注册登记的报检单位向检验检疫机构提出申请，进行报检员注册后，才能取得《报检员证》。

(　　) 24.《报检员证》有效期为 2 年，超过有效期的必须在当地检验检疫机构履行审核手续。

(　　) 25. 报检员提供虚假合同、发票、提单等单据的由检验检疫机构暂停其 3 个月或者 6 个月报检资格。

五、综合实务

1. 简答题（共 20 分）

（1）报检人分为哪两种？

（2）报检员有哪些权利和义务？

（3）简述我国进出口商品检验机构的职责。

2. 案例分析：

我方出口东南亚某国一批镰刀，合同规定货物复验有效期为货物到达目的港后 60 天。货物按时到达后，经进口商复验，未提出任何异议。但半年后，进口商来电声称：镰刀全部生锈，无法出售，要求降价 40%赔偿其损失。我方立即查看我方留存复样，也发现类似情况。问：我方应否同意对方要求？

3. 实务操作题：根据以下信用证和商业发票填写出境货物报检单。

IRREVOCABLE DOCUMENTARY LETTER OF CREDIT

FUJI BANK，LTD.

1—CHOME，CHIYODA—KU

C. P. O. BOX 149 ，TOKYO，JAPAN

L/C No. 219308

July 15th，2006

Advising Bank：

Bank of China，Guangzhou

Beneficiary： Amount：not exceeding

Guangzhou Dadonghai Carments Imp. & Exp. Corp. US＄600，000.00

Guangzhou China

Dear Sir：

At the request of ORIENT TRADING COMPANY ，Osaka，Japan. We here Issue In your favour this Irrevocable documentary Credit No. 219308 which Is available by acceptance of your draft at 30 days after sight for full Invoice value drawn on FuJi Bank Ltd. New York Branch，New York ，N. Y. U. S. A. bearing this clause：“Drawn under documentary Credit No. 219308 of FuJi Bank Ltd.” accompanied by the following documents：

（1） Signed Commercial Invoice In three copies.

（2） Full set clean on board Bills of Lading made out to order and blank endorsed marked“freight collect” and notify applicant.

（3） Insurance Policy for full Invoice value of 110% covering all Risks as per ICC dated Jan. 1st，1981.

（4） Certificate of Origin Issued by the China Exit and Entry Inspection and Quarantine Bureau.

（5） Inspection Certificate Issued by applicant.

Covering：GIRL' S T/R VEST SUITS

ST/NO. 353713 6，000SETS@USD6.27

ST/NO. 353714 5，700SETS @USD6.41

CIFC5% Kobe/Osaka，packed in cartons of 10 dozens each.

Shipment from Chinese Port to Yokohama at buyer's option not later than Sept. 30，2003.

Transshipment Is prohibited，partial Shipments are allowed.

The credit Is valid In Guangzhou, China.

Special conditions: Documents must be presented within 15 days after date of Issuance of the Bills of Lading, but In any event within this credit validity.

We hereby undertake to honor all drafts drawn In accordance with the terms of this credit.

For FuJi Bank Ltd.

广州市服装集团公司

GUANGZHOU GARMENT CORPORATION

NO. 567 DONGSHAN ROAD.

GUANGZHOU, CHINA

TEL: 8620－35587623　FAX: 8620－355887626.

COMMERCIAL　INVOICE

TO: M/S.
ORIENT TRADING COMPANY
Osaka
JAPAN

号码
No: MNGO886656
定单或合约号码
Sales Confirmation No. 06－09－403
日　期
Date NOV. 16th, 2006

装船口岸
From **GUANGZHOU, CHINA**

目的地
To **KOBE/OSAKA　JAPAN**

信用证号数
Letter of Credit No. 219308

开证银行
Issued by FuJi Bank Ltd. New York Branch, U. S. A.

唛号　Marks & Nos.	货名数量　Quantities and Descriptions	总值　Amount
	GIRL' S T/R VEST SUITS	
ORIENT TRADING CO	ST/NO. 353713　6,000SETS @USD6. 27	USD37,620. 00
Osaka, JAPAN	ST/NO. 353714　5,700SETS @USD6. 41	USD36,537. 00
CTN. 1－80		
IMPORT ORDER NO. 13123		
MADE IN CHINA		
CONTRACT NO. 06－09－403	TOTAL:　11,700SETS	USD74,157. 00

We certify that the goods
are of Chinese origin.

广州市服装集团公司
Guangzhou Garment Corporation
GUANGZHOU, CHINA

×××

中华人民共和国出入境检验检疫
出境货物报检单

报检单位（加盖公章）： *编号________

报检单位登记号： 联系人： 电话： 报检日期： 年 月 日

发货人	（中文）				
	（外文）				
收货人	（中文）				
	（外文）				
货物名称（中/外文）	H.S.编码	产 地	数/重量	货物总值	包装种类及数量
运输工具名称号码		贸易方式		货物存放地点	
合同号		信用证号		用途	
发货日期		输往国家（地区）		许可证/审批号	
启运地		到达口岸		生产单位注册号	
集装箱规格、数量及号码					
合同、信用证订立的检验检疫条款或特殊要求	标记及号码	随附单据（划“√”或补填）			
		□ 合同 □ 信用证 □ 发票 □ 换证凭单 □ 装箱单	□ 厂检单 □ 包装性能结果单 □ 许可/审批文件 □ □ □		

需要证单名称（划“√”或补填）		*检验检疫费	
□ 品质证书 _正_副 □ 重量证书 _正_副 □ 数量证书 _正_副 □ 兽医卫生证书 _正_副 □ 健康证书 _正_副 □ 卫生证书 _正_副 □ 动物卫生证书 _正_副	□ 植物检疫证书 _正_副 □ 熏蒸/消毒证书 _正_副 □ 出境货物换证凭单 □ 出境货物通关单	总金额（人民币元）	
		计费人	
		收费人	

报检人郑重声明：	领取证单	
1. 本人被授权报检。 2. 上列填写内容正确属实，货物无伪造或冒用他人的厂名、标志、认证标志，并承担货物质量责任。 签名：________	日期	
	签名	

注：有“*”号栏由出入境检验检疫机关填写 ◆国家出入境检验检疫局制

第三章 法定检验

一、填空题（请在各小题的画线处填上适当的词句）

1. 法定检验是检验检疫机构根据国家有关法令的规定，对大宗的关系________的重点进出口商品、容易发生质量问题的商品、涉及安全卫生的商品以及国家指定由检疫机构统一执行检验的商品等实施强________________。
2. ________________负责制定、调整并公布实施《出入境检验检疫机构实施检验检疫的进出口商品目录》。
3. 检验方式分为________________方式（批批检验方式）、________________方式（抽批检验方式）、________________方式（免于法定检验方式）。
4. 目前检验检疫机构的基本的检验监管模式包括________________________、________________、________________等。
5. 出境货物报检时报检人应提供对外贸易合同、信用证、________、________等必要的单证，信用证有特殊要求的报检人应在有关栏目中注明。
6. 电子报检也称________________________，是指报检人使用________________通过检验检疫电子业务服务平台将报检数据以电子方式办理出入境检验检疫报检的行为。
7. 实施验证方式查验的，由________检验检疫机构检务部门受理申报，并核查《出境货物换证凭单》。《出境货物换证凭单》真实有效的，签发________________。
8. 凡出口报检人在向检验检疫机构报理了报检手续，并领取了检验检疫证单后，超过检验检疫有效期的，必须办理________________。
9. 报检日期是指检验检疫机构的________的日期。
10. 受理报检的入境货物需转异地实施检验检疫的，报关地检验检疫机构应将________货物流向联（第三联）在1个工作日内转收/用货地检验检疫机构。

二、单项选择题（在下列每小题中，请选出一个最适合的答案）

1. 在填制《入境货物报检单》时，不能在“贸易方式”一栏中填写的是（　　）。

   A. 来料加工　　B. 无偿援助
   C. 观赏或演艺　　D. 外商投资

2. 根据有关法律法规规定，因科研等特殊需要输入禁止入境物的，必须提供（　　）签发的特许审批证明。

   A. 农业部　　B. 商务部　　C. 卫生部　　D. 国家质检总局

3. 进口商品需对外索赔出证的，货主或其代理人应在索赔有效期前不少于（　　）天向到货口岸或货物到达地的检验检疫机构申请检验。

   A. 7　　B. 10　　C. 15　　D. 20

4. 报检单填写货物用途有9个选项，以下不是的是（　　）。

A. 种用　　B. 食用　　C. 奶用　　D. 工业用

5. 输入植物、种子、种苗及其他繁殖材料的，应在入境前（　　）天报检。

A. 7　　B. 10　　C. 15　　D. 20

6. 需隔离检疫的出境动物在出境前（　　）天预报，隔离前（　　）天报检。

A. 60；7　　B. 10；7　　C. 15；15　　D. 20；15

7.《出境货物报检单》中的启运地指（　　）。

A. 原产地　　B. 加工地

C. 装货地　　D. 货物最后离境的口岸

8. 已办理检验检疫手续的出口货物，因故需变更输入国家或地区（　　）。

A. 应重新报检

B. 有不同检验检疫要求的，应重新报检

C. 无须重新报检

D. 不能再更改输入国家或地区？

9. 报检后（　　）天内未联系检验检疫事宜的，作自动撤销报检处理。

A. 30　　B. 10　　C. 15　　D. 20

10. 检验检疫机构或者国家质检总局对复验申请进行审查，符合规定的，予以受理，出具（　　）。

A.《复验申请受理通知书》　　B.《复验申请材料补正告知书》

C.《复验申请不予受理通知书》　　D. 以上答案都不对

11. 入境时已经实施检验的保税区内的货物输往非保税区的，以及从非保税区进入保税区的货物又输往非保税区的，（　　）。

A. 分批核销　　B. 不实施检验

C. 办理标签审核手续　　D. 实施检验

12. 出入境检验检疫收费办法由（　　）制定。

A. 国家质检局　　B. 国家发改委

C. 国家质检局、财政部　　D. 国家发改委、财政部

三、多项选择题（下列各小题中正确答案不少于两个，请准确选出全部正确答案）

1. 法定检验检疫的入境货物到货后，收货人应向卸货口岸或到达站的检验检疫机构办理报检。未报经检验检疫的（　　）。

A. 不准销售　　B. 不准使用

C. 可以使用，但不准销售　　D. 既可使用，也可销售

2. 入境货物报检的方式包括（　　）。

A. 一般报检　　B. 特许报检

C. 流向报检　　D. 异地施检报检

3. 出境货物经检疫合格后，凡（　　）应重新报检。

A. 超过检验检疫有效期的

B. 变更输入国家或地区，并有不同检验检疫要求的

C. 改换包装或重新拼装的

D. 已撤销报检的

4. 申请预报检的货物须是（　　）。

A. 经常出口的　　B. 非易腐烂变质的

C. 非易燃易爆的　　D. 易腐烂变质的

5. 下列表述正确的是：（　　）。

A.《入境货物报检单》的提单/运单号填货物海运提单号或空运单号，有二程提单的应同时填写

B.《入境货物报检单》的原产国（地区）：该进口货物的原产国家或地区。

C.《入境货物报检单》的包装种类及数量：填写本批货物实际运输包装的种类及数量，并注明包装的材质。

D.《入境货物报检单》的合同号，应填写对外贸易合同、订单或形式发票的号码。

6. 下列表述正确的是：（　　）。

A.《入境货物报检单》的提单/运单号填货物海运提单号或空运单号，有二程提单的应同时填写

B.《入境货物报检单》的原产国（地区）：该进口货物的原产国家或地区。

C.《入境货物报检单》的包装种类及数量：填写本批货物实际运输包装的种类及数量，并注明包装的材质。

D.《入境货物报检单》的合同号，应填写对外贸易合同、订单或形式发票的号码。

7. 检验检疫机构已实施检验检疫但尚未出具证单，（　　）项目更改后与原报检不一致的，不能更改；或者是更改后与输出、输入国家地区法律法规不符的，均不能更改。

A. 品名　　B. 数/重量

C. 检验检疫要求　　D. 包装

8. 下列关于申请复验说法正确的是（　　）。

A. 报检人可以向作出检验结果的检验检疫机构或者其上级检验检疫机构申请复验，也可以向国家质检总局申请复验

B. 受理复验的检验检疫机构或者国家质检总局负责组织实施复验

C. 受理复验的检验检疫机构或者国家质检总局对同一检验结果只进行一次复验

D. 对复验结论不服的，可以依法申请行政复议，也可以向任命法院提起行政诉讼

9. 下列与复验有关的时间表述正确的是（　　）。

A. 受理机构应当收到复验申请之日起 60 日内作出复验结论，技术复杂，经本机构负责人批准，可以适当延长，延长不超过 30 日

B. 报检人申请复验，应当在收到检验检疫机构作出的检验结果之日起 30 日内

提出

C. 检验检疫机构或者国家质检总局收到复验申请之日起 15 日内，对复验申请进行审查并作出处理

D. 报检人申请复验，应当在收到检验检疫机构作出的检验结果之日起 15 日内提出

10. 报检人申请复验，应当保证和保持原报检商品的（　　）符合原检验时的状态，并保留其包装、封识、标志。

A. 质量　　B. 重量　　C. 数量　　D. 以上答案都不对

11. 下列表述正确的是：（　　）。

A.《入境货物报检单》的提单/运单号填货物海运提单号或空运单号，有二程提单的应同时填写

B.《入境货物报检单》的原产国（地区）：该进口货物的原产国家或地区。

C.《入境货物报检单》的包装种类及数量：填写本批货物实际运输包装的种类及数量，并注明包装的材质。

D.《入境货物报检单》的合同号，应填写对外贸易合同、订单或形式发票的号码。

四、判断题（判断下列各题是否正确，正确的在题后括号内打"√"，错误的打"×"）

（　　）1. 须凭检验检疫机构签发的卫生注册证书报检的，申请人在填制出境货物报检单时，应将卫生注册证书号填在"许可证/审批号"一栏中，以供检验检疫机构受理报检人员审核。

（　　）2. 出境报检时，如果信用证与合同不一致，报检人应对信用证或合同进行修改，不能修改的，检验检疫机构以合同为准。

（　　）3.《出境货物报检单》的"货物名称"一栏应填写合同、信用证上所列名称。

（　　）4. 发货人、收货人均应按合同、信用证中所列卖方、买方名称填写。

（　　）5. 填写《出境货物报检单》时，"数/重量"应按实际申请检验检疫的数/重量填写。

（　　）6. 产地与报关地不一致的出境货物，在向报关地检验检疫机构申请《出境货物通关单》时，应提交产地检验检疫机构签发的《出境货物换证凭单》。

（　　）7. 检验检疫机构尚未实施检验检疫，品名更改后与原报检不是同一种商品的，不能更改。

（　　）8. 申请重新报检的，要交还原发的证书或证单，不能交还的按有关规定办理。

（　　）9. 如果复验结论属原检验检疫机构责任，则复验费用由原检验检疫机构负担。

（　　）10. 保税区内的企业办理报检手续后，应办理备案或注册登记手续。

(　　) 11. 保税区内企业从境外进入保税区的仓储物流货物以及自用的办公用品，出口加工所需原材料、零部件，要实施强制性产品认证。

(　　) 12. 从保税区输往境外的法定检验检疫对象，检验检疫机构依法实施检验检疫。

(　　) 13. 检验检疫机构应严格按照出入境检验检疫计收费办法的规定收费，公开收费项目和收费标准，并接受物价、财政部门的检查监督，不得擅自增加或减少收费项目，不得擅自提高或降低收费标准，不得重复收费。

五、案例分析题

1. 我某进出口公司从国外进口一批货物，合同约定 CIF 广州。货物于 2006 年 8 月 31 日到达广州，货到后我方公司未经检验，直接用火车将设备运往江西 S 市。两个月后，国内用户发现货物严重受损，无法使用，于是以包装不当为由，要求外国公司赔偿，并提交了 S 市商检机构出具的检验证书。但遭到外国客户的拒绝。我方公司遂提起仲裁。问：我公司的要求能否得到仲裁庭的支持？为什么？

2. 我某公司受某市一家企业委托从德国进口胶印机 3 台，木箱装，合同交易条件为 CIF 汕头，货到汕头港后我方提货时发现 3 台胶印机外包装状况良好，但其中一台存在严重缺陷，遂向对方反馈有关信息。但德方客户回复称：我方提交的清洁提单证明货物在装船时状况良好，出现有关损坏请向船公司索赔。我方不同意对方的意见，向当地出入境检验检疫机构申请检验并出具检验证书。在事实面前，对方客户不再坚持原来观点，对我方提出的更换有问题胶印机并赔偿我方由此产生的一切费用无异议。试谈谈你从本案例中得到的启示。

第四章　商品检验证单和国际贸易单证

一、填空题（请在各小题的画线处填上适当的词句）

1. 在国际经济贸易中，商检证书是一种具有________，对买卖双方都有约束力的重要证件。
2. 我国《商检法》规定：商检机构在国家商检部门________的期限内检验完毕，并出具检验证单。
3. 对必须实施检验的进出口商品，海关凭商检机构签发的________验放。
4. 我国《商检法》规定，必须经商检机构检验的进口商品在通关时，进口商品的收货人或者其代理人，应当向________的商检机构报检。
5. 海关在对进出口商品计收关税时，以商检证书作为把关或计收关税的________。
6. 普惠制产地证是证明出口商品符合普惠制原产地规则的有效证件，凭此证享受进口国海关减免关税的________。
7. 检验机构在检验中发现品质不良，或数量、重量不符，违反合同有关规定，或者货物发生残损、海事等意外情况时，检验后签发的有关品质、数量、重量、残损的证书是收货人向各有关责任人提出________的重要依据。
8. 目前，我国检验检疫证单的类型主要有 3 种，即________类、________类及国家质监总局印制的其他证单。
9. 合同或称合约，它是买卖双方就买卖货物相互磋商达成的协议，对各方都具有________。
10. 凡属法定检验的进口商品到货后，收货人必须向__________或者__________的商检机构申报。经商检机构检验合格后在出具《入境货物通关单》，海关凭入境地商检机构签发的《入境货物通关单》验放。
11. 凡属法定检验的出口商品须经商检机构检验合格后，出具《出境货物通关单》，海关凭出境地商检机构出具的《出境货物通关单》__________。

二、单项选择题（在下列每小题中，请选出一个最适合的答案）

1. 对由境外发货人责任造成残损短缺或品质等问题的法定检验货物，需要换货、退货或赔偿的，（　　）可作为通关免税或者退税的重要凭证。

   A. 检验检疫机构出具的证书　　B. 税务部门出具的证明

   C. 公证行出具的证明　　D. 代理报检单位出具的证明

2. 抽样记录、检验检疫结果记录、拟稿等环节在各检验检疫（　　）完成。

   A. 施检部门　　B. 检务部门

   C. 检疫部门　　D. 海关

3. 在检验检疫机构签发检验检疫证单后，报检人要求更改或补充内容的，应向

(　　) 提出申请，经检验检疫机构核实批准后，按规定予以办理。

A. 就近的检验检疫机构　　B. 直属检验检疫机构

C. 分支检验检疫机构　　D. 原证书签发检验检疫机构

4. 申请人在领取检验检疫证书后，因故遗失或损坏，应（　　），并在检验检疫机构指定的报纸上声明作废。经原发证的检验检疫机构审核批准后，方能重新补发证书。

A. 填写重发证书的报告

B. 填写《重发证书申请书》

C. 填写《更改申请书》

D. 提供经法人代表签字、加盖公章的书面说明

5. 一般出境货物的检验检疫证单有效期为（　　）。

A. 1个月　　B. 2个月　　C. 3个月　　D. 6个月

6. 检验检疫证单中标记及号码栏的填写要求是：按货物实际运输包装的标记填写，没有标记的填写（　　）。

A. "NO"　　B. "N/N"　　C. "N/M"　　D. "/"

7. 在本地报关的出境货物，经检验检疫合格后，签发（　　）。

A. 《入境货物通关单》(一联)　　B. 《入境货物通关单》(二联)

C. 《入境货物通关单》(三联)　　D. 《入境货物通关单》(四联)

8. 除特殊情况外，检务部门收到施检部门的证稿后，出境签证应在（　　）个工作日，入境签证应在（　　）个工作日内完成。

A. 1，2　　B. 2，5　　C. 5，7　　D. 7，10

9. 出境货物通关单的有效期，一般商品为（　　）天。

A. 20　　B. 30　　C. 40　　D. 60

10. 赔货货物进境，海关凭检验检疫机构签发的（　　）验放。

A. 检验检疫不合格证明

B. 入境货物检验检疫情况通知单

C. 用于索赔的检验证书正本

D. 《入境货物通关单》以及用于索赔的检验证书副本

三、多项选择题（下列各小题中正确答案不少于两个，请准确选出全部正确答案）

1. 品质证书是证明进出口商品质量、规格的证件。证明进出口商品是否符合进出口贸易合同及有关规定，是进出口双方（　　）仲裁诉讼举证的有效凭证。

A. 交接货物　　B. 结算货款

C. 对外索赔、理赔　　D. 通关验放

2. 既可作为出口商品交货结汇、签发提单和进口商品结算、对外索赔的有效凭证，也可作为国外报关征税和计算运费、装卸费的证件是（　　）。

A. 品质证书　　B. 重量、数量证书

C. 产地证明书　　D. 残损检验证书

3. 在凭单类进出口商检证单中，属于申请单类凭单的有（　　）。

A. 入境货物报检单　　B. 出境货物报检单

C. 出境货物通关单　　D. 出境货物运输包装性能检验结果单

4. 出境货物换证凭单仅适用于检验检疫系统内部的换证，适用于（　　）。

A. 未正式成交的经预检符合要求的货物

B. 产地检验检疫合格，口岸查验换证的货物

C. 经检验检疫合格，在异地报关的货物

D. 经检验检疫不合格的出境货物、包装等

5. 出入境检验检疫机构按照有关（　　）从事检验检疫工作，并据此签发证书。

A. 国际贸易各方签订的合同　　B. 政府的有关法规

C. 国际惯例　　D. 国际条约

6. 检验检疫证单的法律效用主要体现在（　　）等方面。

A. 是出入境货物通关的重要凭证

B. 是海关征收和减免关税的有效凭证

C. 是办理索赔、仲裁及诉讼的有效证件

D. 是履行交接、结算及进口国准入的有效证件

7. 出入境检验检疫证书签发程序包括审核、（　　）等环节。

A. 制证　　B. 校对

C. 签署和盖章　　D. 发证/放行

8. 下列关于出境货物的出运期限及有关检验检疫证单的有效期表述错误的是：（　　）。

A. 一般货物为 60 天

B. 植物和植物产品为 15 天，北方冬季可适当延长至 35 天

C. 鲜活类货物为 7 天

D. 信用证要求装运港装船时检验，签发证单日期为提单日期 3 天内签发（含提单日）

9. 关于入境货物的放行通关的要求，下面说法正确的是（　　）。

A. 应审核检验检疫所需的合同、发票、提单等单据是否齐全

B. 入境废物时还应提供国家环保部门签发的《进口废物批准证书》和经认可的检验机构签发的装运前检验合格证书

C. 入境动植物及其产品，只提供贸易合同、发票、产地证书

D. 实施进口安全质量许可制度的商品要提供《进口商品安全质量许可证书》

10.《出境货物通关单》的有效期，因商品不同有所区别。下面说法正确的是：（　　）。

A. 一般货物为 60 天

B. 植物和植物产品为 21 天，北方冬季可适当延长至 35 天

C. 鲜活类货物一般为 14 天

D. 检验检疫机构有其他规定的，以《出境货物通关单》标明的有效期为准

四、判断题（判断下列各题是否正确，正确的在题后括号内打“√”，错误的打“×”）

（　　）1. 出入境检验检疫机构签发的检验检疫证明具有法律效用，对买卖双方都有约束力。

（　　）2. 进口食品的承运者应在取得检验检疫机构的通关单后方可向海关报关。

（　　）3. 有些国家海关在征收进出境货物关税时，经常依据检验检疫证单上的检验检疫结果作为海关据以征税的凭证。

（　　）4. 凡对外贸易合同、协议中规定以检验检疫证书作为结算货款依据的进出境货物，检验检疫证书中所列的货物品质、规格、成分、公量等检验检疫结果是买卖双方计算货款的依据。因此，检验检疫证书是买卖双方结算货款的凭证。

（　　）5. 买方在合同规定的索赔有效期内，凭检验检疫机构签发的检验证书，向卖方提出索赔或换货、退货。属于保险人、承运人责任的，不可以凭检验检疫机构签发的检验证书提出索赔。

（　　）6. 检验检疫机构签发的证书可以作为通关免税或者退税的重要凭证。

（　　）7. 在检验检疫机构签发检验检疫证单后，报检人要求更改或补充内容的，可向另一家检验检疫机构提出申请，经检验检疫机构核实批准后，按规定予以办理。

（　　）8. 检验检疫机构可在原证书的基础上酌情补充证书内容，对原证书的不充分或遗漏部分做进一步说明或评定。补充证书与原证书一样，具有独立的法律效力。

（　　）9. 入境货物索赔的证书使用中英文合并签发，根据需要也可使用中文签发。

（　　）10. 检验检疫机构签发的证单一般以验讫日期作为签发日期。

（　　）11. 海关只受理所在地出入境检验检疫机构签发的《入境货物通关单》或《出境货物通关单》并凭其验放。

（　　）12.《入境货物通关单》正本由报检人持有，供海关通关。

第五章　商品编码

一、填空题（请在各小题的画线处填上适当的词句）

1. 我国正式加入《协调制度公约》的时间是________。
2. 我国《海关进出口税则》及《海关进出口统计目录》开始采用《协调制度》分类目录的时间是__________。
3. 《协调制度》共有__________类__________章。
4. 《协调制度》编码采用的是__________位数商品编码。
5. 《编码本》中的品目所列货品，除__________或__________外，还应包括不完整品、未制成品、未组装件或拆散件等。
6. 依据归类总规则规定，具有法律效力的商品归类应：
   （1）________________；（2）________________；（3）________________。
7. 规则三规定：只有在不能按照规则三中（一）和（二）两款归类时，可以按照________________、________________、________________的优先顺序进行归类。
8. 规则五主要是针对____________、____________的归类。
9. 层次比较的子目的归类规则是规则________________的归类特点。
10. 类注、章注的作用在于限定商品的准确范围，在《协调制度》中常用的限定方法有__________、__________、__________、__________四种。

二、单项选择题（在下列每小题中，请选出一个最适合的答案）

1. 我国正式加入《协调制度公约》的时间是（　　）。
   A. 1973 年 5 月　　B. 1983 年 5 月
   C. 1988 年 1 月　　D. 1992 年 6 月
2. 我国《海关进出口税则》及《海关进出口统计目录》开始采用《协调制度》分类目录的时间是（　　）。
   A. 1973 年　　B. 1983 年　　C. 1992 年　　D. 1988 年
3. 《协调制度》共有类、章的数目分别是（　　）。
   A. 20 类、96 章　　B. 21 类、97 章
   C. 20 类、97 章　　D. 21 类、96 章
4. 《协调制度》编码采用的商品编码是（　　）。
   A. 4 位数　　B. 8 位数　　C. 6 位数　　D. 10 位数
5. 《协调制度》于（　　）起全面实施。
   A. 1983 年 6 月 14 日　　B. 1988 年 1 月 1 日
   C. 1990 年 1 月 1 日　　D. 1992 年 1 月 1 日

6. H. S 编码子目号由（　　）位数字组成。

A. 4 位数　　B. 5 位数　　C. 6 位数　　D. 7 位数

7. H. S 编码归类总归则规定了对商品进行归类时应遵循的原则，由（　　）条规则组成。

A. 3　　B. 4　　C. 5　　D. 6

8. 由两种或多种材料或物质构成的商品应按照（　　）归类。

A. 规则一　　B. 规则二　　C. 规则三　　D. 规则四

9. 商品编码数大于六位数时，表示此编码（　　）。

A. 是错误的

B. 不是采用 H. S 的编码

C. 是某国根据 H. S 编制的税目号或统计编号

D. 第四位数字后面多加了 1 个“0”

10. 缺少轮子的汽车，在申报进口时应按（　　）归类。

A. 汽车的零部件　　B. 汽车底盘

C. 汽车车身　　D. 汽车整车

三、多项选择题（下列各小题中正确答案不少于两个，请准确选出全部正确答案）

1.《协调制度》的三大组成部分是（　　）。

A. 归类总规则　　B. 类注释、章注释及子目注释

C. 商品编码表　　D. 品目或税目条文

2.《协调制度》是（　　）。

A. 国际上多个商品分类目录协调的产物

B. 国际上多个商品分类目录的汇总

C. 各国专家长期努力的结晶

D. 国际贸易商品分类的一种“标准语言”

3. 商品归类的主要依据是（　　）。

A.《中华人民共和国海关进出口税则》、《中华人民共和国海关统计商品目录》

B. 协调制度归类总规则，类注、章注、子目注释，税（品）目条文、子目条文

C. 海关总署下发的有关归类的规定，包括总署文件、归类问答书、预归类决定、归类技术委员会决议以及总署转发的 WCO 归类决定等

D.《海关进出口税则、统计目录商品及品目注释》

4.《协调制度》是一部系统的国际贸易商品分类表，所列商品名称的分类和编排是有一定规律的，即（　　）。

A. 从类来看，基本上是按社会生产的分工（或称生产部类）来分类

B. 从章来看，基本上按商品的自然属性或用途（功能）来分类

C. 从品目来看，一般是按动、植、矿物质顺序排列，加工程度低的产品先子加工程度高的产品，列名具体的品种先于列名一般的品种

D. 从子目来看，也是按动、植、矿物质顺序排列，加工程度低的产品先于加工

程度高的产品，列名具体的品种先于列名一般的品种

5. 归类总规则的正确含义是：（　　）。

A. 类、章及分章的标题，仅为查找方便而设

B. 具有法律效力归类，应是品目条文

C 类、章及分章的标题可作为商品归类的法律依据

D. 具有法律效力归类，应是有关类注或章注确定

6. 类注、章注的作用在于限定商品的准确范围，在《协调制度》中常用的限定方法有（　　）。

A. 定义法　　B. 列举法　　C. 详列法　　D. 排他法

7. 归类总规则二（一）的正确含义是（　　）。

A. 品目所列商品包括其不完整品或未制成品

B. 品目所列商品包括具有完整品或制成品基本特征的不完整品或未制成品

C. 品目所列商品包括运输、包装等原因进出口时的未组装件及拆散件

D. 品目所列商品包括完整品或制成品在运输、包装等原因进出口时的未组装件或拆散件

8. 归类总规则二（二）的正确含义是（　　）。

A. 品目所列商品包括以某种材料为主，兼有或混有其他材料或物质的商品

B. 品目所列商品包括所兼有或混有的材料和物质并不改变原有商品的特征或性质为条件的

C. 如果所添加的材料或物质已改变了原商品的特征或性质，则应按规则三进行归类

D. 如果所添加的材料或物质已改变了原商品的特征或性质，而且根据混合物或组合物所含材料或物质可以归入两个及两个以上税号时，则应按规则三进行归类

9. 归类总规则三的 3 款归类规定是（　　）。

A. 具体列名　　B. 半成品按成品归类

C. 基本特征　　D. 从后归类

10. “零售成套货品”需同时符合的条件是：（　　）。

A. 至少由两种看起来可归入不同品目的物品构成

B. 包装内的物品不论在使用上是否存在必然联系

C. 为了适应某种需要而将几件产品或物品包装在一起

D. 其包装形式适于直接销售给用户而货物无需重新包装

11. 适合供长期使用的包装容器，必须符合（　　）方面的要求，应与所装的物品一同归类。

A. 制成特定形状或形式　　B. 适合长期使用

C. 与所装物品一同报验　　D. 与所装物品一同出售

E. 不构成整个物品的基本特征

12. 下列有关归类总规则六的正确表述是：（　　）。

A. 货品在某一品目项下各子目的法定归类，应按子目条文来确定

B. 货品在某一品目项下各子目的法定归类，应按有关的子目注释来确定

C. 货品在某一品目项下各子目的法定归类，应按总规则的各条规则来确定

D. 货品在某一品目项下各子目的法定归类，应按子目条文或有关的子目注释以及以上各条规则来确定

四、判断题（判断下列各题是否正确，正确的在题后括号内打“√”，错误的打“×”）

（ ）1.《协调制度》是指原海关合作理事会在《海关合作理事会商品分类目录》的基础上，参照国际上主要国家的税则、统计、运输等分类目录制定的一个多用途的国际贸易商品分类目录。

（ ）2.《协调制度》是一部结构性目录，它将国际贸易中的商品按类、章、品目、子目进行分类。《协调制度》共有21类，类基本上是按商品的属性或用途来分类的。《协调制度》的类由97个章构成，章基本上是按社会生产的分工（或称生产部类）区分的。

（ ）3.《协调制度》是各国专家长期共同努力的结晶，它综合了国际上多种商品分类目录的长处。其主要优点是：实用、完整、通用、准确。

（ ）4.《协调制度》由三部分组成：（1）归类总规则；（2）类注释、章注释；（3）商品名称及编码表。其中商品编码表又由商品名称和商品编码两部分组成。

（ ）5. 依据归类总规则一规定：具有法律效力的商品归类应是：（1）类、章及分章的标题；（2）品目条文；（3）有关类注或章注确定归类。

（ ）6. 归类总规则一的含义包括：（1）类、章及分章的标题，仅为查找方便而设；（2）具有法律效力的归类，应按有关类注或章注确定；（3）如品目、类注或章注无其他规定，按品目条文确定。

（ ）7. 根据归类总规则二规定，不完整品是指一个物品主要的部分都有了，但缺少一些部分。

（ ）8. 根据归类总规则二规定，未制成品虽还不能直接使用，但只需经进一步加工即可使用的货品，即可按制成品归类。

（ ）9. 规则三（二）适用的条件是：（1）混合物；（2）不同材料的组合货品；（3）不同部件的组合货品；（4）零售的成套货品。

（ ）10. 规则三只有在不能按照规则三（一）和（二）两款归类时，才能运用规则三（三）。因此，它们优先权的次序为：（1）基本特征；（2）具体列名（3）从后归类。

（ ）11. 归类总规则五（一）的总体意思是：主要适用于供长期使用的包装容器，只要它们符合规则五（一）所提的条件，包装容器没构成整个物品的基本特征，应随物品一并归类；当包装容器构成整个容器的基本特征，则不随物品一并归类。

（ ）12. 归类总规则五（二）的总体意思是：当包装容器明显不能重复使用时，

时，就应与物品一起归类；当包装容器明显能重复使用的，就不应与物品一起归类。

(　　) 13. 所有的商品名称在《协调制度》中分为两大类，一类为品目，另一类为子目。总规则六是专门为商品在《协调制度》中子目的归类而制定的。

(　　) 14. 总规则六规定商品在子目上归类的法律依据是子目条文和子目注释，在子目条文或子目注释没有规定的情况下，可按类注或章注的规定办理。

五、综合实务

汕头中天贸易有限公司是一家刚成立的企业，专门进口和销售各种儿童运动用品。为拓展市场，公司最近准备从美国进口一批儿童三轮自行车。假如你是中天公司的业务员，在填写报关单时，对儿童三轮自行车应怎样归类？

备注：供儿童乘骑的带轮玩具及玩偶车（儿童运动用品）的普通进口关税税率为80%，其他脚踏车（自行车及其他非机动脚踏车）的最惠国税率为13%、普通进口关税税率为130%，中国与美国均为世界贸易组织成员。

第六章　报关与海关管理

一、填空题（请在各小题的画线处填上适当的词句）

1. 我国海关监管的对象包括________、________和________。
2. 报关按实施者的不同，可分____________和____________。
3. 运输工具报关的主要内容是____________________。
4. 我国《海关法》规定，国家实行__________、__________、__________的缉私体制。
5. 我国海关的四大基本任务是________、________、________和________，除此之外，还有______________________和______________________等新任务。
6. ________________是海关四项基本任务的基础。
7. 我国海关机构的设置为__________、__________和__________三级。
8. 根据《海关法》的规定，设立海关的地点是__________和__________。海关的隶属关系，不受____________________的限制。
9. 海关对进出境物品监管的基本原则是________________________。
10. 我国海关法律规定，旅客进出境采用________________________制度。
11. 我国《海关法》将报关单位分为________________和________________两种类型。
12. 报关活动相关人主要是指__________企业、__________企业和__________等。
13. 海关根据报关企业经营管理状态、报关情况和守法状况的不同，分为A、B、C、D四类企业，实行__________管理。对于A类企业海关实行__________管理；对于B类企业海关实行__________管理；对于C类企业海关实行__________管理；对于D类企业海关实行__________管理。
14. 报关员注册登记必须具备两个条件：（1）____________________________；（2）____________________________。
15. 根据《海关对报关员记分考核管理办法》的规定，因为走私行为和违反海关监管规定行为被海关予以行政处罚，但未被暂停执业、取消报关从业资格的，分别记__________和__________分。

二、单项选择题单项选择题（在下列每小题中，请选出一个最适合的答案）

1. 报关是指进出境运输工具的负责人、进出境物品的所有人、进出境货物的收发货人或其代理人向（　　）办理进出境手续的全过程。

   A. 边检　　B. 海关

   C. 出入境检验检疫局　　D. 外经贸部门

2. 根据《中华人民共和国海关法》的规定，我国海关是属于（　　）性质的机关。

A. 司法机关　B. 税收机关　C. 检察机关　D. 监督管理机关

3. 海关监管区外的普通货物、物品走私罪案件由（　）负责侦查。

A. 检察院　B. 海关缉私局　C. 公安局　D. 工商局

4. 海关对有走私嫌疑的运输工具和有藏匿走私货物、物品嫌疑的场所行使检查权时（　）。

A. 不能超出海关监管区和海关附近沿海沿边规定地区的范围

B. 不受地域限制，但不能检查公民住处

C. 在海关监管区和海关附近沿海规定地区，海关人员可直接检查；超出这个范围，只有在调查走私案件时，才能直接检查，但不能检查公民住处

D. 在海关监管区和海关附近沿海规定地区，海关人员可直接检查；超出这个范围，只有在调查走私案件时，经直属海关关长或其授权的隶属海关关长批准才能进行检查，但不能检查公民住处

5. 在下列（　）情况下海关行使检查权需经直属海关关长或者其授权的隶属海关关长批准。

A. 在海关监管区和海关附近沿海沿边规定地区以外，检查进出境运输工具

B. 在海关监管区和海关附近沿海沿边规定地区，检查走私嫌疑人的身体

C. 在海关监管区和海关附近沿海沿边规定地区以外，检查有走私嫌疑的运输工具

D. 在海关监管区和海关附近沿海沿边规定地区，检查有藏匿走私货物、物品嫌疑的场所

6. 根据《中华人民共和国海关对企业实施分类管理办法》，海关对适用（　）管理企业实行常规管理制度。

A. A 类　B. B 类　C. C 类　D. D 类

7. 报关单位是指已完成（　）手续，取得办理进出口货物报关资格的境内法人。

A. 工商注册登记　B. 税务登记

C. 企业主管部门批准　D. 海关报关注册登记

8. 报关企业注册登记许可，应由（　）部门作出。

A. 海关总署　B. 直属海关

C. 隶属海关　D. 海关总署授权的直属海关或隶属海关

9. 进出口货物收发货人应当在其报关注册证书有效期届满（　）前到注册地海关办理换证手续。

A. 20 日　B. 30 日　C. 40 日　D. 60 日

10. 报关员办理报关员注册延续手续的，应当在有效期届满（　）日前向海关提出。

A. 10　B. 15　C. 20　D. 30

11. 对走私犯罪嫌疑人，海关扣留时间不得超过（　）小时，在特殊情况下可以延长至（　）小时。

A. 12；24　B. 24；48　C. 24；36　D. 38；48

12. 下列企业、单位中不属于报关单位的是（　　）。

A. 经海关批准在海关临时登记注册的境内某大学

B. 在海关登记注册的经营进出境快件业务的某快递公司

C. 在海关登记注册的某外商投资企业

D. 在海关登记注册的经营转关运输货物境内运输业务的某承运人

13. 报关企业报关注册登记证书和进出口收发货人报关注册登记证书的有效期（　　）。

A. 均为 2 年

B. 均为 3 年

C. 报关企业为 3 年，进出口货物收发货人为 2 年

D. 报关企业为 2 年，进出口货物收发货人为 3 年

14. 长春市某进出口公司 A，购买韩国产新闻纸一批。货物进口时由大连口岸转关至长春海关办理该批货物的报关纳税手续。承担该批货物境内转关运输的是大连某运输公司 B。在运输途中，因汽车驾驶员王某吸烟，不慎引发火灾，致使该批新闻纸全部灭失。在这种情况下，关于该批货物的纳税义务，下列表述正确的是（　　）。

A. 新闻纸虽已灭失，但 A 公司是该批货物的收货人，故应由 A 公司承担纳税义务

B. 因火灾是由王某个人造成的，应由王某个人承担该批货物的纳税义务

C. 因货物的转关运输是由 B 公司负责的，且该批货物的灭失发生在运输途中，故应由 B 公司承担纳税义务

D. 因货物已灭失，不会对国内经济造成任何冲击，故该批货物无须缴纳任何税费

15. 报关员资格考试成绩合格的考生，应当自成绩公布之日起（　　）月内向原报名海关申请报关员资格。

A. 1　　B. 2　　C. 3　　D. 6

16. 报关员执业范围是（　　）。

A. 报关员可以在中国关境内的各口岸办理本企业的报关业务

B. 报关员可以在注册地直属海关各口岸办理本企业的报关业务

C. 报关员可以接受任何报关单位授权的报关业务

D. 报关员只能在注册地直属海关各口岸办理本企业的报关业务

17. 下列关于报关企业和进出口货物收发货人报关范围的表述，正确的是：（　　）。

A. 两者均可在关境内各海关报关

B. 两者均只能在注册地海关辖区内各海关报关

C. 报关企业可以在关境内各海关报关；进出口货物收发人只能在注册地海关辖区内各海关报关

D. 报关企业只能在注册地海关辖区内各海关报关；进出口货物收发货人可以在关境内各海关报关

18. 下列关于报关企业和进出口货物收发货人报关行为规则的表述，正确的是（　　）。

A. 进出口货物收发货人在海关办理注册登记后，可以在中华人民共和国境内各口岸或者海关监管业务集中的地点代理其他单位报关

B. 进出口货物收发货人依法取得注册登记许可后，可以在直属海关关区各口岸或者海关监管业务集中的地点办理本单位的报关业务

C. 报关企业如需要在注册登记许可区域以外从事报关服务的，应当按规定向注册地直属海关备案

D. 报关企业如需要在注册登记许可区域内从事报关服务的，应当依法在关区各口岸设立分支机构，并且在开展报关服务前，按规定向注册地直属海关备案

19. 海关对某加工贸易企业在其进行稽查时发现，该企业曾利用假手册骗取加工贸易的税收优惠。根据海关对加工贸易企业实行分类管理的有关规定，该企业属于（　　）。

A. A类企业　　B. B类企业　　C. C类企业　　D. D类企业

20. 报关单位所属报关员离职，应当自报关员离职之日起（　　）内向海关报关并将报关员证件交注册地海关予以注销。

A. 7日　　B. 10日　　C. 15日　　D. 30日

三、多项选择题（下列各小题中正确答案不少于两个，请准确选出全部正确答案）

1. 根据《中华人民共和国海关法》的规定，海关可以行使的权力是（　　）。

A. 检查进出境运输工具、查验进出境货物、物品

B. 查阅、复制与进出境运输工具、货物、物品有关的合同、发票、账册、单据、记录、文件、业务函电、录音、录像制品和其他资料

C. 在调查案件时，调查关员可以直接查询案件涉嫌单位和涉嫌人员在金融机构，邮政企业的存款、汇款

D. 在调查案件时，经直属海关关长或其授权的隶属海关关长批准，可以扣留走私犯罪嫌疑人，扣留时间不超过24小时，特殊情况可延长至48小时

2. 海关作为国家进出关境的监督管理机关，对（　　）具有行政许可权。

A. 企业报关资格的许可

B. 报关员的报关从业资格

C. 企业从事对外贸易经营业务的许可

D. 企业从事海关监管货物仓储业务的许可

3. 我国海关执法的法律渊源包括（　　）。

A. 由国家最高权力机关制定并由国家主席颁布实施的规范性文件

B. 由国家最高行政机关制定并由国务院总理颁布实施的规范性文件

C. 由我国民族自治区政府制定的地方条例和单行条例

D. 省人大常委会制定的地方性法规

4. 报关企业是指（　　）。

A. 报关行

B. 船舶代理企业

C. 货代企业并向海关办理了注册登记手续

D. 已向海关办理了注册登记手续的进出口公司

5. 根据海关有关管理规定，目前可以向海关办理报关注册手续的企业有（　　）。

A. 专门从事报关服务的企业

B. 经营国际货物运输代理、国际运输工具代理等业务，并接受委托代办进出口货物报关的企业

C. 有进出口经营权的企业

D. 经常接受境外捐赠的儿童福利机构

6. 报关企业注册登记许可条件中对企业人员的要求包括（　　）。

A. 报关员人数不少于 5 名

B. 投资者、报关业务负责人、报关员无走私记录

C. 报关业务负责人具有 5 年以上从事对外贸易工作经验或者报关工作经验

D. 报关业务负责人、报关员要通过海关规定的业务考核

7. 下列关于报关或代理报关范围的表述错误的是：（　　）。

A. 进出口货物收发货人只能办理本企业（单位）进出口货物的报关业务

B. 经营国际货代的代理报关企业只能接受有权进出口货物单位的委托，办理本企业承揽、承运货物的报关业务

C. 报关公司（报关行）可接受进出口货物收发货人在各种运输承运关系下委托办理的报关业务

D. 进出口货物收发货人、报关企业只能在注册地海关办理报关业务

8. 报关企业从事报关服务，应当履行（　　）义务。

A. 依法建立账簿和营业记录

B. 与委托方签订书面的委托协议

C. 不得以任何形式出让名义，供他人办理报关业务

D. 对于代理报关的货物涉及走私违规情事的，应当接受或者协助海关进行调查

9. 报关员应当履行（　　）义务。

A. 熟悉所申报货物的基本情况，对申报内容和有关材料的真实性、完整性进行合理审查

B. 提供齐全、正确、有效的单证，准确、清楚、完整填制海关单证，并按照规定办理报关业务及相关手续

C. 海关查验进出口货物时，配合海关查验

D. 持《报关员证》办理报关业务，海关核对时，应当出示

10. 报关行业协会的职能包括（　　）。

A. 监督指导　　　　B. 沟通协调

C. 行业自律　　　　D. 培训考试、颁发资格证书

11. 下列属于报关员报关执业禁止行为的，包括（　　）。

A. 故意制造海关与报关单位、委托人之间的矛盾和纠纷

B. 同时在两个或两个以上报关单位执业

C. 将报关员证转借或者转让他人，允许他人持本人报关员证执业

D. 涂改报关员证

12. 下列属于海关在监管管理活动中应当行使行政处罚权的有（　　）。

A. 未按规定在纸制报关单上加盖报关专用章的

B. 向海关申报进口货物品名不实的

C. 加工贸易企业遗失加工贸易登记手册的

D. 报关员与他人通谋走私，构成走私罪的

13. 根据《中华人民共和国海关对企业实施分类管理办法》，关于A类企业，下列论述不正确的是（　　）。

A. A类企业由企业所在地的隶属海关审定

B. A类企业在本关区范围内实施

C. A类企业须登记注册二年以上

D. A类企业须配备5名以上的报关员

14. 根据《中华人民共和国海关对企业实施分类管理办法》，适用A类管理的企业可享受的便利条件有（　　）。

A. 优先办理货物申报、查验和放行手续

B. 优先实行“门对门”验货

C. 优先享受海关提供的EDI联网报关的便利

D. A类企业开展加工贸易不实行银行保证金台账制度

15. 根据海关最新规定，成立代理报关企业须具备的条件有（　　）。

A. 注册资本不低于人民币50万元　　B. 报关员人数不低于5人

C. 注册资本不低于人民币150万元　　D. 报关员人数不低于3人

四、判断题（判断下列各题是否正确，正确的在题后括号内打“√”，错误的打“×”）

（　　）1. 报关与通关是同一个概念。

（　　）2. 目前海关、公安、税务、工商等机关均有权调查和处理走私案件。

（　　）3. 目前我国关境大于国境。

（　　）4. 各地直属海关直接向海关总署负责，不受地方各级机关的干涉和监督。

（　　）5. 报关企业和进出口货物收发货人须经海关注册登记许可后方可向海关办理报关单位注册登记手续。

（　　）6. 报关单位所属的报关员可以在中华人民共和国关境内各个口岸地或者海关监管业务集中的地点办理本企业的报关业务。

（　　）7. 报关企业如需要在注册登记许可区域以外从事报关服务的，应当依法设立分支机构，并且向拟注册登记地海关递交报关企业分支机构注册登记许可申请。

(　　) 8. 取得《报关员资格证书》的人即可通过报关单位向海关办理注册登记手续后成为报关员。

(　　) 9. 海关对在报关员记分考核中记分达 30 分的报关员，可以处以暂停其 6 个月以内从事报关业务的处罚。

(　　) 10. 亿新鞋业有限公司和怡新鞋业有限公司是在海关注册的两家中外合资企业，两家企业的法人代表都是孙某。老板考虑到两家公司都是自己的，为了节约成本，决定只聘请一个报关员为这两家公司办理报关业务，根据现行规定这是允许的。

(　　) 11. 报关企业、进出口收发货人应对其所属的报关员的报关行为承担相应的法律责任。

(　　) 12. 进出口货物的报关是指进出口货物收发货人或其代理人在货物进出口时，采用电子数据报关单和纸质报关单形式向海关申报的行为。

(　　) 13. 我国报关企业目前大都采取直接代理形式代理报关，即接受委托人(进出口货物收发货人)的委托，以报关企业自身的名义向海关办理进出口报关手续。

(　　) 14. 海关对进出境运输工具的检查不受海关监管区域的限制。

(　　) 15. 中华人民共和国海关是国家的进出国境监督管理机关。

(　　) 16. 根据《中华人民共和国海关法》规定的设关原则，如果海关监督管理需要，国家可以在现有的行政区划之外安排海关的上下级关系和海关的相互关系。

(　　) 17. 海关对企业实施分类管理，其目的是便利企业合法进出口，促进企业的守法自律。

(　　) 18. 进出口货物收发货人不得委托未取得注册登记许可、未在海关办理注册登记的单位或者个人办理报关业务。

(　　) 19. 虽然报关活动相关人不具有报关权，也不直接参与进出境报关纳税活动，但因其与报关活动密切相关，因此也需承担相应的海关义务和法律责任。

(　　) 20. 从事加工贸易生产加工的企业没有报关权，因此不需向海关办理登记手续，不需接受海关监管。

(　　) 21. 已向海关办理了报关注册登记的企业，在接受加工贸易经营单位的委托开展加工贸易生产时，应视其为报关活动相关人。

(　　) 22. 办理加工贸易合同备案、核销手续应当由报关员办理。

(　　) 23. 报关员应按照报关单位的要求和委托人的委托办理报关业务。

(　　) 24. 海关对在报关员记分考核中记分达 30 分的报关员，可以处以暂停其 6 个月以内从事报关业务的处罚。

(　　) 25. 报关员对记分的行政行为有异议的，应当自收到电子或纸质告单之日起 15 日内向海关书面申辩。

五、案例分析题

1. 2006 年 5 月 12 日科龙公司经批准经营进出口业务，第二天即成交一笔出口业务，为提高办事效率，公司当天就派小王去海关申报出口手续，结果被海关拒绝，这是什么原因？

2. 林某于 2005 年 7 月大学毕业后，在某家外贸公司负责报关联系工作，2006 年报名参加当年全国报关员资格考试，2007 年 2 月 15 日从海关公布的名单中得知成绩合格。请问：

（1）林某应在获知成绩合格之日起多长时间内向原报名海关申请报关员资格？申请时应当提交哪些材料？

（2）若林某被某 A 外贸公司录用，该公司应向海关提交哪些资料、办理哪些手续后林某才能代表公司开展报关业务？

（3）林某办理报关注册手续后其报关的有效期为多长？

（4）林某能否代表 A 外贸公司属下的 B 子公司办理报关业务？为什么？

(5) 假设A外贸公司只有林某一名报关员，这时公司欲向海关申请《进出口货物征免税证明》，可否由公司别的业务员办理？为什么？

3. 北京某电子有限公司在北京海关办理了注册登记手续，取得了报关权。因业务需要，该公司在上海海关办理报关业务。由于该公司已获准拥有报关权，因而只需在上海招聘一位报关员即可办理报关业务。这种做法可以吗？

4. 某日，深圳海关到某外资交通器材公司检查进口生产用料情况，发现该公司从未进口生产所需的铁皮，而海关却握有该公司1个月前进口1000吨铁皮的申报单复印件。据该公司称，他们在深圳设厂后，委托公司的一名报关员代理向海关办理核销、月报等进出口业务，该报关员因此取得了公司的用章、报关章等。他利用从海关领得的进出口业务清单，以该公司名义进行非法走私进口铁皮的活动，而公司却一直蒙在鼓里。请对此案进行分析。

5. 广州市伟达国际物流有限公司企业是一家经营国际货运业务的企业，公司注册资金200万元，现有持有报关员资格证书的员工10名；拥有海关监管的集装箱运输车18部，零担送货小卡4部。主要提供进出口货物租船订舱、货运代理、船务代理、公路运输、铁路及航空运输代理、代办货运保险等服务业务。请问：

(1) 该公司应向海关办理哪些手续后才能取得代理报关权？

（2）若公司取得代理报关权后，接受某货主的委托向海关申报进口一批汽车，该公司应向海关提交哪些资料？

6. 某报关员在2006年10月份有如下行为：（1）违反海关监管规定行为被海关予以行政处罚，但未被暂停执业、取消报关从业资格；（2）出借本人报关员证件。请问：

（1）海关可对该报关员记多少分？

（2）该报关员的报关业务将受到怎样的影响？

（3）如何消除这种影响？

第七章　报关与对外贸易管制

一、填空题（请在各小题的画线处填上适当的词句）

1. 我国对外贸易管制的主要内容可概括为________、________、________、________、________五个字。
2. 我国海关执行外贸管制政策是通过对________、________、________这三要素来确认货物进出口的合法性。
3. 实行关税配额管理的情况下，国家对部分商品的进口制定____________并规定该商品进口数量总额。
4. 我国出口配额限制有两种管理方式，即________________和________________。
5. 我国出入境检验检疫制度内容包括：__________、__________、__________以及国境卫生监督制度。
6. 我国对进出口收付汇管理采取的都是________________形式。
7. 根据 WTO 规则，成员国在必要的时候可以采取____________、____________、____________措施来保护国内产业不受损害。
8. 出口非配额限制是指以国家各主管部门签发__________________的方式来实现的各类限制出口措施。
9. 实行临时出口许可管理的商品，经营者在办理临时出口许可证后，应向质检总局授权的临时发证机构申领__________________。
10. 我国濒危物种进出口的主管部门是__________________________，其主要监管证件是__________________________、______________________________和《非＜进口野生动植物种商品目录＞物种证明》（非物种证明）。
11. 我国出入境检验检疫管理实行统一的目录管理。国家质检总局根据对外贸易需要，公布并调整《________________________目录》。
12. 我国黄金及制品进出口的主管部门是________________________，其主要监管证件是______________________和______________________。
13. 废物进口海关凭国家环保总局签发的______________________和各地出入境检验检疫局签发的____办理通关手续。
14. 我国一般药品进出口管理的主要监管证件是________________________签发的________________。
15. 从 2007 年 3 月 1 日起，我国对__________的出口实行一般出口许可证管理。

二、单项选择题（在下列每小题中，请选出一个最适合的答案）

1. 下列进口的废物中，可以申请转关运输的是（　　）。

   A. 木制品废料　　　　B. 废纸

C. 废电机、电器产品　　D. 纺织品废物

2. 向海关申报出口列入《进出口野生动植物种商品目录》中属于《濒危野生动植物种国际贸易公约》成员国应履行保护义务的物种时，报关单位应向海关提交的证明为（　　）。

A.《公约证明》正本联　　B.《公约证明》副本联

C.《非物种证明》正本联　　D.《非物种证明》副本联

3. 出口许可证如有特殊情况需要跨年度使用时，其有效期最长不得超过次年的（　　）。

A. 5 月 31 日　　B. 3 月底　　C. 2 月底　　D. 1 月 31 日

4. 下列进出口许可证中实行“非一批一证”管理的是：（　　）

A. 精神药品进口准许证

B. 中华人民共和国濒危物种进出口管理办公室野生动植物允许进出口证明书

C. 进口废物批准证书

D. 进出口农药登记证明

5. 实行“非一批一证”管理的出口许可证，其使用次数最多不超过（　　）。

A. 9 次　　B. 6 次　　C. 10 次　　D. 12 次

6. 下列关于进口废物管理的表述，错误的是：（　　）。

A. 未取得有效废物进口许可证的废物一律不得存入保税仓库

B. 废物进口许可证实行“一批一证”管理

C. 对未列入《限制进口类可用做原料的废物目录》的废物一律不得进口

D. 向海关申报允许进口的废物，应主动向海关提交废物进口许可证，入境货物通关单及其他有关单据

7. 我国出入境检验检疫的主管部门是（　　）。

A. 国家质量监督检验检疫总局　　B. 海关总署

C. 工商局　　D. 税务局

8. 下列列入自动进口许可管理货物目录的货物，不可免交自动进口许可证的是（　　）。

A. 进入我国保税区、出口加工区等海关监管区域属自动进口许可管理的货物

B. 加工贸易项下进口并复出口的成品油

C. 外商投资企业作为投资进口的旧机电产品

D. 每批次价值超过 5000 元人民币的进口货样广告品

9.《进口许可证》原则上实行“一批一证”制度，对实行非“一批一证的”商品，发证机关在签发进口许可证时必须在备注栏中注明：“非一批一证”字样，该证在有效期内可使用（　　）。

A. 12 次　　B. 8 次　　C. 6 次　　D. 无次数限制

10. 我国目前对对外贸易经营者的管理实行（　　）。

A. 自由进出制　　B. 登记和核准制　　C. 审批制　　D. 备案登记制

11. 下列关于国家对限制进口货物管理的表述错误的是：（　　）。

A. 国家实行限制进口管理的货物，必须依照国家有关规定取得国务院外经贸主管部门或者由其会同国务院有关部门许可，方可进口

B. 实行配额或者非配额限制的进口货物，采用配额许可证管理

C. 关税配额内进口的货物，按照配额内税率缴纳关税

D. 关税配额外进口的货物，按照配额外税率缴纳关税

12. 下列关于保障措施的表述错误的是（　　）。

A. 保障措施针对的是不公平贸易条件下的进口产品

B. 保障措施分为临时保障措施和最终保障措施

C. 临时保障措施实施期限不超过200天，并计入保障措施总期限

D. 最终保障措施实施期限一般不超过4年，需延长实施期限的全部实施期限不得超过10年

13. 进口许可证如有特殊情况需要跨年度使用时，其有效期最长不得超过次年的（　　）。

A. 4月30日　　B. 3月31日　　C. 2月底　　D. 1月31日

三、多项选择题（下列各小题中正确答案不少于两个，请准确选出全部正确答案）

1. 下列有权签发进出口许可证的机构是（　　）。

A. 商务部配额许可证事务局

B. 商务部驻各地特派员办事处

C. 省、自治区、直辖市的商务主管部门

D. 计划单列市和经商务部授权的其他省会城市的商务主管部门

2. 对下列实行自动进口许可管理的大宗、散装货物，溢装数量在货物总量3%以内的，免予另行申领自动进口许可证的货物是（　　）。

A. 原油　　B. 成品油　　C. 化肥　　D. 钢材

3. 下列属于国家实行对外贸易管制目的的是（　　）。

A. 为了保护本国经济利益　　B. 推行本国的外交政策

C. 为了实现其国家职能　　D. 为了发展本国经济

4. 货物、技术进出口许可管理制度是我国进出口许可管理制度的主体，其管理范围包括（　　）。

A. 禁止进出口货物和技术

B. 限制进出口货物和技术

C. 自由进出口的技术

D. 自由进出口中部分实行自动许可管理的货物多项

5. 进口药品通关单适用于下列情况的是（　　）。

A. 进口列入《进口药品目录》的药品

B. 进口列入《生物制品目录》的药品，包括疫苗类、血液制品类及血源筛查用诊断试剂等

C. 首次在中国境内销售的药品

D. 对进口暂未列入《进口药品目录》的原料药的单位，必须遵守《进口药品管理办法》中的各项有关规定，主动到各口岸药品检验所报验

6. 关于纺织品出口临时管理的适用范围及报关规范描述正确的是：（　　）。

A. 列入输往欧盟、美国纺织品目录的，经营者在出口之前，应到当地发证机构办理相应的纺织品临时出口许可证

B. 对出口至欧盟、美国以外其他国家（地区）的纺织品，无需申领纺织品临时出口许可证

C. 出口服装样品，每批数量超过 50 件的，可免领纺织品临时出口许可证

D. 纺织品临时出口许可证有效期为 6 个月，逾期作废

7. 下列有关两用物项和技术出口许可证的说法正确的是：（　　）。

A. 两用物项和技术出口许可证实行“一批一证”制和“一证一关”制。

B. 同一合同项下的同一商品如需分批办理出口许可证，同一次申领分批量最多不超过十二批

C. 两用物项和技术出口许可证实行非“一批一证”制和“一证一关”制

D. 两用物项和技术出口许可证有效期一般不超过一年。

8. 下列对两用物项和技术进出口许可证管理表述正确的是：（　　）。

A. 两用物项和技术进出口前，进出口经营者应当向发证机关申领两用物项和技术进出口许可证，凭以向海关办理进出口报关手续

B. 两用物项和技术进口许可证实行“非一批一证”制和“一证一关”制

C. 两用物项和技术出口许可证实行“一批一证”制和“一证一关”制

D. 两用物项和技术进出口许可证有效期一般不超过 1 年，跨年度使用时，在有效期内只能使用到次年 3 月 31 日

9. 下列（　　）货物属我国政府禁止进口的范围。

A. 国产手表复进口

B. 右置方向盘的汽车

C. 列入《禁止进口货物目录》的商品

D. 来自疫区或不符合我国卫生标准的动物和动物产品

10. 入境货物通关单适用于下列情况的是（　　）。

A. 列入《法检目录》属于入境管理的商品

B. 进口可再利用的废物原料

C. 入境货物运输设备

D. 纺织品进口备案

四、判断题（判断下列各题是否正确，正确的在题后括号内打“√”，错误的打“×”）

（　　）1. 我国禁止出口劳改产品。

（　　）2. 保障措施主要针对的是不公平或不公平竞争，其全部实施期限（包括临时保障措施）不得超过 10 年。

（　　）3. 自动进口许可管理是在任何情况下对进口申请一律予以批准的进口许可

制度。

(　　) 4. 海关对散装货物溢短装数量在货物总量正负5%以内的予以免自动进口许可证验放。

(　　) 5. 纺织品临时出口许可证实行“一批一证”、“一关一证”，在公历年度内有效，有效期为一年，逾期作废。

(　　) 6. 两用物项和技术进出口时，进出口经营者应当向海关出具两用物项和技术进出口许可证，依照海关法的有关规定，海关凭两用物项和技术进出口许可证接受申报并办理验放手续。

(　　) 7. 关税配额管理是指以国家各主管部门签发许可证件的方式来实现各类限制进口的措施。

(　　) 8. 对外贸易经营者只能在国家允许的范围内为本企业从事对外贸易经营活动，不可以接受他人的委托，在经营范围内代为办理对外贸易业务。

(　　) 9. 两用物项和技术进口许可证实行“一批一证”制和“一证一关”制，同时在两用物项和技术进口许可证备注栏内打印“一批一证”字样。

(　　) 10. 对属于自由进口的技术，实行合同登记管理。

(　　) 11. 目前，我国对属于世界濒危物种管理范畴的犀牛角和虎骨仍列入禁止进出口的商品范围。

(　　) 12. 出境货物通关单实行非“一批一证”制度，证面内容不得更改。

(　　) 13. 申报进口兽药、人畜共用的兽药，报关单位凭农业部指定的口岸兽药监察所在进口货物报关单上加盖的“已接受报验”的印章办理有关验放手续。

(　　) 14. 出口黄金及其制品，出口企业应事先向中国人民银行申领“中国人民银行授权书”。

(　　) 15. 麻醉药品的进出口准许证仅限在该证注明的口岸海关使用，实行“一批一证”制。

(　　) 16. 我国目前所签订生效的各类国际条约，不属于我国国内法的范畴，因此不可视为我国对外贸易管制的法律渊源之一。

(　　) 17. 我国商品检验的种类分为四种：法定检验、合同检验、公正鉴定和委托检验。

(　　) 18. 临时反补贴实施的期限，自临时反补贴措施决定公告规定实施之日起，不超过9个月。

(　　) 19. 纺织品临时出口许可管理适用于以下海关监管方式：一般贸易、易货贸易、来料加工装配贸易、补偿贸易、进料加工、保税工厂和其他贸易。

(　　) 20. 国家禁止进口不能用作原料的固体废物，对进口可以用做原料的固体废物实行限制管理。

(　　) 21. 由文化部指定的单位才能经营音像制品成品的进口业务，未经文化部制定，任何单位或者个人不得从事音像制品成品的进口业务。

(　　) 22. 四川成都一家企业对外出口一批自行车，经转关至广州黄埔口岸装船出境，该笔业务对外收汇 53 万美元，根据我国现行的外汇管理规定，该企业应该向成都市外汇管理局申领“出口收汇核销单”，并按规定办理相应的出口收汇核销手续。

五、案例分析题

1. 广州市某外商投资企业于 2007 年 1 月份与美国某公司以 CIF 条件签订一份出口一批自产自行车的合同，装运期为 9 月份，支付方式为即期信用证。

请回答以下问题：

(1) 该企业应于何时向何部门申领出口许可证？申领时须提交哪些文件？

(2) 若符合条件，签发机关应于多少日内发证？

(3) 该出口许可证是配额许可证还是非配额许可证？

(4) 该许可证最多可使用多少次？为什么？

(5) 该企业应在什么时间内持哪些资料到外汇局进行出口收汇核销报告？

2. 深圳某进口公司欲从加拿大进口一批钢材，问：

(1) 该进口公司在进口报关前须向深圳市贸易工业局申请签发什么证件？申请时须提交哪些资料？

（2）许可申请内容正确且形式完备的，发证机构须在多少时间内签发证件？

（3）该证件的有效期为多长？

（4）该证件若实行“非一批一证”，最多可使用多少次？

（5）若进口货物溢短装数量在货物总量正负百分之多少以内的予以免证验放？

（6）若国务院关税税则委员会决定对该进口货物征收临时反倾销税，则征收的最长期限为多少？

（7）该公司凭哪些文件向外汇局办理进口付汇手续？

第八章　报关程序

一、填空题（请在各小题的画线处填上适当的词句）

1. 从海关对进出口货物进行监管的全过程来看，报关程序按时间先后可以分为三个阶段：________、________、________。
2. 电子报关的申报方式分为________、________、________。
3. 一般进出口货物报关程序由四个环节构成，即________、________、________、________。
4. 申报单证中随附单证包括________、________、________。
5. 保税货物主要分为________和________两大类。
6. 保税货物报关程序由三个环节构成，即________、________、________。
7. 特定减免税货物
8. 特定减免税货物的报关程序由三个环节构成，即________、________、________。
9. 国际租赁主要有两种，一种是________；一种是________。

二、单项选择题（在下列每小题中，请选出一个最适合的答案）

1. 根据《中华人民共和国海关法》的规定，进口货物的收货人向海关申报的时限是（　　）。

   A. 自运输工具申报进境内之日起 7 日内

   B. 自运输工具申报进境内之日起 1 0 日内

   C. 自运输工具申报进境内之日起 14 日内

   D. 自运输工具申报进境内之日起 15 日内

2. 进口货物的收货人自运输工具申报进境之日起，超过（　　）未向海关申报的，其进口货物由海关提取依法变卖处理。

   A. 1 个月　　B. 3 个月　　C. 6 个月　　D. 1 年

3. 在一般情况下，进出口货物收发货人或其代理人应当自接到直属海关“现场交单”或“放行交单”通知之日起（　　）内，持打印的纸质报关单，备齐规定的随附单证并签名盖章，到货物所在地海关提交书面单证并办理相关海关手续。

   A. 7 日　　B. 10 日　　C. 14 日　　D. 15 日

4. 出口货物的申报期限为货物运抵海关监管区后、装货的（　　）以前。

   A. 48 小时　　B. 24 小时　　C. 14 日　　D. 15 日

5. 保税货物结关的标志是（　　）。

   A. 海关放行　　B. 报核　　C. 核销　　D. 复运出境

6. 加工贸易合同备案是指加工贸易企业持合法的加工贸易合同到主管海关备案，

申请保税并领取（　　）或其他准予备案凭证的行为。

A. 加工贸易《登记手册》　　B. 加工贸易《业务批准证》

C. 加工贸易《企业登记证书》　　D. 加工贸易《企业生产能力证明》

7. 在加工贸易台账制度中，“空转”是指（　　）。

A. 不设台账　　B. 付保证金不设台账

C. 设台账并付保证金　　D. 设台账不付保证金

8. 保税区是经（　　）批准设立的，海关实行特殊监管的区域。

A. 海关总署　　B. 国务院　　C. 省级人民政府　　D. 直属海关

9. 主管海关根据中国银行签发的（　　）向经营单位核发加工贸易《登记手册》。

A. 开设银行保证金台账联系单　　B. 银行保证金台账登记通知单

C. 银行保证金台账核销联系单　　D. 银行保证金台账变更通知单

10. 享受特定减免税进口的建筑木材的海关监管期限是（　　）年。

A. 10　　B. 6　　C. 8　　D. 5

11. 利用外资项目申请特定用途的减免税，应向海关提交的证明是（　　）。

A. 国家鼓励发展的内外资项目确认书

B. 国家鼓励发展的外资项目确认书

C. 利用外资项目确认书

D. 国家鼓励利用外资项目确认书

12. 进出口货物征免税证明的有效期为（　　）个月。

A. 10　　B. 6　　C. 8　　D. 12

13. 境外集装箱箱体暂准进境时应向海关申报，并应自进境之日起（　　）个月内复运出境。

A. 3　　B. 6　　C. 8　　D. 12

14. 进境快件应当自运输工具申报进境之日起（　　）日内，出境快件应当在运输工具出境（　　）小时之前，向海关申报。

A. 3、14　　B. 6、12　　C. 15、24　　D. 14、3

15. 文件类进出境快件报关时，经营人应当向海关提交的报关单是（　　）。

A. 中华人民共和国进出境快件个人物品报关单

B. 中华人民共和国进出境快件 KJ2 报关单

C. 中华人民共和国进出境快件 KJ3 报关单

D. 中华人民共和国进出境快件 KJ1 报关单

16. 租赁进口货物租期届满之日起（　　）天内，纳税义务人应当申请办结海关手续，将货物复运出境。

A. 15　　B. 60　　C. 30　　D. 14

17. 溢卸、误卸进境货物应自（　）起 3 个月内，向海关办理退运或进口手续。

A. 运输工具进境之日　　B. 卸完货之日

C. 卸货之日　　D. 向海关申报之日

18. 直接退运应自载运的运输工具申报进境之日起或自运输工具卸货之日起

（　　）个月内办理。

A. 6　　B. 1　　C. 3　　D. 2

三、多项选择题（下列各小题中正确答案不少于两个，请准确选出全部正确答案）

1. 在报关程序中，前期管理阶段适用的范围是（　　）。

A. 保税货物　　B. 特定减免税货物

C. 暂准进出境货物　　D. 一般进出口货物

2. 查验方式主要有（　　）。

A. 彻底查验　　B. 抽查　　C. 外形查验　　D. 径行开验

3. 选择申报期限的正确表述是（　　）。

A. 进口货物的收货人应当自货物进境之日起 14 日内，向海关申报

B. 进口货物的收货人应当自运输工具申报进境之日起 14 内，向海关申报

C. 出口货物的发货人应当在货物运抵海关监管区后，装货的 24 小时以前向海关申报

D. 出口货物的发货人应当在货物运抵口岸后的 24 小时内向海关申报

4. 申报单证可以分为两大类，即（　　）。

A. 主要单证　　B. 随附单证　　C. 基本单证　　D. 特殊单证

5. 某报关公司安排小孙向报关员老吴学习报关知识，第一次进报关厅的小孙面对着各个窗口上的标识牌说："老吴，海关对进出口货物监管是否分为预录入、申报、查验、征税、退税 5 个基本环节。"老吴说："5 个环节你只讲对了 3 个。"你知道小孙讲错的两个是（　　）。

A. 预录入　　B. 申报　　C. 查验　　D. 退税

6. 保税货物海关监管特征可以概括为（　　）。

A. 批准保税　　B. 暂缓纳税　　C. 监管延伸　　D. 核销结关

7. 保税物流货物包括（　　）。

A. 保税仓库贮存货物　　B. 保税物流中心货物

C. 保税物流园区货物　　D. 保税区货物

8. 下列进口货物属于海关特定减免税范围的有（　　）。

A. 保税区内自用的机器设备

B. 科教用品

C. 残疾人组织和民政部门进口的残疾人专用品

D. 沿海经济开放地区基建项目所需进口机械设备

9. 暂准进出境货物的特征有（　　）。

A. 除另有规定外，免交进出口许可证件

B. 免进出口税费

C. 在规定期限内根据货物的实际使用情况办理核销结关手续

D. 规定期限内原状复运进出境

10. 下列（　　）属于暂准进出境货物。

A. 过境货物　　　　　　　　　　　　B. 在展览会中展示或示范用的货物

C. 开展科研活动使用的仪器、设备　D. 租赁货物

11. 进出境快件分为（　　）。

A. 急件类　　　B. 货物类　　　C. 个人物品类　　D. 文件类

12. 无代价抵偿货物报关除提交进出口报关单外，还需提交（　　）。

A. 原进出口报关单、原进出口货物退运进出境的进出口货物报关单

B. 原进出口货物税款缴纳书

C. 索赔协议、商检证明

D. 重新申办进出口许可证

13. 下列手续属于进出境管理阶段的报关程序的是（　　）。

A. 开设保证金台账　　　　　　　　B. 搬移货物，重封包装

C. 提出担保申请　　　　　　　　　D. 提请海关对被查货物损坏的赔偿

14. 下列可按暂准进出口通关制度办理海关手续的货物是（　　）。

A. 参加莱比锡博览会的出口展览品

B. 来华参加国际科技展览会而运进需要展示或示范用的货物、物品

C. 俄罗斯大马戏团来华进行表演运进器材、服装、车辆等

D. 香港某影视公司来大陆拍摄电影而运进的摄影器材

15. 正确的通关规则应选择：（　　）。

A. 进口货物的收货人经海关同意，可以在申报前查看货物或者提取货样

B. 进出口货物的收发货人应当向海关如实申报，交验进出口许可证件和有关单证

C. 进出口货物必须经过海关查验后才能放行，有关当事人应配合海关查验

D. 进出口货物在收发货人交清税款或者提供担保后，由海关签印放行

四、判断题（判断下列各题是否正确，正确的在题后括号内打“√”，错误的打“×”）

（　　）1. 办理进出口货物的海关申报手续，应当采用纸质报关单或电子报关单数据。

（　　）2. 不论以电子数据报关单方式申报或以纸质报关单方式申报，海关接受申报数据的日期即为接受申报的日期。

（　　）3. 经营企业应当在规定的期限内将进口料件加工复出口，并自加工贸易《登记手册》项下最后一批成品出口或者加工贸易《登记手册》到期之日起 60 日内向海关报核。

（　　）4. 海关查验时，可以不通知进出口货物的收发货人或其代理人，自行开箱验货或取样。

（　　）5. 进口和出口货物在进出境环节办理了进出境手续经海关放行后，即意味着结关。

（　　）6. 保税货物未经海关许可，不得开拆、提取、交付、发运、调换、改装、抵押、质押、留置、转让、更换标志、移作他用或者进行其他处置。

(　　) 7. 保税进出口通关制度的一个主要特征是暂缓办理纳税手续，因此，当保税货物的最终去向确定为内销，当事人应补交税款。

(　　) 8. 开展加工贸易业务的经营企业和加工企业一定是同一个企业。

(　　) 9. 报关单位使用连接海关计算机系统的电脑终端录入报关单内容，直接向直属海关发送报关单电子数据的申报方式是 EDI 申报方式。

(　　) 10. 对一般进出口货物来说，海关放行即意味着海关手续已全部办结，海关不再监管。

(　　) 11. 经海关批准允许集中申报的进口货物，自运输工具申报进境之日起 3 个月内办理申报手续。

(　　) 12. 在查验过程中，因为海关关员的责任造成被查验货物损坏的，进出口货物的收发货人或其代理人可以要求海关赔偿。

(　　) 13. 保税仓库、保税物流园区都是经国务院批准设立的，海关实行特殊监管的区域。

(　　) 14. 从非保税区进入保税区的货物，按出口货物办理相应的海关手续。

(　　) 15. 某大学校办工厂进口设备可以按科教用品办理特定减免税。

(　　) 16. “进出口货物征免税证明”的有效期为 12 个月，持证人应当在自海关签发该征免税证明的 12 个月内进口经批准的特定减免税货物。

(　　) 17. 填制特定减免税货物进口报关单时，报关员应当特别注意报关单上“备案号”栏目的填写，“备案号”栏内应正确填写“进出口货物征免税证明”上的 12 位编号。

(　　) 18. 集装箱箱体既是一种运输设备也是一种货物。

(　　) 19. 过境货物是指由境外启运，通过我国境内设立海关的地点换装运输工具，但不通过我国境内的陆路运输，继续运往境外的货物。

(　　) 20. 已缴纳出口税的退关货物，可以在缴纳税款之日起 1 年内向海关申请退税。

五、综合实务

1. 某公司向一国外公司进口美国一号小麦 100 000 公吨，其委托某报关行办理报关手续。小麦于 2007 年 1 月 5 日由“光荣号”货轮装运进口，报关行于 1 月 9 日向海关申报进口，海关于 1 月 10 日放行。经商品检验，发现其中 500 公吨为二号小麦与合同规定不符，需办理退运手续。(注：小麦属于配额许可证商品)

请根据该实例回答以下问题。

(1) 该批进口小麦在报关时适用(　　)。

A. 前期管理阶段报关程序

B. 进出境管理阶段报关程序

C. 后期管理阶段报关程序

(2) 报关行在向海关申报小麦进口时需向海关递交有关单据，下列说法正确的有：(　　)。

A. 需提交合同、发票及商品检验证明

B. 需提交提单、装箱单

C. 需提交《征免税证明》

D. 需提交提单和《进口许可证》

2. 某大学拟进口一套多媒体教学设备，并委托A报关公司负责办理设备的进口事宜。在设备进口前，作为报关员你认为该学校需办理的手续是：（　　）。

A. 前期报关手续，向海关申请备案，办理减免税证明

B. 进口报关手续，包括递交必要的报关单证、缴纳税款及监管手续费、陪同查验、提货等

C. 在海关规定的监管年限结束后，自动解除海关监管

D. 需办理设备进口后的结关核销手续，方能解除海关监管

3. 大连××国际物流有限公司（2102980×××，A类管理企业）受大连新世纪进出口有限公司（2102250×××，A类管理企业）的委托，凭“B”字头备案号的登记手册向大连机场海关申报进口已鞣未缝制整张蓝狐皮1000张及辅料一批，以履行蓝狐皮大衣的出口合同。货物进口后，交由大连伟达服饰有限公司（2102930×××，B类管理企业）加工。合同执行期间，因加工企业生产规模有限，经与境外订货商协商后更改出口合同，故蓝狐皮耗用数量减为600张。经批准，剩余的400张蓝狐皮中的370张结转至另一加工贸易合同项下；30张以每张300元的价格售予沈阳华亿服装有限公司（2101940×××，C类管理企业）用以生产内销产品。

根据上述案例，选择回答下列问题：

（1）上述报关活动中涉及的各家企业，不属于报关活动相关人的是（　　）。

A. 大连新世纪进出口有限公司

B. 大连伟达服饰有限公司

C. 大连××国际物流有限公司

D. 沈阳华亿服装有限公司

（2）根据加工贸易银行保证金台账制度的规定，1000张进口蓝狐皮应（　　）。

A. 设台账，但无需缴付保证金

B. 设台账，按进口料件应征税款的50%缴付保证金

C. 设台账，按进口料件应征税款全额缴付保证金

D. 不设台账，亦无需缴付保证金

（3）300张蓝狐皮结转至另一加工贸易合同项下，须符合（　　）规定。

A. 必须由同一经营单位经营　　B. 必须是同一贸易方式

C. 必须由同一加工企业加工　　D. 必须生产同一产品

（4）30张蓝狐皮转为内销，须符合（　　）规定。

A. 应经商务主管部门批准

B. 应由国内购买单位办理内销料件的正式进口手续

C. 除应缴纳进口税外，还须交付缓税利息

D. 如属进口许可证件管理的，应按规定向海关补交进口许可证件

（5）1000张进口蓝狐皮的进口货物报关的“贸易方式”应为（　　）。

A. 来料加工　　B. 进料加工

C. 进料对口　　D. 补偿贸易

4. 广州某水产进出口公司以价格为CIF广州USD80 000.00，从韩国购进冰冻沙丁鱼5 000公斤，载运货物的船舶于2006年6月20日入境，于次日由远东报关公司代理报关，海关查验货物时发现该批货物的实际到货为5 100公斤，与提单所列数量多出100公斤。

根据上述案例，选择回答下列问题：

(1) 申报数量时，该批货物的填报数量为（　　）。

A. 5 000公斤　　B. 5 100公斤

C. 100公斤　　D. 4 900公斤

(2) 多于提单的该批冰冻沙丁鱼，该公司可有（　　）等处理方式。

A. 放弃交由海关处理　　B. 按一般退运货物处理

C. 按直接退运货物处理　　D. 按退运处理

(3) 若该批货物属于适用最惠国税率、协定税率、特惠税率的进口货物，海关的规定是（　　）。

A. 最惠国税率　　B. 协定税率

C. 从高征税　　D. 从低征税

(4) 该货物应由该货物的收货人或载运该货物的原运输工具负责人，自该运输工具卸货之日起（　　）个月内，向海关申请办理退运出境手续。

A. 3个月　　B. 1个月　　C. 6个月　　D. 2个月

(5) 按海关规定，不得声明放弃的货物是（　　）。

A. 国家禁止进口的废物　　B. 国家限制进口的废物

C. 对环境造成污染的货物　　D. 没有办结海关手续的进境货物

5. 青岛亮丽纺织加工企业为履行产品合同动用外汇以CIF价格从美国购进棉花一批，于2006年2月6日载运货物的“DONGFEN/0238A”轮入境，当日该企业持C420168×××××手册及其他相关单证向烟台海关报关，海关对该批货物进行查验并抽样化检，于2月16日该批货物抽样化检无误后海关批准放行。该公司立即投入该产品的纺纱生产，为借助国外先进技术提高产品的档次，经海关批准，于3月28日把已纺纱线运至泰国进行染色加工，后复运境内。

根据上述案例，选择回答下列问题：

(1) 该批货物前后经过了进口—出口—复进口三次，其中前面两次的监管方式属于（　　）。

A. 一般贸易　　B. 来料加工　　C. 进料加工　　D. 出料加工

(2) 海关查验货物时，进出口货物的报关员应当（　　）。

A. 负责搬移货物，开拆和重封货物的包装

B. 回答查验关员的询问

C. 负责提取海关需要作进一步检验、化验或鉴定的货样

D. 签字确认查验记录

(3) 若该企业向海关提供的有关货物化验、检验、鉴定的结果与海关组织的化验、检验、鉴定的结果不一致时，(　　)。

A. 应以企业向海关提供的有关货物化验、检验、鉴定的结果为准

B. 应以重新进行再化验、检验、鉴定的结果为准

C. 无需再作进一步检验、化验或鉴定

D. 应以海关组织的化验、检验、鉴定的结果为准

(4) 运出境外加工的纱线按规定应(　　)复运入境。

A. 自货物运出境之日起 3 个月内

B. 自货物运出境之日起 6 个月内

C. 经海关批准可以延期，延长的期限最长不得超过 3 个月

D. 经海关批准可以延期，延长的期限最长不得超过 6 个月

(5) 运出境外加工的纱线复运入境时，海关应以下列(　　)因素确定完税价格。

A. 境外加工费　　B. 境外料件费

C. 复运进境的运输费　　D. 复运进境的保险费

六、案例分析题

1. 2006 年 8 月厦门某出口公司以 CIF 洛杉矶价格条件与美国某公司订立一份服装出口合同，预定装船时间为 9 月 8 日。问题：

(1) 该出口公司申报的期限为何时?

(2) 申报时须提交哪些单证?

(3) 该出口公司须凭什么单据要求船公司装运货物?

(4) 该批出口货物离境结关后，该出口公司可要求海关签发哪些证明? 这些证明有何作用?

2. 汕头某进口公司以FOB东京价格条件从日本经香港转运进口一批汽车，支付方式为L/C，贸易方式为一般贸易，该货物属法定检验、自动进口许可证管理商品。运载该货的轮船于2005年9月5日申报进境。问：

（1）该进口公司可通过哪些当事人向海关申报？

（2）该进口公司申报的地点在哪里？为什么？

（3）该进口公司申报的期限为何时？如果超期申报，海关应如何处理？

（4）该进口公司须通过哪些方式申报？如果海关接受申报，应适用何日实施的税率计征关税？

（5）申报时须提交哪些单证？

（6）海关可否查阅进口公司的信用证？为什么？

（7）海关在什么情况下可复验和径行开验货物？

（8）海关查验货物时报关员应当到场，做好哪些工作以配合海关的查验？

（9）该进口公司须凭什么单据提取货物？提取货物后，进口公司能否自由处置该批货物？为什么？

（10）该进口公司提取货物后，发现有两部汽车损坏，并证实是在海关查验过程中造成的，这时，是否有权要求海关予以赔偿？

（11）货物放行后该进口公司可要求海关签发哪些证明？这些证明有何作用？

3. 广东深圳某进出口企业被海关评定为A类企业，其是否有资格向海关申请适用“属地申报，口岸验放”通关模式？向海关提出申请时须提交哪些资料？

第九章　进出口税费

一、填空题（请在各小题的画线处填上适当的词句）

1. 我国关税按征税货物的流向，分________和________；按计征标准分________、________、________和________。
2. 我国的进口附加税包括________、________、________和________。
3. 我国的进口环节税主要包括________和________。
4. 我国海关估定进口货物完税价格的方法有六种，它们依次分别是________、________、________、________、________和________。
5. 从适用目的的角度划分，原产地规则分为________和________。
6. 原产地认定标准包括________和________。
7. 实质性改变的确定标准以________为基本标准，以________、________为补充标准。
8. 适用优惠关税的法定证明是________________。
9. 目前我国进口关税实施________________税率；出口关税实施________________税率。
10. 我国关税减免包括________、________和________三大类。
11. 根据《进出口关税》的规定，关税税额在人民币________元以下的一票货物免征关税。
12. 特定减免税是指海关根据国家规定，对特定________、特定________和特定________给予的减免关税的优惠，也称________。
13. 关税强制执行措施包括________和________两种。

二、单项选择题（在下列每小题中，请选出一个最适合的答案）

1. 关税最主要的是（　　）。

   A. 进口税　　B. 出口税　　C. 过境税　　D. 特别关税

2. 反倾销税的纳税义务人是（　　）。

   A. 外国出口商　　B. 本国进口商　　C. 外国生产厂家　　D. 本国用户

3. 根据《关税条例》的规定，海关对进出口货物征收关税时，应按（　　）实施税率计征关税。

   A. 进出口货物的收、发货人或其代理人申报货物进口或出口之日

   B. 装载货物的运输工具申报进境或出境之日

   C. 海关接受该货物申报进口或者出口之日实施的税率

   D. 进出口货物的收、发货人或其代理人向海关指定银行缴纳税款之日

4. 我国对世贸组织成员进口的货物适用（　　）。

A. 普通税率　　B. 优惠税率　　C. 协定税率　　D. 特惠税率

5. 根据《中华人民共和国海关法》，进出口货物的纳税义务人，应当自海关（　　）缴纳税款。

A. 填发税款缴纳证之日起 15 日内（中间遇节假日不予扣除）

B. 填发税款缴纳证次日起 15 日内（中间遇节假日予以扣除）

C. 填发税款缴纳证之日起 15 日内（中间遇节假日予以扣除）

D. 填发税款缴纳证次日起 15 日内（中间遇节假日不予扣除）

6. 某公司进口电信设备零件一批，价格为 CIF 天津 10000 美元，外汇基准价为 USD100＝850 元人民币，装载货物的船舶于 2000 年 4 月 4 日（星期二）进境，4 月 19 日该公司向海关申报，请问这种情况应（　　）。

A. 不征收

B. 滞报一天，滞报金为 42.5 元人民币

C. 滞报两天，滞报金为 85 元人民币

D. 滞报三天，滞报金为 127.5 元人民币

7. 下列进口货物中，属于法定免税进口的货物是（　　）。

A. 某三资企业以保税方式进口的生产原材料

B. 某大学进口用于科研实验用动物

C. 某化妆品公司用于广告宣传而进口的免费赠送的试用装化妆品

D. 残疾人进口的残疾人专用轮椅

8. 我国增值税基本税率为 17%，但对于一些关系到国计民生的重要物资，增值税税率较低，为 13%，在下列选项中，增值税不是 13%的是（　　）。

A. 粮食、食用植物油　　B. 石油、柴油、汽油

C. 图书、报纸、杂志　　D. 饲料、化肥、农药、农机、农膜

9. 关于暂定税率适用的原则，下列表述错误的是（　　）。

A. 适用最惠国税率的进口货物同时有暂定税率的，应当适用暂定税率

B. 适用协定税率、特惠税率的进口货物有暂定税率的，应当从低适用税率

C. 适用普通税率的进口货物，不适用暂定税率

D. 适用出口税率的出口货物有暂定税率的，不适用暂定税率

10. 因纳税义务人违反规定造成少征或漏征税款的，海关可以在规定期限内追征税款并从缴纳税款或者货物放行之日起至海关发现违规行为之日止按日加收少征或漏征税款的滞纳金。其规定期限和滞纳金的征收标准分别为（　　）。

A. 1 年；0.5‰　　B. 3 年；0.5‰　　C. 1 年；1‰　　D. 3 年；1‰

11. 关税对一个国家的政治、经济起着多方面的作用，具体有（　　）。

A. 财政作用、监督作用、保护作用、调节作用

B. 计划作用、监督作用、保护作用、涉外作用

C. 财政作用、保护作用、调节作用、涉外作用

D. 计划作用、调节作用、保护作用、财政作用

12. 在确定进口货物的完税价格时，（　　）不应计入。

A. 买方负担的除购货佣金以外的佣金和经纪费

B. 作为销售条件，由买方直接或间接支付的特许权使用费

C. 厂房、机械等货物进口后的基建、安装等费用

D. 卖方直接或间接从买方转售、处置或使用中获得的收益

13. 某家企业从法国进口一台模具加工机床，发票分别列明：设备价款 CIF 上海 USD600 000，机器进口后的安装调试费为 USD20 000，卖方佣金 USD2 000，与设备配套使用的操作系统使用费 USD80 000。该批货物经海关审定的成交价格应为（　　）。

A. USD702 000　　B. USD68 200　　C. USD680 000　　D. USD662 000

14. 对于买卖双方之间存在的特殊关系是否影响进口货物的成交价格，承担举证责任的是（　　）。

A. 行业协会　　B. 卖方　　C. 纳税义务人　　D. 海关

三、多项选择题（下列各小题中正确答案不少于两个，请准确选出全部正确答案）

1. 关于关税，下列论述正确的是（　　）。

A. 关税征收的对象是所有进出口的货物和所有进出口的物品

B. 关税是一种流转税，它在货物和物品进出关境时征收

C. 关税是一种间接税，它计入货价，从而提高进出境商品的成本

D. 关税是一种国税，必须上交中央，是中央财政收入的重要组成部分

2. 进口货物的完税价格包括（　　）。

A. 货价

B. 货物运抵我国境内输入地点起卸前的运输费

C. 在我国境内的卸货费

D. 保险费

3. 经海关核准可予办理退税手续的情况有（　　）。

A. 海关核准免验进口的货物，在纳税人按申报内容完税后，发现短卸，经海关审核认可的

B. 已征出口税的货物因故未装运出口而申请退关，经海关查验属实的

C. 进口货物纳税放行后，经索赔退货，货物不再复运进口的

D. 缴税后第二天进出口关税税率或进出口完税价格下调的

4. 关于中华人民共和国出口货物原产地证明书，下列表述中正确的是（　　）。

A. 货物确系中华人民共和国原产的证明文件

B. 进口国海关对该进口商品适用何种税率的依据

C. 出口报关的必备证件

D. 各地出入境检验检疫部门和贸促会均可签发此证

5. 下列关于税率的适用原则，（　　）是不正确的。

A. 对于原产于香港、台湾、澳门的产品，当海关征收进口税时，按最惠国税率

计征关税

B. 对于采购进口的原产于我国大陆的产品免征进口关税

C. 对于原产于与我国未签订关税互惠协定的国家的货物，海关在征收进口关税时一律按普通税率计征

D. 对于进口的中性包装的货物，海关无法确定该项货物的原产地，进口人又不能提供原产地证书，海关征税时，按普通税率征收进口关税

6. (　　) 属于法定减免税。

A. 中央广播电视大学深圳分校为教学需要，经批准进口的一批微机

B. 国际减灾委员会捐赠给我国云南地震灾区一批帐篷

C. 某来料加工企业外商免费提供 10 只电子手表样品（价值人民币 300 元）供该企业为其加工手表时研究之用

D. 海南某香蕉集团公司进口美国生产的保鲜剂货样一瓶（100ml）

7. 下列关于我国增值税和消费税的表述正确的是：(　　)。

A. 进口环节的增值税、消费税由海关征收，其他环节的增值税、消费税由税务机关征收

B. 增值税、消费税均从价计征

C. 对于进口货物税、费的计算，一般的计算过程为：先计算进口关税额，再计算消费税额，最后计算增值税额

D. 消费税组成计税价格＝关税完税价格＋关税税额/1－消费税率

8. 下列关于进口税率适用的表述正确的是：(　　)。

A. 按照普通税率征税的进口货物，不适用进口货物暂定税率

B. 对于无法确定原产国别的货物，按普通税率征税

C. 配额内税率只适用最惠国待遇的国家和地区

D. 适用最惠国税率、协定税率、特惠税率的进口货物，暂定税率确定以后，按暂定税率征税

9. 关于进口税率的适用，下列表述正确的是：(　　)。

A. 对在进口配额范围之内进口的货物可适用较最惠国税率低的配额税率，对超出进口配额范围的进口货物要按税则规定的非配额税率征收进口关税

B. 对于应按普通税率征税的进口货物，经国务院关税税则委员会特别批准，可以按照最惠国税率征税

C. 按国家优惠政策进口暂定最惠国税率商品时，可按优惠政策计算确定的税率与暂定最惠国税率两者取低计征关税，但不得在暂定最惠国税率基础上再进行减免

D. 对于原产地是香港、澳门、台湾的进口货物和我国大陆生产的货物复进口的，海关按最惠国税率征收关税

10. 下列货物经海关审查无误后，可以免税的是：(　　)。

A. 关税税额在人民币 50 元以下的一票货物

B. 广告品和货样

C. 海外华侨无偿赠送的物品

D. 进出境运输工具装载的途中必需的燃料物料和饮食用品

11. 关于进出口货物税费的计算，下列表述正确的是：（　　）。

A. 海关按照该货物适用税率之日所适用的计征汇率折合为人民币计算完税价格

B. 关税税额采用四舍五入法计算至人民币“分”

C. 完税价格采用四舍五入法计算至人民币“元”

D. 滞纳金的起征点为人民币 50 元

12. 在海关审定完税价格时，纳税义务人应履行的义务包括（　　）。

A. 如实提供单证及其他相关资料

B. 如实申报货物买卖中发生的、有关规定所列的价格调整项目

C. 提供根据客观量化标准对需分摊计算的价格调整项目进行分摊的依据

D. 为先行提取货物，依法向海关提供担保

13. 关于税率适用原则，下列表述正确的是：（　　）。

A. 进口货物应当适用纳税义务人申报该货物进口之日实施的税率

B. 进口货物到达前，经海关核准先行申报的，应当适用装载该货物的运输工具申报进境之日实施的税率

C. 进口转关运输货物，应当适用指运地海关接受该货物申报进口之日实施的税率

D. 保税货物经批准不复运出境的，应当适用海关接受纳税义务人再次填写报关单申报办理纳税及有关手续之日实施的税率

14. 下列不符合优惠原产地认定标准中“完全获得标准”的有（　　）。

A. 由该国（地区）船只在公海捕捞的水产品

B. 由该国（地区）在公海开采的矿产品

C. 该国（地区）利用由他国（地区）加工制造过程中产生的废料加工所得的产品

D. 在该国（地区）领土出生和饲养的活动物

15. 对于已缴纳进出口关税的货物，纳税义务人在规定期限内可以申请退还关税的有（　　）。

A. 因规格原因原状退货复运进境，并已重新缴纳因出口而退还的国内环节有关税收的

B. 因销售渠道不畅原状退货退运进境，并已重新缴纳因出口而退还的国内环节有关税收的

C. 因品质原因原状退货复运出境的

D. 因故未装运出口申报退关的

四、判断题（判断下列各题是否正确，正确的在题后括号内打“√”，错误的打“×”）

（　　）1. 关税是世界贸易组织允许各缔约国保护其境内经济的一种手段。

(　　) 2. 长沙某单位进口一批货物，以 CIP 皇岗的价格成交，经海关核准转关运输到长沙海关办理申报纳税手续。长沙海关征税时应将皇岗至长沙的运输费用和保险费计入完税价格。

(　　) 3. 以 CIF 价格成交的出口货物，另付外商佣金 2%，其完税价格＝(CIF－I－F) × (1－ 2%) / (1＋出口税率)。

(　　) 4. 我国的《进出口税则》中设最惠国税率和暂定税率，如一种进口商品在税则中既设有最惠国税率又设有暂定税率，则海关征税时按暂定税率征税。

(　　) 5. 某加工贸易的单位于 2005 年 1 月 20 日，经批准进口一批料件加工成品复出口。海关于 2005 年 5 月 15 日稽查发现，该单位已于 3 月 18 日将该批进口料件内销。6 月 22 日海关决定罚款并补税处理。海关补税时应按 3 月 18 日实施的税率补税。

(　　) 6. 某单位出口一批硅锰，海关按照出口税则给予无税放行。一年后发现该单位出口的不是硅锰而是硅锰铁合金，是应征出口税的货物。海关不应当追征已漏征的税款。

(　　) 7. 在海关估价中，成交价格是指买方为购买进口货物，并按有关规定调整后的实付或应付价格，因此，对于以租赁、寄售方式进口的货物而言，成交价格不存在。

(　　) 8. 适用优惠原产地规则的原产地证书，凡是受惠国政府指定机构签发的，即可适用于多批进口货物，并多次使用。

(　　) 9. 所谓实质性加工是指产品经加工后，在《海关进出口税则》中 4 位数一级的税则归类已经改变，或者加工增值部分占新产品总值的比例已达到 30%及其以上。

(　　) 10. 某进出口公司因缴纳进口货物税款问题与海关发生争执，在向海关缴纳税款后，该公司即可向人民法院提出诉讼。

(　　) 11. 海关审定的进口货物的成交价格，是指卖方向中华人民共和国境内销售该货物时买方变进口该货物向卖方实付、应付的价格总额，包括直接交付的价格和间接支付的价款。

(　　) 12. 海关发现多征税款的应当立即通知纳税义务人办理退还手续，纳税义务人应当自海关发出通知之日起 3 月内办理有关退税手续。

(　　) 13. 某外商投资企业进口一批设备，海关免税放行。一年后海关发现该企业已将此设备出售给非享受免税待遇的单位，因为已超过了补税期限，所以海关不应补征税款。

(　　) 14. 在海关放行前遭受损失的货物可根据海关认定的受损程度减征关税。

(　　) 15. 进口货物的买卖双方存在特殊关系时，进口货物的成交价格不能作为海关审定完税价格的基础。

(　　) 16. 某公司从新加坡进口了 2000 箱（24×300ml/箱）“杨协成”清凉饮料，申报价格为 CIF 广州 HKD45/箱。海关在审核进口单证时发现，合同还规定“货物售完后，买方须将销售利润的20%返还给卖方”，经进一步调查，海关认定该公司的成交价格受到影响，因此不予接受其申报价格。

（　　）17. 经批准运往境外加工后在海关规定期限内复运进境的货物，海关审定其完税价格时应按加工费和料件费计算。

（　　）18. 某进出口公司因缴纳进口货物税款问题与海关发生争执，在向海关缴纳税款后，该公司即可向人民法院提出诉讼。

（　　）19. 凡是完全符合法定减免税的货物，进出口货物收、发货人无须事先向海关提出申请，海关征税人员即可在现场按规定直接办理减免税。

（　　）20. 特定减免税货物内销时，海关以该货物原进口时的价格作为该货物的完税价格。

（　　）21. 如果进口货物的保险费无法确定或者未实际发生，海关应当按照“货价加运费”两者总额的3‰计算保险费。

（　　）22. 进口货物的运费，应当按照实际支付的费用计算。如果进口货物的运费无法确定的，海关应当按照该货物的实际运输成本或者该货物进口同期运输行业公布的运费率（额）计算运费。

（　　）23. 关税纳税义务人或其代理人应当自海关填发税款缴款书之日起15个工作日内向指定银行缴纳税款。

（　　）24.《信息技术协议》规定，对加入该协议的国家和地区进口的电脑、电信设施、半导体、半导体制造设备、软件和科学仪器六大类信息技术产品实行零关税。

（　　）25. 对于进出口货物没有成交价格，或申报价格明显不符合成交价格条件的情况，海关无须履行价格质疑程序，可直接进入价格磋商程序。

五、计算题

1. 我国某公司从香港进口一批原产于香港的服装（属于CEPA项下受惠商品），该批货物的完税价格为10万港元。假如中国银行的外汇折算价为1港元=1.05元人民币。请计算应向海关缴纳的增值税为多少？

2. 某公司从韩国购进一批日本产轿车，经海关审定其成交价格为FOB Pusan 120 000.00美元，实际支付运费5 000.00美元，保险费为1 000美元。汽车的规格为4座位，汽缸容量2 000CC，适用的进口关税税率为25%，消费税税率为5%，增值税税率为7%，适用中国银行的外汇折算价为1美元=7.8元人民币。请计算进口关税、消费税和增值税。

3. 某进出口公司出口锌砂300吨到日本，经海关审定成交价格为FOB上海600美元/吨。锌砂的出口关税税率为30%，适用中国银行的外汇折算价为1美元=7.8元人民币。请计算应纳出口关税。

4. 某进出口公司出口毛制针织女式大衣10 000件到俄罗斯，经海关审定其成交价格为FOB上海100.00美元/件，其出口关税税率为人民币0.3元/件，适用中国银行的外汇折算价为1美元=7.8元人民币。请计算应纳出口关税。

5. 某公司进口货物应缴纳关税80 000元，增值税100 000元，消费税70 000元，海关于2006年9月5日（周二）填发税款缴款书，该公司于2006年10月10日，（周二）缴纳税款。求海关应征的滞纳金。

6. 上海某进出口公司2005年10月发生以下进口业务：

（1）从A国进口货物，成交价9000万元（包括货物进口后装配调试费用60万元、向境外采购代理人支付的买方佣金50万元，不包括向境外支付的软件费用50万元、向卖方支付的佣金15万元）。另支付运抵上海港的运费120万元、保险费85万元。该公司于海关填发税款缴款书的次日起第20天才缴纳税款。关税税率100%，消费税税率5%。当月将这批货物的80%在国内出售，不含税售价为2亿元，完税凭证已通过税务机关认证。

(2) 10月10日经批准暂时进口施工机械一台，海关估定完税价格为827.6万元，当期关税税率为14%，本月申请将该施工机械转为正式进口，当期关税税率为7%。

(3) 将一批材料运往境外加工，出境时报明价值66.16万元，支付出境运保费20 675元，支付境外加工费24 840元，料件费8280元，支付复运进境的运保费20 700元，关税税率8%。

(4) 2005年11月1日免税进口一套电子设备，海关规定的监管年限为5年。本月将该设备出售给国内另一家企业，设备到岸价格为300万元，转售价格为250万元，原进口时关税税率为8%，再次填写报关单手续之日的关税税率为10%。

要求：

(1) 计算公司从A国进口货物应缴纳的关税、消费税、增值税和关税滞纳金。

(2) 计算公司国内销售货物应缴纳的增值税。

(3) 计算正式进口施工机械应补缴的关税。

(4) 计算加工货物复运进境应缴纳的关税。

(5) 计算转让设备应补缴的关税。

六、案例分析题

1. 汕头某企业于2007年1月31日经深圳转关进口一批货物，海关于2月2日（星期五）填发《海关专用缴款书》，问题：

（1）该企业应在何地海关缴纳进口税费？

（2）该企业应在什么期限内缴纳进口税费？如果超期缴纳，海关应如何处理？

（3）该企业缴纳进口税费后，应将《海关专用缴款书》中的哪一联送签发海关验核？

（4）假设海关于2月6日放行货物，该企业于3月6日发现海关多征税款，应最迟于何时前要求海关予以退还？须提交哪些单证？

（5）假设该企业于2月5日缴纳税款，海关于2月6日放行货物，3月6日发现少征税款，海关应在什么期限内要求企业补税？

（6）假设该企业与海关发生纳税争议，企业有何救济办法？

2. 某单位出口一批硅锰，海关按照出口税则给予无税放行。两年后发现该单位出口的不是硅锰而是硅锰铁合金，是应征出口税的货物。请问海关是否有权向企业追征漏征的税款？为什么？

七、综合实务题

某中外合作经营企业为履行产品出口合同，于 2006 年 2 月进口在投资总额内自用设备一批，该设备不属于《外商投资项目不予免税的进口商品目录》所列商品，属于自动进口许可证范围的商品，于 2006 年 2 月合同期满，加工成品全部出口，该企业把设备销售国内处理。

请根据上述案例，在下列选项中选出正确答案：

（1）该企业向主管海关办理减免税备案登记时，需提交（　　）。

A. 商务主管部门的批准文件

B. 商务主管部门的企业合同、章程等

C. 商务主管部门的批准文件、营业执照、章程等

D. 商务主管部门的批准文件、营业执照、企业合同、章程等

（2）该企业应（　　）。

A. 持国务院有关部门或省、市人民政府签发的“国家鼓励发展的内外资项目确认书”、发票、装箱单等单证向项目主管直属海关提出减免税申请

B. 持有关主管部门的批件向项目主管直属海关提出减免税申请

C. 持民政部门的批件向项目主管直属海关提出减免税申请

D. 持国务院有关部门或省、市人民政府签发的批件向项目主管直属海关提出减免税申请

（3）该企业所申领的“进出口货物征免税证明”有效期应为（　　），实行（　　）的原则。

A. 3 个月，一证一批　　B. 3 个月，非一证一批

C. 6 个月，一证一批　　D. 6 个月，非一证一批

（4）该批设备的海关监管年限应是（　　）。

A. 8 年　　B. 7 年　　C. 6 年　　D. 5 年

（5）设备在国内销售处理，企业需（　　）。

A. 向海关提出有关解除监管的申请

B. 向海关办理缴纳进口税费的手续

C. 向海关提交自动进口许可证

D. 海关按照使用时间审查确定完税价格征税后，签发解除监管证明书

第十章　进出口货物报关单填制

一、填空题（请在各小题的画线处填上适当的词句）

1. 进出口货物报关单按表现方式，分____________和____________两种。
2. 进出口货物报关单证明联包括____________、____________和____________。
3. 进出口货物报关单中的经营单位由 10 位数字组成，第 1～4 位数为____________，第 5 位数为____________，第 6 位数为____________，第 7～10 位数为____________。
4. 进出口货物报关单中的运费标记“1”表示________________，“2”表示________________，“3”表示________________。
5. 非集装箱货物，进出口货物报关单中的集装箱号填报为____________。

二、单项选择题（在下列每小题中，请选出一个最适合的答案）

1. 某出口加工区企业从香港购进台湾产的薄型尼龙布一批，加工成女式服装后，经批准运往区外内销，该批服装向海关申报出区时，其原产国应申报为（　　）。

   A. 香港　　B. 台湾　　C. 中国　　D. 国别不详

2. 某服装进出口公司自日本进口一批工作服样装，在向海关申报时，其报关单“贸易方式”栏应填报为（　　）。

   A. 一般贸易　　B. 货样广告品　　C. 货样广告品 A　　D. 货样广告品 B

3. 某公司一次到货一批进口木材，分属甲（一般贸易合同）、乙（加工贸易合同）两个合同项下，清单简列如下：

   （1）胶合板，三种规格，合同甲，海运提单号：A01、A02、A03

   （2）地板条，一种规格，合同甲，海运提单号：A04

   （3）锯材，两种规格，合同乙，海运提单号：B01、B02

   （4）薄板，两种规格，合同乙，海运提单号：B03、B04

   该公司在向海关一次性申报进口时，应填报（　　）报关单。

   A. 1 份　　B. 2 份　　C. 4 份　　D. 8 份

4. 大连某中日合资企业委托辽宁省机械设备进出口公司与日本三菱重工签约进口工程机械，并委托大连外运公司代理报关，在填制进口报关单时，“经营单位”一项应为（　　）。

   A. 该中日合资企业　　B. 辽宁省机械设备进出口公司

   C. 日本三菱重工　　D. 大连外运公司

5. 联合国救灾协调员办事处在美国市场采购原产于加拿大的冰雪救灾物资无偿援助我国，该批物资在洛杉矶装船，在日本东京中转后运抵我国，这种情况其报关单“起运国（地区）”栏目应填（　　）。

A. 日本　　B. 加拿大　　C. 美国　　D. 联合国

6. 某进出口公司向某国出口500吨散装小麦。该批小麦分装在一条船的三个船舱内。海关报关单上的“件数”和“包装种类”两个项目的正确填报应是（　　）。

A. 件数为500，包装种类为“吨”　　B. 件数为1，包装种类为“船”

C. 件数为3，包装种类为“船舱”　　D. 件数为1，包装种类为“散装”

7. 海关规定的进口货物的进口日期是指（　　）。

A. 申报货物办结海关进口手续的日期

B. 向海关申报货物进口的日期

C. 运载货物的运输工具申报进境的日期

D. 所申报货物进入海关监管场地或仓库的日期

8.《出口货物报关单》上的出口日期是指（　　）。

A. 出口货物开始装运的日期

B. 出口货物装运完毕的日期

C. 运载所申报出口货物的运输工具办结海关手续的日期

D. 运载所申报出口货物的运输工具实际离境的日期

9. 日本商人从北京购买地毯，陆运至香港，再空运经日本到伦敦，其运抵国（地区）应为（　　）。

A. 日本　　B. 香港　　C. 伦敦　　D. 英国

10.《出口货物报关单》上的批准文号用于填报（　　）。

A. 出口收汇核销单编号　　B. 出（入）境货物通关单编号

C. 出口许可证编号　　D. 银行保证金台账编号

11. 某公司进口货物属于出口加工区的保税货物，其在报关单“备案号”一栏应填报为（　　）。

A.《进口货物征免税证明》号

B. 标记代码为H. 第六位为D的电子账册备案号

C.《进料加工登记手册》号

D. 标记代码为H的电子账册备案号

12. 根据海关规定，海运直接转关进境货物的报关单中“运输工具名称”一栏应填报为（　　）。

A. 船名＋/＋@＋进境航次　　B. @＋16位转关申报单预录入号

C. 船名　　D. 船名/航次

13. 根据海关现行规定，一份报关单最多允许填报商品（　　）。

A. 5项　　B. 10项　　C. 15项　　D. 20项

三、多项选择题（下列各小题中正确答案不少于两个，请准确选出全部正确答案）

1. 进出口货物收发货人或其代理人在办理完毕提取进口货物或装运出口货物的手

续后，如有需要，可以向海关申请签发有关货物的进口、出口证明。海关签发的常见证明主要有（　　）。

A. 进口货物报关单（付汇证明联）和出口货物报关单（收汇证明联）

B. 出口货物报关单（出口退税证明联）

C. 进口货物报关单（进口货物证明联）

D. 进口货物证明书

2.（　　）的行为应填写出口货物报关单。

A. 非保税区运入保税区供加工生产产品用

B. 加工贸易深加工结转

C. 加工贸易成品转内销

D. 保税仓库货物复出口

3. 某合资企业从英国进口一批作为投资的机器设备，该企业委托A进出口公司对外签订进口合同，并代办进口手续，A公司与外商定货后，随即委托B公司具体办理货物运输事宜，同时委托C报关公司负责办理进口报关手续。根据这种情况，请指出下列出现在报关单栏目内的单位，错误的是（　　）。

A. 经营单位：A进出口公司　　B. 收货单位：某合资企业

C. 申报单位：B公司　　D. 收货单位：A进出口公司

4. 根据海关规定，进出口货物报关单的“贸易方式”栏填写未列名的贸易方式时，应填为“其他贸易”。在下列几种贸易方式中不可填写为“其他贸易”的是（　　）。

A. 溢卸货物　　B. 货样　　C. 暂时进口货物　　D. 对台直接贸易

5. 我国某进出口公司（甲方）与新加坡某公司（乙方）签订一出口合同，合同中订明，甲方向乙方出售5000件衬衫，于1998年4月10日在上海装船，途经香港运往新加坡。在签订合同时甲方得知乙方还要将该批货物从新加坡运往智利。根据上述情况填写报关单时，以下填写不正确的是（　　）。

A. 运抵国（地区）为“香港”，最终目的国（地区）为“新加坡”

B. 运抵国（地区）为“新加坡”，最终目的国（地区）为“智利”

C. 运抵国（地区）为“香港”，最终目的国（地区）为“智利”

D. 运抵国（地区）为“智利”，最终目的国（地区）为“智利”

6. 在填制报关单时，海关根据进口商品的不同情况，对商品数量的填报作出了一些规定，下列规定符合海关规定的是：（　　）。

A. 规范的数量和单位，应以海关统计商品目录上规定的数量和单位填写

B. 与海关规范的数量和单位不一致的实际成交的数量和单位也可填在报关单上

C. 不能把整机和零件的数量加在一起填报数量

D. 不能把类似“一卷”、“一箱”、“一捆”等较笼统的数量和单位填在报关单上

7. 根据海关对报关单上“运输方式”项目的分类规定，“其他运输”是指（　　）的运输方式。

A. 管道运输　　B. 驮畜运输　　C. 自行车运输　　D. 人力扛运

8. 下列进口贸易行为中，（　　）属于一般贸易性质。

A. 进料加工贸易中，对方有价或免费提供的机器设备

B. 贷款援助的进出口货物

C. 外商投资企业进口供加工内需产品的料件

D. 经营保税仓库业务的企业购进供自用的货物

9. 我国某进出口公司 A 与香港某公司 B 签订一份进口合同，合同订明，A 向 B 购买 5 000 吨泰国香米，该香米由泰国经由新加坡、香港运至中国青岛。根据上述情况填写报关单，以下填写不正确的是（　　）。

A. 起运国（地区）为“香港”，原产国（地区）为“新加坡”

B. 起运国（地区）为“新加坡”，原产国（地区）为“泰国”

C. 起运国（地区）为“香港”，原产国（地区）为“泰国”

D. 起运国（地区）为“泰国”，原产国（地区）为“香港”

10. 某进出口公司报关员在制作一份进口报关单时，在“标记唛码及备注”栏目内填入了以下内容，其中（　　）是正确的。

A. NO MARK 字样　　B. 付汇核销单编号

C. 商检证 1 份及其编号　　D. 进料加工合同共 2 本手册及全部编号

11. 在填报报关单“总价”项目时，（　　）的叙述是正确的。

A. “一般贸易”货物应按合同上订明的实际价格填报

B. 退运进口的出口货物，应按该货物原出口价格填报

C. 免费赠送的货样、广告品，可以免予以填报

D. 来料加工项下的成品出口时，只需填报工缴费

12. 进口货物报关单的“标记唛码及备注”一栏应注明（　　）。

A. 多个集装箱号

B. 委托外贸公司进口货物的外商投资企业的名称

C. 标记唛码中的图形和数字、文字

D. 协定税率商品的原产地标记

四、判断题（判断下列各题是否正确，正确的在题后括号内打“√”，错误的打“×”）

（　　）1. 进出口货物报关单是海关对进出口货物进行监管、征税、统计和开展稽查、调查的重要依据，是加工贸易进出口货物核销、出口退税和外汇管理的重要凭证，也是查处进出口货物走私违规的重要的书面依据。

（　　）2. 进出口货物报关单“数量及单位”栏必须按海关法定计量单位和成交计量单位填报。成交计量单位与法定计量单位不一致的，须填报与海关法定计量转换后的单位及数量，同时还需填报成交计量单位及数量。

（　　）3.《出口货物报关单》的“出口退税证明联”是海关对已办理出口申报的货物所签发的证明文件。

（　　）4. 办理进出口货物的海关申报手续，报关人可自行选择采用纸质报关单或电子数据报关单的形式。两种形式均属法定申报，具有同等法律效力。

(　　) 5. 一批精密仪表在大连机场海关申报出口并转关运输至北京出境，其出口报关单“出口口岸”栏应按实际申报海关所在地填为“大连机场”。

(　　) 6. 某仪器进出口公司从日本购得分属三个合同的同样规格不同数量的精密仪器，并同一船同时运达。这些货物品种单一且数量不大，申报时可用一份进口货物报关单，准确、真实、齐全地向海关填报。

(　　) 7. 报关单上“商品名称、规格型号”栏目，正确的填写应有规范的中文商品名称、规格型号以及英文原文名称、品牌缺一不可。

(　　) 8. 经海关批准，从保税仓库内提取一批货物在国际市场上销售，由于该批货物进入保税仓库时是空运进口的，故该货出仓库时在报关单上“运输方式”栏应填报“航空运输”。

(　　) 9. 北京煤炭进出口总公司对巴基斯坦签约出口“水洗炼焦煤”10 万吨，由唐山煤炭分公司执行合同，组织货源，并安排进出口。在这一情况下报关单“经营单位”栏目应填报为“北京煤炭进出口总公司”11091×××××（北京煤炭进出口总公司的编号）。

(　　) 10. 某机械进出口公司从日本进口“联合收割机”10 台，并同时进口部分附件，分装 30 箱装运进口。在向海关申报时，进口货物报关单附有发票、装箱单、海运提货单各一份，发票注明每台单价为 CIF 上海 USD22 400，总价为 USD224 000，附件不另计价。据此，进口货物报关单的有关栏目应分别填写为：

(1) 成交方式：CIF

(2) 件数：30

(3) 商品名称：联合收割机及其附件

(4) 原产地：日本 116

(5) 单价：22400

(6) 以上填写全部符合《进口货物报关单填制规范》

(　　) 11. 某租赁有限公司从事国内租赁业务。该公司委托广州某对外贸易公司从日本进口 50 台水泥搅拌车，用于租借给国内的建筑公司。由广州某对外贸易公司对外订货，向海关办理进口报关手续时，该批用于租赁货物的贸易方式应为“一般贸易”。

(　　) 12. 某公司进口一批总重量为 1 万公斤的饲料，该饲料的外包装为纸袋，可单据上并没有标明扣除纸袋的净重。在这种情况下可以将毛重作为净重来申报。

(　　) 13. 来料加工出口货物（收汇的）应向海关递交一式六联的出口货物报关单。

(　　) 14. 报关单上的“杂费”指成交价格以外的、应计入完税价格或从完税价格中扣除的费用，如手续、佣金、回扣等。

(　　) 15. “THC 费”（港口操作费用）应填报于进出口货物报关单中的“运费”栏，并计入进出口货物的完税价格中。

（　　）16. 同一公司进口的多份提单货物可以填在同一份报关单上。

五、报关单填制（请根据所提供的原始单据，按照报关单填制规范的要求，在报关单相对应的选项中，选出最合适的答案）

（一）资料 1

广州电梯有限公司（440193××××）持 C51066000019 号加工贸易手册向海关申报进口电梯用曳引机一批，该货于 2006 年 6 月 27 日抵达，于次日委托广州××国际物流有限公司（440198××××）向广州内港海关（关区代码 5120）报关。该批货物列手册第 22 项，法定计量单位同成交单位。保险费率为 0.3%。

请根据以上资料，选择以下栏目正确选项。

1."进口口岸"栏应填（　　）。

A. 广州内港海关　　B. 5120

C. 广州内港海关 5120　　D. 广州海关 5120

2."进口日期"栏应填（　　）。

A. 06.06.27　　B. 2006.06.27　　C. 2006.06.28　　D. 2006/06/28

3."备案号"栏应填（　　）。

A. 5201904008　　B. B7NU0945－46

C. C51066000019　　D. 此栏为空

4."经营单位"栏应填（　　）。

A. 广州电梯有限公司

B. 广州××国际物流有限公司

C. 广州××国际物流有限公司 440198××××

D. 广州电梯有限公司 440193××××

5."申报单位"栏应填（　　）。

A. 广州电梯有限公司

B. 广州××国际物流有限公司

C. 广州××国际物流有限公司 440198××××

D. 广州电梯有限公司 440193××××

6."收货单位"栏应填（　　）。

A. 440198××××

B. 440193××××

C. 广州××国际物流有限公司 440198××××

D. 广州电梯有限公司 440193××××

7."运输方式"栏应填（　　）。

A. 海洋运输　　B. 2　　C. 3　　D. 5

8."运输工具名称"栏应填（　　）。

A. SUI DONG FANG V 510100607150

B. SUI DONG FANG/510100607150

C. SUI DONG FANG

D. SUI DONG FANG——510100607150

9.“用途”栏应填（　　）。

A. 外贸自营内销　　B. 企业自用

C. 加工返销　　D. 其他返销

10.“提运单号”栏应填（　　）。

A. 520207　　B. 10203437　　C. 06XF02014　　D. BTNU0945－46

11.“贸易方式”栏应填（　　）。

A. 一般贸易　　B. 来料加工　　C. 进料对口　　D. 进料非对口

12.“征免性质”栏应填（　　）。

A. 中外合资　　B. 中外合作　　C. 来料加工　　D. 进料加工

13.“起运国（地区）”栏应填（　　）。

A. 304　　B. 300　　C. 116　　D. 110

14.“装货港”栏应填（　　）。

A. 汉堡　　B. HONGKONG

C. 中国香港　　D. 香港

15.“成交方式”栏应填（　　）。

A. CIF　　B. FOB　　C. CFR　　D. EXW

16.“运费”栏应填（　　）。

A. 502/2131.07/3　　B. 502/1188.27/3

C. 502/899.29/3　　D. 此栏为空

17.“保费”栏应填（　　）。

A. 000/0.3/1　　B. 0.3/1　　C. 0.3　　D. 此栏为空

18.“杂费”栏应填（　　）。

A. 517.51/3　　B. 300/517.51/3

C. 300/－517.51/3　　D. 此栏为空

19.“件数”栏应填（　　）。

A. 7　　B. 13　　C. 14　　D. 21

20.“包装种类”栏应填（　　）。

A. 托盘　　B. 木箱　　C. 集装箱　　D. 其他

21.“毛重”栏应填（　　）。

A. 3980　　B. 4260　　C. 7073　　D. 7640

22.“净重”栏应填（　　）。

A. 3980　　B. 4260　　C. 7073　　D. 7640

23.“集装箱号”栏应填（　　）。

A. KCRU9912601　　B. KCRU9912601×1（2）

C. KCRU9912601/40/××××　　D. 0

24.“项号”栏应填（　　）。

A. 01 22　　B. 01　　C. 22　　D. 2201

25.“数量及单位”栏应填（　　）。

A. 7 箱　　B. 13 箱　　C. 14 台　　D. 21 件

26.“原产国（地区）”栏应填（　　）。

A. 304　　B. 300　　C. 116　　D. 110

27.“总价”栏应填（　　）。

A. 3706　　B. 51887　　C. 3706. 22　　D. 51887. 08

28.“单价”栏应填（　　）。

A. 583. 16　　B. 1030. 40　　C. 3706. 22　　D. 517. 51

28.“币制”栏应填（　　）。

A. 304　　B. 300　　C. 116　　D. 110

30.“征免”栏应填（　　）。

A. 照章征税　　B. 全免　　C. 保函　　D. 保证金

（二）资料 2

中华人民共和国海关进口货物报关单

预录入编号：　　　　　　　　　海关编号：

<table>
<tr><td>进口口岸</td><td colspan="2">备案号</td><td>进口日期</td><td>申报日期</td></tr>
<tr><td>经营单位</td><td colspan="2">运输方式</td><td>运输工具名称</td><td>提运单号</td></tr>
<tr><td>收货单位</td><td colspan="2">贸易方式</td><td>征免性质</td><td>征税比例</td></tr>
<tr><td>许可证号</td><td colspan="2">起运国（地区）</td><td>装货港</td><td>境内目的地</td></tr>
<tr><td>批准文号</td><td>成交方式</td><td>运费</td><td>保费</td><td>杂费</td></tr>
<tr><td>合同协议号</td><td>件数</td><td>包装种类</td><td>毛重（公斤）</td><td>净重（公斤）</td></tr>
<tr><td>集装箱号</td><td colspan="3">随附单据</td><td>用途</td></tr>
<tr><td colspan="5">标记唛码及备注</td></tr>
</table>

项号	商品编号	商品名称、规格型号	数量及单位	原产国（地区）	单价	总价	币制	征免

续表

税费征收情况		
录入员　　录入单位	兹声明以上申报无讹并承担法律责任	海关审单批注及放行日期（签章）
报关员		审单　　审价
	申报单位（签章）	征税　　统计
单位地址 邮编　　电话　　填制日期		查验　　放行

（三）资料 3

托运人 Shipper

广海运输有限公司

GUANGDONG TRANSPORT LTD.

Tel：2815 3396　　FAX：2514 9841

SCHENKER INTL（H. K.）LTD.

O/B OMS GETRIEBE UND ZAHNRADFABRIK

收货人 Consignee

广州电梯有限公司

GUANGZHOU ELEVATOR CO.，LTD.

GUANGHUA ROAD

GUANGZHOU 510425

船舶代码：5201904008

直运或转船提单

BILL OF LADING

DIRECT OR WITH TRANSHIPMENT

通知地址 Notify address

SAME AS CONSIGNEE

Vessel	Voy No.	Number of Original B/L	B/L No.
SUI DONG FANG	510100607	THREE	06×F02014

Port of loading　Port of discharge　Final destination　Freight payable at

HONGKONG　XIN FENG　XIN FENG　HONGKONG

(GUANG ZHOU)　(GUANG ZHOU)

Marksand Nos. Number and Description　Net weight Gross weight　Measurement (m³)

Kind of packages　of goods　(kgs)

6005343　13 CASES　电梯零件　7073　7640　12.88m^3

6005344

6004843

6005273

KCRU9912601 / 40HQ / GDTL05448 / 04909

TOTAL：THIRTEEN (13) CASES (S) ONLY

以上细目由托运人提供

ABOVE PARTICULARS FURNISHED BY SHIPPER

运费和费用 Freight and charges

运费预付 FREIGHT PREPAID

CY / CY

签单地点和日期　HONGKONG 15 JUL 2006

Place and date of issue

代表承运人签字

Signed for or on behalf of the Carrier

（四）资料 4

OMS Antriebstechnik OHG Postfach 36219 Cornberg

Guangzhou Elevator Co. Ltd.

Guanghua Road

GD 510415 Guangzhou, China

INVOICE & PACKING LIST — No. 520207

7 cases of ECH3 ESCALATOR MACHINE 4260 kgs gross weight

3980 kgs net weight

Description of Goods and / or Services

14.000 units of ECH3 11.0KW—380 / 415V—50HZ

Contract No. B7 NU 0945—46

UNIT PRICE: 3, 706.22

EX—WORKS EUR51, 887.08

SHIPMENT BY SEAFREIGHT FROM HAMBURG, GERMANY FOR TRANSPORTATION TO:

GUANGZHOU, CHINA

PAYMENT: T / T PAYMENT

COUNTRY OF ORIGIN: FEDERAL REPUBLIC OF GERMANY

02.06.2006

AS manufacturer

OMS— ANTRIEBSTECHNIK

（五）资料 5

SCHENKER

Logistics

TO: GUANGZHOU ELEVATOR CO. LTD. SCHENKER (H. K.) LTD.

GUANGZHOU 38/F CHINA RESOURCES BLDG.

CHINA 510425 26 HARBOUR ROAD, WANCHAI

GUANGZHOU HONGKONG

A/C: 10203437 EC. MTH. : 2006/07

****

Freight Note 4950607778

Thisserves as the Freight / Charges Note and is not an Invoice.

Please contact us if there is any changes / discrepancies.

****

Marks & Numbers Pos Description of Goods Gross Weight (kgs) Cbm

13 7640.000 12.880

6005343

6005344 ESCALATOR MACHINE

6004843

6005273 'FREIGHT COLLECT'

-- Charge

description	Factor Base	Cur.	Inv.	Amount
INLAND FREIGHT		USD		583.16
OCEAN FREIGHT		USD		1030.40
OTHER CHARGES		USD		517.51

==============

TOTAL AMOUNT: USD 2131.07

==============

Remarks：

All business，whether involving transport or not，is handled subject to our general conditions

---

CHEQUES SHOULD BE MADE PAYABLE TO "SCHENKER INT'L（HK）LTD." and send to

ADDRESS：Room 3801－5 China Resources bldg.，26 Harbour Road，HongKong

六、下列报关单中有20个已填（包括空填）栏目（标号A－T），请根据原始单据，指出其中10出错误。

上海胜光进出口公司（312294××××）出口加工贸易合同项下的小白蘑菇和油橄榄一批，该批货物分列于编号为B223394××××号登记手册第3项和第4项。商品编码分别为：20031011、20057000，法定计量单位：公斤，外汇核销单号：015177148。于2006年6月28日由上海春华货运有限公司向上海浦东机场海关（关区代码：2233）申报。该批货物的运费率5%，《出境货物通关单》证件编号：3122××××××。